工业和信息化高职高专"十二五"
规划教材立项项目

现代商品学

Commodity Studies

刘建廷 迟福峰 沙鸣 ◎ 主编
崔师睿 李娜 苗文娟 ◎ 副主编

21世纪高等职业教育财经类规划教材

市场营销类

Marketing

人民邮电出版社
北京

图书在版编目（CIP）数据

现代商品学 / 刘建廷，迟福峰，沙鸣主编. -- 北京
：人民邮电出版社，2012.9（2018.3 重印）
21世纪高等职业教育财经类规划教材. 市场营销类
ISBN 978-7-115-28536-2

Ⅰ. ①现… Ⅱ. ①刘… ②迟… ③沙… Ⅲ. ①商品学
－高等职业教育－教材 Ⅳ. ①F76

中国版本图书馆CIP数据核字(2012)第180154号

内 容 提 要

本书以商品质量为中心，以商品分类、质量标准、质量管理、质量检验、储运养护、商品包装等为主要内容，构建了一个简明而完整的商品学知识体系。

本书共 11 章，主要内容有绪论、商品分类、商品质量与质量管理、商品检验、商品包装、商品储运与养护、食品商品、纺织品商品、日用工业品商品、家电商品、环境与商品设计。

本书既可作为高职高专国际贸易、物流管理、市场营销、电子商务、企业管理等经济、管理类专业的教材，也可作为企业经营与管理人员的培训教材和参考用书。

◆ 主　编　刘建廷　迟福峰　沙鸣
　　副主编　崔师睿　李　娜　苗文娟
　　责任编辑　刘　琦

◆ 人民邮电出版社出版发行　　北京市丰台区成寿寺路 11 号
　　邮编　100164　电子邮件　315@ptpress.com.cn
　　网址　http://www.ptpress.com.cn

北京九州迅驰传媒文化有限公司印刷

◆ 开本：700×1000　1/16
　　印张：15　　　　　　　　　　2012 年 9 月第 1 版
　　字数：325 千字　　　　　　　2018 年 3 月北京第 4 次印刷

ISBN 978-7-115-28536-2

定价：29.80 元

读者服务热线：(010)81055256　印装质量热线：(010)81055316
反盗版热线：(010)81055315
广告经营许可证：京东工商广登字 20170147 号

　　商品质量，从本质上讲，是商品使用价值的设计、体现、维护及消费的问题，直接关系到商品的价值及其实现。本书以商品质量为中心，以商品分类、质量标准、质量管理、质量检验、储运养护、商品包装等为主要内容，构建了一个简明而完整的商品学知识体系。在必要的商品理论基础上，重点介绍了食品商品、纺织品商品、家电商品及工业品商品的相关知识。另外，鉴于资源、环境、可持续发展等问题日益影响广大人民群众的社会生活，引起社会各界的高度关注，在不影响本书结构的前提下，本书融入了节约资源、保护环境等有关内容，以彰显可持续发展的理念。基于日常生活审美化的消费文化倾向日益凸显，我们将商品美学元素也融入了本学科知识体系中。

　　"商品学"是各类院校经济管理类专业普遍开设的一门专业课，在课程体系中占有重要地位。这部教材是为适应高职高专"商品学"课程教学的需要而编写的。在体系上，坚持完整、系统、层次分明；在内容上，力求准确、简洁、重点突出；既尊重学科传统，又体现创新理念；既准确阐述以商品使用价值为核心的基本理论知识，又适当选编商品质量管理实践中的典型案例，满足理论联系实际的教学要求。

　　本书由刘建廷、迟福峰、沙鸣任主编，崔师睿、李娜、苗文娟任副主编。参加编写的人员还有：谷晓川、胡铁军、王鹏、徐伟、李小璐、梁沛沛、陈岱莲、张秀广、徐海玲、孙伟、狄俊锋、刘书兵。本书编写分工如下：刘建廷、李小璐编写第一章，崔师睿编写第二章、陈岱莲、张秀广编写第三章，徐海玲编写第四章，徐伟、狄俊锋编写第五章，迟福峰编写第六章，李娜编写第七章，沙鸣、谷晓川编写第八章，王鹏、胡铁军编写第九章，刘书兵、梁沛沛编写第十章，苗文娟、孙伟编写第十一章。

　　在本书编写过程中，得到了本教材编写成员所在院校领导及同事的大力支持，在此表示诚挚的感谢。本书编写时参阅、借鉴了国内外学者的相关研究成果、著作，在此表示衷心的感谢。

　　本书虽然经过反复推敲、认真修改，但由于作者水平有限，不足之处在所难免。恳请广大读者批评指正。

编　者

2012 年 6 月

1

目　录

目录

目 录

第一章

绪论

学习目标

【知识目标】

- 掌握商品学的研究对象与内容；
- 明确商品学的研究任务；
- 了解商品学的研究方法。

【能力目标】

- 掌握商品构成的原理，能对日常商品进行分类，基本掌握商品使用方法；
- 能够运用商品使用价值理论指导商务活动。

案例导入

课桌椅"高度"遭投诉

一位学生家长日前来到本报记者站反映，她读初三的儿子身高已有173厘米，可使用的课桌椅高度与小学时使用的相差无几，这极不利于孩子的生长发育，学校应对此进行改进。

学校所用的课桌椅，大部分中学从初一到高三都是同一型号，同一高度。在小学，同一年级的课桌椅也一样，只有不同年级间才略有差异。学生每天在学校的课桌椅前要坐几个小时，如果学生的课桌椅和身高搭配不合理，长期下去，学生上课时易造成身体疲劳。久而久之，形成不良的坐姿，体态受到影响，进而导致脊柱弯曲、变形，驼背等病变的发生。青少年正处于身体发育的关键时期，不正确的坐姿引起的脊柱弯曲异常等疾病，还会影响学生的心肺血液循环、呼吸和消化功能，肺活量也会减少。长期以来，学校要求一个班级的课桌椅要整齐划一，所以学生没有权利去选择适合自己的课桌椅，只能"人就物"去适应。

记者调查了解到，这一问题在各个学校都有反映，看来中小学课桌椅的高度问题还真得引起有关部门的高度重视。

启示：产品具有使用价值，是使用价值与价值的统一。产品使用价值是以人类标准确定的。如何提升产品的使用价值，更好地满足人类需求？课桌椅"高度"遭投诉的原因是什么？如何改进？这些问题的解决有赖于我们对商品知识的学习。

⟶ **学习内容**

第一节　商品概述

商品学是研究商品使用价值的科学。商品学以商品质量为中心，探讨商品使用价值的形成、评价、维护、再生的原则、方法、措施及影响因素等一系列问题。

一、商品的概念

商品是用来交换的劳动产品，有一定的用途。商品具有使用价值和价值两个基本属性，是使用价值与价值的统一。

凡是商品首先有一定用途，是劳动的产品，如果不是劳动产品就不能成为商品。劳动产品如果不用于交换，也仅仅是产品，而不能成为商品。随着科学技术的进步和社会经济的不断发展，人们已经认识到商品概念的演变，商品已从单纯物质形态的劳动产品，发展演变为包括不具有物质形态的无形产品在内的所有形态的商品。可以说，凡是能够满足人们某种社会消费需要的就是商品。

二、商品的基本特征

作为劳动产品的商品，具有以下基本特征。

（一）商品是具有使用价值的劳动产品

一般的有用品只具有一定的用途，但不是劳动的成果，如阳光、空气、河流等，就不是商品。只有经过了人类加工转化，凝结了人类劳动才有可能成为商品，如经过加工的纯净水和纯氧气。

（二）商品是供社会消费的劳动产品

商品使用价值是社会使用价值，对于消费者来说，商品具有直接使用的具体用途。人们按照商品价值互相交换商品，目的是为了得到商品的使用价值，本质上是互相交换各自的劳动。

（三）商品是必须经过交换的劳动产品

劳动产品必须经过交换才能成为商品，才能达到生产者的目的，获得价值回报。如农民自己消费自己生产的粮食，没有经过交换，所以不是商品。而农民在农贸市场购买的粮食则是商品。

三、商品的分类

商品分类方法很多，一般可按商品有无物质形态分为物质形态商品（有形商品）和其他形态商品（无形商品），如图 1-1 所示。作为商品学，主要以物质形态的商品为研究对象。

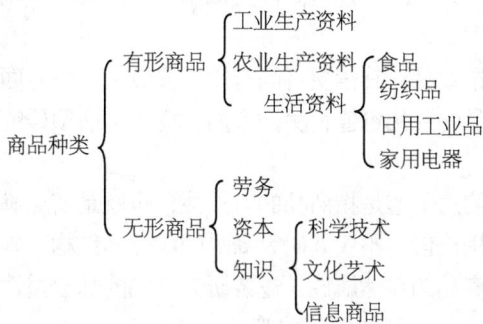

图 1-1 商品种类

四、商品的构成

消费者购买商品，本质是购买一种需要，这种需要不仅体现在商品使用时，而且还表现在商品购买和消费的全过程中。因此可以说，商品不仅是使用价值和价值的统一，而且还是有形实体和无形服务的统一。商品能给人们带来的实际使用价值和心理或精神上的满足，构成了商品整体。因此，商品可以被认为是由核心部分、形体部分和延伸部分三个层面构成的一个整体。

（一）商品的核心

商品核心，即商品所具有的满足某种需求的功能，是消费者真正要购买的服务和利益。例如，消费者购买面包，是因为它能消除饥饿；买空调是为了能清凉一夏或温暖一冬。核心部分表达的是商品的实质，是商品构成中最基本、最主要的部分。

（二）商品的形体

商品形体，即商品的具体形态。主要包括商品的成分、结构、外观、商标、品牌、使用说明书、标志、包装等，是商品的外在形式，是商品使用价值形成的客观物质基础和标志。

（三）商品的延伸

商品的延伸部分，即人们在购买商品时所获得的附加利益，如送货上门、免费安装调试、提供信贷、售后保证、维修服务、退换退赔服务承诺等，实际上是商家提供给顾客的售中和售后服务。善于开发和利用商品的延伸部分，创造更多的顾客让渡价值，不但有利于满足消费者的全方位需求，而且有利于企业在激烈的市场竞争中赢得优势。

第二节 商品学研究对象与任务

一、商品学的研究对象

商品学是研究商品使用价值的科学，它以商品质量为中心，着重从商品的使用价值方面来研究商品。因此，商品学是研究商品使用价值及影响使用价值实现的相关因素及客观规律的一门学科。

商品的使用价值是指商品对其消费者的有用性或效用。一方面，商品学必须从商品实体的属性来研究商品的使用价值；另一方面，商品学必须研究商品实体满足人类社会需要方面的特性。

具体来说，商品的使用价值是指商品的有用性，也就是商品满足人类社会的需要的特性。研究商品的使用价值，不仅要研究商品的成分、结构、外形、化学性、生物学性质和物理学性质等商品的自然属性，还要研究商品的社会属性，如消费习惯、消费动机、社会需求、流通渠道和营销策略等。

商品实体有多少种自然属性，就可能有多少种使用价值。例如，木材既可燃烧取暖，又可做建筑材料，还可做木制家具。在不同的社会经济条件下，同一种商品也会具有不同的使用价值。例如，绿色在中华文化中象征着生机，而在西欧，举行葬礼时却使用绿色树叶铺地，所以忌用绿色地毯。同一种商品在被同一个消费者消费使用时，也可以有多种不同的使用价值。例如，灯具既可以照明，又可以美化家居。

特别需要指出的是，商品的使用价值是随着科学技术的进步和人们的实践经验的不断丰富而逐渐被发现的。商品使用价值是一个动态的、综合性的概念。全面而准确地理解商品的使用价值，运用商品使用价值理论指导商品的生产经营和消费，对于发展我国市场经济有着重大的现实意义。商品自然属性的相对稳定性和商品社会经济属性的相对变化性，决定了商品生产经营者要不断地开发新产品，一切从市场出发，从消费者的需求出发，创新生产经营，调整商品结构，注重适销对路，实现企业主观上追求利润和客观上生产经营具有社会使用价值以满足社会消费需求的商品的有机结合。

二、商品学的研究内容

商品学是研究商品使用价值的科学。我们常用商品质量来表示商品的有用程度，反映商品满足某种社会需要的程度。由此可以确定，商品质量是商品使用价值的集中反映，商品使用价值的大小是借助于商品质量来衡量的，因此商品质量是商品学研究的中心内容。

商品学研究的具体内容是与商品质量密切相关的一系列问题，包括商品的成分、结构、性质、工作原理、功能用途、分类品种、质量要求、检验评价、使用维护、绿色环保等。

另外，商品学研究的内容还应包括商品与人类、商品与时代、商品与环境等方面的问题。在环境保护日益被关注的当代，商品学已从着重研究环境对商品的污染，发展演变为同时研究商品对环境的污染和影响。在研究商品对环境的污染方面，既包括研究商品对社会环境的污染，防止商品对人类身心健康的损害，又包括研究商品对自然环境的污染和对生态环境的破坏等影响可持续发展的问题；既研究商品清洁生产技术，又研究商品流通和消费过程中的环境保护。商品学在研究和评价商品时，已经把商品的环境效应作为一个非常重要的指标和研究内容。

三、商品学的研究任务

商品学是适应市场经济发展的需要而产生的一门科学，它以市场商贸活动需要为依据，以对商品从规划开发、生产设计、流通、使用到最终废弃的全过程实施科学决策和管理服务来规定自身的任务，解决与商品质量密切相关的一系列问题。正因为这样，商品学才能够在生产经营管理工作中发挥应有的作用。

（一）在产品开发过程中，指导商品使用价值的形成

进行广泛的市场调查与预测，适应市场需求，通过对商品用料、工艺、表面处理、包装装饰、商标的研究以及消费者的反映分析，探索不同消费层次的不同消费群体的需求特征，为生产部门反映市场需求，从而改进设计，加强质量管理，提高商品质量，指导商品使用价值的形成。

（二）评价商品使用价值

通过商品检验与认证，对商品质量做出评价，保证商品质量符合标准，维护市场主体的合法权益。

（三）确保商品使用价值

通过对商品物理性质、化学性质、机械性质、生物学性质等自然属性的研究，分析导致商品在生产和流通过程中发生质量变化的影响因素，明确商品在储存、运输中的各种要求及其适宜条件，从而实施科学管理。降低商品损耗，确保商品使用价值。

（四）监督商品质量，维护消费者利益

为了实现商品的使用价值，必须保证所生产的商品具有符合社会实际需要的某种使用价值。这是商品使用价值实现的前提。通过对商品内在质量和外在质量的研究，明确商品的质量标准以及检验测试方法，全面、准确地鉴定商品质量，防止假冒伪劣产品进入市场，切实维护消费者的利益。

（五）促进商品使用价值的实现

通过对市场供求、消费心理及消费习惯的研究，有效运用商品广告等商品信息传播手段，普及商品知识，促进商品使用价值的实现。现代生活的需求和科技的发展对

商品提出了更高层次的要求，商品的变化要突出多、好、新、快。为此，必须进行深入的商品性能研究和市场供求调查研究，处理好环境—商品—消费三者的关系，加强市场信息的交流，掌握商品经济规律，适时运用各种手段向消费者科学、客观地介绍商品。合理引导消费，繁荣商品市场。

（六）研究商品使用价值的再生

通过研究商品回收再生方法和相关政策，推动资源节约和环境保护工作的发展，有助于人类社会的可持续发展。

第三节 商品学研究方法

一、科学实验法

科学实验法，是指在实验室内，运用特定的科学测试仪器和设备，对商品的成分、构造、性能等进行理化分析鉴定的研究方法。这种方法通常在特定要求条件下进行，具有良好的控制和观察条件，所得出的结论可靠，是分析商品成分，鉴定商品质量，研制新产品的常用方法。这种方法需要一定的物质技术手段，投资较大。

二、现场实验法

现场实验法，是指通过指定一些商品专家，或有代表性的消费者，凭感官直觉，对商品质量做出评价判断的研究方法。这种方法的正确程度受到参加实验者的技术水平和人为因素的影响，有一定的不确定性，但简便易行。许多注重外观形态的商品质量的评比，可以使用这种方法。

三、技术指标法

技术指标法，是一种在科学实验的基础上，根据现有技术水平，对一系列同类商品，确定质量技术指标，供生产者和消费者共同鉴定商品质量的方法。这种方法要确定各类商品的质量指标，是一项较为复杂而巨大的工程。

四、社会调查法

社会调查法，是指借助于开展社会调查来完成对商品质量相关问题的判断解决的方法。商品的使用价值是一种社会性的使用价值，全面考察商品的使用价值需要进行各种形式的社会调查，特别是在商品升级换代加快、新产品层出不穷的当代，社会调查更显得实际和重要。社会调查的过程是双向沟通的过程。社会调查法，又可分为现场调查法、调查表法、直接面谈法等。

五、对比分析法

对比分析法，是指将不同时期、不同地区、不同国家的商品资料收集积累，加以比较分析，从而找出提高商品质量、拓展商品功能的新途径的方法。流通部门可以利用联系面广、信息来源多的特点，运用对比分析法正确识别商品，判断质量，帮助生产部门改进产品质量，实现商品的升级换代，更好地满足广大消费者的生活需要。

六、系统分析法

商品的研究还需要考虑商品与环境、商品与人类、商品与国民经济发展的关系，是一项复杂的系统工程。仅仅从某一个方面或几个方面来研究，难免会有些偏差，只有把商品作为一个小系统，放在社会这个大系统中加以考察、分析、研究和判断，才能得出全面而准确的结论。

模拟实训

【实训主题】

理解商品价值的形成与实现。

【实训地点】

教室。

【实训目的】

（1）理论联系实际，提升学生对商品的认识，能够正确理解商品价值的形成与实现的条件。

（2）培养学生认识问题、理解问题的能力。启发学生贴近生活实际，思考现实问题，提升学生的综合素质。

【背景材料】

目前，"格力"电器的空调销售网络遍及全球 100 多个国家和地区。格力电器坚持"不急于求成，不盲目在国外大量销售"的原则，通过领先科技和优质产品打动国外的消费者。

格力电器先后经历了 OEM 战略，与国际大品牌合作，打自己的品牌，形成良好口碑，然后逐步在有条件的地区推广自主品牌等几个不同的发展阶段。目前，自主品牌的销量已经占出口量的 1/3，并在有条件的地区推广格力专卖店，现在海外专卖店已超过 1 000 家。

在"走出去"方面，格力电器起步比较早，而且成效显著。早在 1999 年，格力电器就决定在巴西建厂，并签订了投资协议，2001 年 6 月，格力电器巴西生产基地正式投产。经过不到三年的努力，2004 年，格力电器巴西生产基地便实现了赢利，当年净利润接近 2 500 万元，随后几年保持持续赢利，成为中国企业"走出去"并实现赢利的典型。目前，"格力"空调已发展成为巴西家喻户晓的第二品牌空调，2004 年至今，格力空调连续 7 年获得巴西政府颁发的最高节能认证"A 级能源标签"证书和"节能之星"奖杯。2006年3月，格力空调在巴西最具权威的市场调查机构——巴西国家民意调查局组织实施的一项大规模的公众调查中脱颖而出，成为"巴西人最满意的品牌"之一，并获得巴西国家民意调查局授予的"巴西最满意品牌"奖。

格力电器巴西有限公司正在努力实现本地化采购原材料，以不断降低综合成本，力求生产出更多质优价廉的空调产品，并以巴西作为桥头堡，完成格力空调对整个南美市场和北美市场的辐射。

【实训过程设计】

（1）指导教师布置学生课前预习阅读案例。

（2）将全班同学分成小组，按每组5～6人对案例资料进行讨论。

（3）指导教师对小组讨论过程和发言内容进行评价总结，并就本案例做出分析。

（4）完成讨论报告。

⊙ 本章要点

● 商品是用来交换的劳动产品，是使用价值和价值的统一，以物质形态或非物质形态存在于人类社会生活中。

● 商品由商品核心、商品形体和商品延伸三个层次构成商品整体。

● 商品学是以商品使用价值为核心，研究商品使用价值的相关因素及其变化规律的一门科学。

● 商品学研究的主要内容是商品质量及相关问题。

● 商品学研究的主要任务是指导商品使用价值的形成、评价、维护、实现、再生及生态保护等问题。

● 商品学研究的主要方法有科学实验法、现场实验法、技术指标法、社会调查法、对比分析法及系统分析法等。

⊙ 综合练习

一、单选题

1. 商品的使用价值就是商品的（　　）。

A. 有用性　　　B. 观赏性　　　　C. 价值性　　　　D. 交换性

2. （　　）体现了商品生产者之间相互交换的劳动关系。

A. 商品　　　　B. 价值　　　　　C. 使用价值　　　D. 交换价值

3. 下列不属于商品范畴的是（　　）。

A. 股票　　　　B. 房产证　　　　C. 氧气　　　　　D. 假酒

4. 决定和影响商品质量的因素是商品的（　　）。

A. 原材料　　　B. 分类代码　　　C. 检验与认证　　D. 包装与养护

5. 衡量商品使用价值高低的尺度是（　　）。

A. 商品成分　　B. 商品属性　　　C. 商品价值　　　D. 商品质量

6. 商品的（　　）是商品的自然属性。

A. 质变 　　　　B. 价值 　　　　C. 包装 　　　　D. 广告

7. 商品学是研究（　　）的一门学科。

A. 商品价值 　　B. 商品使用价值 　　C. 商品市场 　　D. 商品消费

8. 商品学研究的中心内容是（　　）。

A. 商品属性 　　B. 商品代码 　　C. 商品养护 　　D. 商品检验

二．填空题

1. 商品是用于_____的_____产品。

2. 商品的使用价值主要是由它的_____属性决定的。

3. 商品的使用价值是一个_____范畴，一般物品的使用价值是一个_____范畴。

4. 价值是商品的_____因素，是商品_____属性的体现。

5. 商品的交换价值表现为两种使用价值相互交换的_____上的关系或比例。

三、简答题

1. 商品学的研究对象是什么？

2. 商品学的研究任务是什么？

3. 怎样理解商品的构成？

4. 商品学的研究方法有哪些？

5. 联系实际说明商品是使用价值与价值的统一。

四、案例分析

肯德基的优质服务

肯德基，世界著名的炸鸡快餐连锁企业，在全球拥有 10 000 多家餐厅。严格统一的管理，清洁优雅的环境，给数以亿计的顾客留下了美好印象。肯德基的到来，不仅将现代快餐概念引入中国，使人们感受到了从食品风味到就餐方式的根本不同，并且对人们的服务理念也产生了重大影响。

60 年前，桑德斯上校（Colonel Harland Sanders）研发出由 11 种香料组合而成的独家炸鸡配方，发展成现在的肯德基，每天有超过 600 万的顾客享受着肯德基所提供的美味。除了肯德基的传统招牌产品——原味炸鸡，顾客还可以在世界各地的肯德基餐厅品尝到其他 400 多种产品，例如，科威特的鸡肉烤饼，日本的鲑鱼三明治等。

肯德基永远将顾客的需求摆在第一位，使顾客在享受高品质餐饮的同时，也能感受到亲切的服务和舒适的用餐环境。当你在肯德基就餐时，那充满青春朝气的欢迎语会让你精神为之一振，小朋友们更为那些五颜六色的玩具与卡通形象所吸引；特别值得一提的是，肯德基的餐桌和餐椅虽不能移动可是能够旋转，这是为了满足顾客在就餐时能活动自如、不受约束的要求。

不难看出，肯德基的所有设计都是围绕随意、轻松、温馨的原则而确立的。

与肯德基相比较，一些中餐馆却不尽如人意。饭菜质量差，卫生难保障，菜品、经营、环境等特色不明显，服务缺少人性化，不灵活、不便利，难以满足消费者维护自身健康的基本要求。许多餐饮企业仍停留在传统的经营观念和经营方式上，以简单工具从事繁重的体力劳动的生产方式为主，手工作坊式的单店经营占绝大比重，烹饪生产活动仍主要依靠经验和手艺，相关技术设备的开发落后，行业标准化、规范化水平低，严重地影响了连锁经营的组织化发展。西式快餐以标准化、工厂化为基础，所以能够做到统一配方用料、统一制作工艺、统一质量标准、统一零售价格、统一服务规范，由此成为真正意义上的连锁经营。

　　案例思考：根据商品构成原理，结合现实生活分析，与一些中式餐馆相比，肯德基的成功源于什么？

第二章

商品分类

> **学习目标**

【知识目标】

- 认识商品分类体系及商品目录；
- 掌握商品分类的概念和标志；
- 掌握商品分类和商品编码的方法；
- 理解商品品种及商品品种结构的概念。

【能力目标】

- 能够运用所学知识进行常见商品的经营分类；
- 明确商品品种发展规律与商品品种结构优化之间的关系。

> **案例导入**

巧用商品分类布局赢商机

上海一家零售业巨头抢滩安徽某中等城市，开设分店已3年有余，生意做得很红火。该分店占据市步行街繁华地段一座楼盘的一、二、三层，有一点Shopping Mall的味道，一层是休息、餐饮区，二、三层是超市。尽管超市只有两层楼面的经营面积，商品却很齐全，衣、食、住、行、用样样齐全。但耐人寻味的不是超市经营商品品种的多少，而是超市进口和出口的设置：两层楼面营业区二楼设置多个出入口，而三楼不设入口，只有出口。三楼为什么没有自己的入口呢？三楼不需要入口吗？答案在哪里？答案就在商品分类上。

人们日日必需、时时要消费的各种生活必需品，包括日化用品、生鲜食品等都在三楼，而服装、书籍、玩具、音响、家电等人们购买频率较低的耐用消费品在二楼。人们要上三楼购物，二楼是必经之路。琳琅满目又陈列有序的商品似乎总在提醒到三楼的顾客"不要脚步匆匆，顺便把我带回去吧！"陪同购物的顾客也大多会在二楼自然而然分流，或去看书，或去玩具陈列处徜徉。

启示："商品"是一个包罗万象的开放式概念。出于对商品认知、生产、管理、交易、消费的各种需要，对商品分类是必然的要求。在社会经济生活中，我们对商品分类的感性认识很多，但还需要理性认识。这个商场的商品分类布局，对我们有何启迪？

⊙ 学 习 内 容

第一节　商品分类原则

科学的商品分类应该以方便顾客购物，体现企业特点为目的。对商品进行科学、系统的分类，最终编制出各种简便实用的商品目录，以满足各方面经营管理工作需求，是商品经营管理的重要工作之一。

一、商品分类的概念

商品、材料、物质、现象等概念都是概括一定范围的集合总体。任何集合总体都可以按一定的标志特征逐次归纳成若干范围更小、特征更趋一致的部分，直至划分成最小的单位集合体，这种将集合总体科学地、系统地逐次划分的过程被称为分类或归类。分类具有普遍性，凡有物、有人、有一定管理职能的地方都存在分类。分类是我们认识事物、区分事物的重要方法。分类的结果给我们带来效率，使日常事务大大简化。

商品分类是指为了一定目的或满足某种需要，根据商品的某种属性或特征，选择适当的分类标志，将商品划分成不同类别并形成系统的过程。我国通常将商品划分成门类、大类、中类、小类以及品种、花色、规格等。

门类是按国民经济行业共性对商品进行总的分门别类，属最高类别。我国将商品分成 23 个门类。大类是按商品生产和流通过程中的行业来划分的，我国将商品在门类的基础上分成 88 个大类，如五金类、交电类、日用百货类、钟表类、针纺织品类、印刷品类等大类。中类即商品种类，也称商品品类或品目，是若干具有共同性质或特征的商品总称，它包括若干商品品种，如针棉织品、塑料制品、橡胶制品等。小类是根据商品的某些特点和性质进一步划分的，如针棉织品又可分为针织内衣类、针织外衣类、羊毛衫类等。

商品的品种是按商品的性质、成分等特征来划分的，是指具体商品的名称，如西服、洗衣机、皮鞋、啤酒等品种。

商品的细目是对商品品种的详细区分，包括商品的花色、规格、品级等，如 180/112A 型男西服、23 号女式高跟皮鞋等。

通过商品分类，可以在商品生产、交换、流通过程中，应用科学的方法将成千上万种商品进行条理化、系统化，以实现商品使用的合理化和流通管理的现代化。因此，商品分类对发展生产，促进流通，满足消费，提高现代经营管理水平等有着重要作用。

在不同的时期，商品的范围、分类对象并不完全相同，因此，商品分类的层次也不一样。目前，通常将商品分成大类、品类、品种和细目四个类目层次。

二、商品分类的基本原则

遵循商品分类原则是建立起科学的商品分类体系的重要依据。为了实现商品的科学分类，使商品分类能够满足特定的需要，分类时必须遵循以下原则。

（一）科学性原则

科学性原则是指在商品分类中所选择的标准和使用的方法是科学的，能反映商品的本质特征并具有明显的区别功能和稳定性，以满足分类的客观要求，充分发挥分类的作用。科学性是商品分类的基本原则。

（二）系统性原则

商品分类的系统性原则是指以选定的商品属性或特征为依据，将商品总体按一定的排列顺序予以系统化，并形成一个合理的科学分类系统。商品总体分成若干门类后，门类分为若干大类，大类分为若干中类，中类分为若干小类，直至分为品种、规格、花色等。系统性是商品分类的关键。

（三）实用性原则

商品分类首先应满足国家关于商品分类的总政策、总规划的要求，同时应充分满足生产、流通及消费的需要。因此，商品分类应尽最大努力结合各部门、各系统、各行业、各企业及消费者的实际情况，满足各方面的需要。可以说，实用性是检验商品分类的实践标准。

（四）可扩展性原则

可扩展性原则又称后备性原则，即进行商品分类时，要预先设置足够的收容类目，以保证新产品出现时不至于打乱已建立的原有的分类体系和结构，同时，为便于下一级部门在本分类体系的基础上进行开拓细分创造条件。

（五）兼容性原则

兼容性原则是指商品分类要与国家有关政策和相关标准协调一致。与原有的商品分类保持连续性和可转换性，以便进行历史资料对比。

（六）唯一性原则

商品分类体系中的每一个分类层次只能对应一个分类标志，以免产生子项互不相容的逻辑混乱。

三、商品科学分类的重要意义

商品分类是将千万种类商品在商品生产与交换中实现科学化、系统化管理的重要手段，必然对发展生产、促进流通、满足消费以及提高现代化管理水平和企业效益起重要作用。具体表现在以下几个方面。

（一）商品分类有利于确定商品特征

只有将商品统一分类后，才有可能将研究对象从每一个商品的个性特征归结为每类商品的特征。掌握了每类商品的共同特征，才能深入地分析商品的质量变化规律，才能为提高商品质量和合理使用、储存与运输商品创造条件。

（二）商品分类有利于商品管理工作

将商品统一分类后，有利于确切地掌握商品的生产和销售情况，为商品管理业务创造条件，从而使商品的业务、计划、统计、会计核算等工作顺利进行。

（三）商品科学分类是编制商品目录的基础

将商品科学分类，才能使编制的商品目录有条理，层次分明，眉目清晰，便于使用。

（四）商品科学分类是实现现代化管理的前提和必备手段

为建立统一的经济信息自动化系统，提供信息交流的共同语言，促进经贸活动的发展，商品分类肩负重大的历史使命。

（五）商品分类有利于在一定范围内使商品名称、类别统一化

商品分类，使商品名称、类别统一化，便于有秩序的商品市场供给，从而便于消费者和用户的选购。

第二节　商品分类方法和体系

在任何一次商品分类中，都可以将任一商品集合总体逐次划分为包括大类、中类、小类、品种、细目在内的完整的、具有内在联系的类目系统。这个类目系统，就是商品分类体系。

一、商品分类标志

商品分类标志是表明商品特征、用以识别商品不同类别的记号。

（一）选择商品分类标志的原则

商品分类标志是编制商品分类体系的商品目录的重要依据和基准，对商品进行分类，可供选择的标志很多，在选择时应遵循如下原则。

（1）目的性原则。分类标志的选择必须保证在此基础上建立起来的分类体系能够满足商品分类的目的和要求。

（2）包容性原则。分类标志的选择必须保证在此基础上建立起来的分类体系能够包容拟分类的全部商品，并为不断纳入新商品留有余地。

（3）区分性原则。分类标志本身含义明确，必须保证能从本质上把不同类别的商品明显地区分开来。

（4）唯一性原则。分类标志的选择必须保证每个商品只能在体系内的一个类别中出现，不得在不同类别中反复出现；体系内的同一层级范围只能采用同一种分类标志，不得同时采用几种分类标志。

（5）逻辑性原则。在唯一性原则得到强调的同时，还要兼顾到分类标志的选择，保证商品分类体系中的下一层级分类标志是上一层级分类标志的合乎逻辑的继续和具体的自然延伸，从而使体系中不同商品类目间或并列、或互相隶属的逻辑关系明晰了然。

（6）简便性原则。分类标志的选择，必须保证建立起的商品分类体系在实际运用中便于操作，易于使用，有利于采用数字编码和运用电子计算机进行处理。

（二）常用商品分类标志

商品分类标志的选择是商品分类的基础，是一项十分重要而细致的工作。商品分类可供选择的标志很多，商品的用途、原材料、生产加工方法、化学成分、使用状态等这些商品最本质的属性和特征，是最常采用的分类标志。

1. 以商品的用途作为分类标志

商品的用途是体现商品使用价值的标志，同时还是探讨商品质量的重要依据，所以按商品用途分类，在实际工作中应用最广泛。它不仅适用于商品大类的划分，也适用于对商品种类、品种等的进一步详细分类。例如，根据商品的基本用途，将商品分为生产资料与生活资料两大类；生活资料商品又按不同用途分为食品、衣着用品、家用电器、日用品等类别；在日用商品类中，可按用途分为鞋类、玩具类、洗涤用品、化妆品类等。在化妆品中，按用途还可以再分为皮肤用和毛发用化妆品。在此基础上还可以细分，如毛发用品可以分为清洁类、护发养发类、染发剂等。

以用途为标志的分类方法，便于对相同用途的商品质量进行分析比较；有利于消费者按用途选购商品；有利于商品生产者提高商品质量，开发商品新品种；有利于商业部门搞好商品的经营管理。但对于多用途的商品则不宜采用这种分类标志。

2. 以商品的原材料作为分类标志

原材料的种类和质量，在很大程度上决定商品的性能和质量。选择以原材料为标志的分类方法是商品的重要分类方法之一。例如，纺织品以原材料为标志分为棉织品、麻织品、丝织品、毛织品、化纤织品、混纺织品等；皮鞋以原料为标志分为牛皮鞋、猪皮鞋、羊皮鞋等。

以原材料为分类标志，商品分类清楚，但对于多种原材料构成的商品，不宜采用这种标志进行分类，如电冰箱、电视机、钟表等。

3. 以商品的生产加工方法作为分类标志

很多商品，即使采用相同的原材料制造，由于生产方法和加工工艺不同，所形成商品的质量水平、性能、特征等都有明显差异。因此，对相同原材料可选用多种加工方法生产的商品，适宜以生产加工方法作为分类标志。如酒类按酿造方法可分为蒸馏酒、发酵酒、配制酒；茶叶按加工方法可分为发酵茶、半发酵茶和不发酵茶等。

对于那些虽然生产方法不同，但产品质量、特征不会产生实质性区别的商品，则不宜使用此种分类方法。

4. 以商品的主要成分或特殊成分作为分类标志

商品的许多性能、质量、用途往往由商品的成分决定，其中尤为重要的是组成商品的主要成分或特殊成分，因此，这种分类标志可以通过商品的主要成分或特殊成分说明其主要性能和用途。如塑料制品可按其主要成分合成树脂的不同，分为聚乙烯塑料制品、聚氯乙烯塑料制品、聚苯乙烯塑料制品、聚丙烯塑料制品等；又如玻璃的主要成分是二氧化硅，但根据其中的一些特殊成分可分为钠玻璃、钾玻璃、铅玻璃、硅硼玻璃等。

但对化学成分复杂的商品或化学成分不明显的商品，则不宜采用以主要成分或特殊成分作为分类标志。

5. 以其他特征为分类标志

除上述分类标志外，商品的形状、结构、尺寸、颜色、重量、产地、产季等均可作为商品分类的标志。这些分类标志更容易为消费者所接受，其特点是概念清楚、形象直观、特征具体、通俗易记、便于区别。

二、建立商品分类体系的基本方法

商品分类所采用的方法通常有线分类法和面分类法两种。在建立商品分类体系或编制商品分类目录时，常常结合使用这两种分类方法。

（一）线分类法

线分类法也称层级分类法，是将确定的商品集合总体按照一定的分类标志，逐次地分成相应的若干个层级类目，并排列成一个个有层次的、逐级展开的分类体系。它的一般表现形式是大类、中类、小类、细类等，将分类对象一层层地具体地进行划分，各层级所选用的分类标志可以不同，各个类目之间构成并列或隶属关系。

线分类法属传统的分类方法，适用范围广泛，国际贸易和我国商品流通领域中，许多商品分类均采用线分类法。例如，家具可以按线分类法进行分类，如表2-1所示。

表2-1   线分类法实例

大　类	中　类	小　类
家具制造业产品	木制家具 金属家具 塑料家具 竹藤家具	床 椅 凳 桌 箱 架 橱柜

线分类法的优点是信息容量大，层次性好，逻辑性强，符合传统应用的习惯，既

对手工处理有较好的适应性，又便于计算机处理；缺点是结构柔性差。所以，采用线分类法编制商品分类目录时，必须预先留有足够的后备容量。

（二）面分类法

面分类法又称平行分类法，是把分类的商品集合总体按不同的分类标志划分成相互之间没有隶属关系的各个分类集合（面），每个分类集合（面）中都包含了一组类目。将某个分类集合（面）中的一个类目与另一个分类集合（面）中的一个类目组配在一起，即形成了一个新的复合类目。例如，服装的分类就是按照面分类法组配的，把服装用的面料、样式和款式分为三个相互之间没有隶属关系的"面"，每个"面"又分成若干个类目，标出了不同范畴的独立类目。使用时，将有关类目组配起来，便成为一个复合类目，如纯毛男式中山装、中长纤维女式西装等，如表 2-2 所示。

表 2-2　　　　　　　　　　面分类法实例

服 装 面 料	样　　式	款　　式
纯棉 纯毛 中长纤维 毛涤 丝绸	男式 女式	中山装 唐装 连衣裙 儿童套装 西装

面分类法具有结构性好，对其处理有良好的适应性等优点，但不能充分利用容量，组配的结构太复杂，不便于手工处理。目前，一般都把面分类法作为线分类法的辅助。

三、商品的分类体系

在实际分类工作中，常常是先选择一个主要标志，将商品分成大类，然后再按不同的标志依次地将商品划分成中类、小类直至细目等，这样就形成一个完整的商品分类体系。目前，我国常采用的商品分类体系有基本分类体系、国际标准分类体系、国家标准分类体系、应用分类体系等四大体系。

（一）基本分类体系

基本分类体系是按商品的基本使用价值即商品的用途作为分类标志，将商品分为生活资料商品（衣、食、住、行、用等的商品）和生产资料商品（工业生产资料商品、农业生产资料商品）两大类。基本分类体系对于组织生产和消费水平的宏观调控具有重要作用。

（二）国际标准分类体系

目前，在国际上公认并广泛采用的国际贸易商品分类体系有三个，即《海关合作理事会分类目录》（CCCN）、《联合国国际贸易标准分类》（SITC）和《商品名称和编码协调制度》（HS）（见附录）。它们由有关的国际组织主持编制、发布和实施，具有相当高的科学性和完整性。

（三）国家标准分类体系

国家标准分类体系是为适应现代化经济管理的要求，以国家标准形式对商品进行科学、系统地分类编码所建立的商品分类体系。1987 年，我国颁布了国家标准

17

（GB7635-87）《全国工农业产品（商品、物资）分类与代码》，2002 年 8 月 9 日正式发布修订后的国家标准《全国主要产品分类与代码》（GB/T7635-2002），2003 年 4 月 1 日实施。这是全国各部门、各地区必须一致遵守的商品分类与商品编码准则。该体系把我国生产的全部工农业产品（商品、物资）划分为 99 个大类、1 000 多个中类、7 000 多个小类，总计 36 万多个品种。体系中各类目的划分及代码如下。

- 农、林、牧、渔业产品

01 农业产品

02 林业产品

03 人工饲养动物、捕猎野生动物及产品

04 渔业产品

05 观赏植物

06 其他农林牧渔业产品

- 矿产品及竹木采伐产品

07 煤、石油和天然气

08 黑色金属矿采选产品

09 有色金属矿采选产品

10 非金属矿采选产品

11 木竹采伐产品

12 电力、蒸汽供热量、煤气（天然气除外）和水

（四）应用分类体系

应用分类体系是以实用性为原则，为满足使用者的需要进行分类形成的分类体系。这种分类体系是从处理商品方便角度出发的，没有统一的分类标志，而是根据商品的某些共性加以分类，可以适应不同分类目的需要，是一种实用性较强的分类体系。

（1）按原料来源分类：植物性商品、动物性商品、矿物性商品等。

（2）按加工程序分类：粗制品和精制品。

（3）按行业分工分类：农产品、林产品、水产品、畜产品、工业品等。

（4）按产地分类：进口产品、国内产品、地方产品等。

（5）按使用期限分类：耐用商品和易耗商品。

（6）按质量分类：优质产品、名牌产品和一般产品等。

第三节 商品目录和商品编码

一、商品目录

（一）商品目录的概念

商品目录是指国家或有关部门根据商品分类的要求，对所经营管理的商品编制的

总明细分类集。商品目录是以商品分类为依据，因此也称商品分类目录或商品分类集。商品目录是在商品逐级分类的基础上，用表格、符号和文字全面记录商品分类体系和编排顺序的书本式工具。

在编制商品目录时，国家或部门都是按照一定的目的，首先将商品按一定的标志进行定组分类，再逐次制定和编排。也就是说，没有商品分类就不可能有商品目录，只有在商品科学分类的基础上，才能编制层次分明、科学、系统、标准的商品目录。商品目录的编制就是商品分类的具体体现，商品目录是实现商品管理科学化、现代化的前提，是商品生产、经营、管理、流通的重要参考。

（二）商品目录的种类

商品目录由于编制目的和作用不同，因此种类很多。如按商品用途不同编制的目录有食品商品目录、纺织品商品目录、家电商品目录、化工原料商品目录等；按管理权限不同编制的目录有一类商品目录、二类商品目录、三类商品目录；按适用范围不同编制的目录有国际商品目录、国家商品目录、部门商品目录、企业商品目录等。

1. 国际商品目录

国际商品目录是指由国际上有权威的国际组织或地区性集团编制的商品目录。如联合国编制的《国际贸易标准分类目录》、国际关税合作委员会编制的《商品、关税率分类目录》、海关合作理事会编制的《海关合作理事会商品分类目录》和《商品分类及编码协调制度》等。

2. 国家商品目录

国家商品目录是指由国家指定专门机构编制，在国民经济各部门、各地区进行计划、统计、财务、税收、物价、核算等工作时必须一致遵守的全国性统一商品目录。如由国务院批准原国家标准局发布的《全国工农业产品（商品、物资）分类与代码》等。

3. 部门商品目录

部门商品目录是指由行业主管部门即国务院直属各部委或局根据本部门业务工作需要所编制并发布的仅在本部门、本行业统一使用的商品目录。如国家统计局编制发布的《综合统计商品目录》、原商业部编制发布的《商业行业商品分类与代码》等。部门商品目录的编制原则应与国家商品目录保持一致。

4. 企业商品目录

企业商品目录是指由企业在兼顾国家和部门商品目录分类原则的基础上，为充分满足本企业业务需要，对本企业生产或经营的商品所编制的商品目录。企业商品目录的编制，必须符合国家和部门商品目录的分类原则，并在此基础上结合本企业的业务需要，进行适当的归并、细分和补充。如营业柜组经营商品目录、仓库保管商品经营目录等，都具有分类类别少、品种划分更详细的特点。

二、商品编码

（一）商品编码的概念

商品编码又称商品代码或商品代号、货号，是在商品分类的基础上，赋予某种或某类商品的代表符号，符号可以是字母、数字和特殊标记及其组合。

商品编码往往是商品目录的组成部分，也是商品分类的有机体。商品分类是商品编码的基础，而商品的编码又直接影响商品的分类、分目的使用价值和效果。商品分类与编码共同构成了商品目录的完整内容。使用商品编码，是为了加强企业的经营管理，提高工作效率，便于计划、统计、物价管理及核算工作，简化业务手续；使用商品编码还可以便于记忆、清点商品，便于实现现代化管理；对于容易混淆的商品名称，使用商品编码可以区分商品，避免差错。

（二）商品编码的编制原则

为保证商品分类编码标准化，建立统一的商品分类编码系统，商品编码时应遵循以下基本原则。

1. 唯一性原则

每一个编码对象（商品）只能有唯一的代码。

2. 简明性原则

代码要简明、易记、易校验，不宜太长，既便于手工操作，又便于机器处理和储存。

3. 层次性原则

代码要层次清楚，能清晰地反映分类体系内部固有的逻辑关系，与其代表的类目有固定的对应关系。

4. 可扩性原则

编码结构应留有足够的后备码位（空号），当需要增加新类目时，无需破坏编码结构再重新编码。

5. 稳定性原则

代码确定后要在一定时期内保持稳定，不要轻易变更，以保证分类编码系统的稳定性。

6. 统一性和协调性原则

商品编码要与国家商品分类编码标准相一致，与国际通用商品分类编码制度相协调，以利于实现商品信息交流和信息共享。

（三）商品代码的种类和编制方法

商品编码按其所用的符号类型分为数字代码、字母代码、字母数字混合代码和条形码四种。目前，商品分类编码中，普遍采用的是数字代码和条形码。

1. 数字代码

数字代码是用一个或若干个阿拉伯数字表示商品的代码。数字代码结构简单，使用方便，易于推广，便于计算机处理，是目前国际上普遍采用的一种代码。使用数字代码进行商品分类编码，常用以下三种编码方法。

（1）层次编码。

层次编码，是按商品类目在分类体系中的层级顺序，依次赋予对应的数字代码，如图 2-1 所示。层次编码法主要用于线分类体系，图中的符号"×"表示从左至右的代码，第一位表示第一层级的类目，第二位表示第二层级的类目，以下依此类推。因此，代码的结构清晰地反映分类层级间的逻辑关系。也有的由第一、二位代表第一层级，第三、四位代表第二层级，以下依此类推。国家标准 GB7635-87《全国工农产品（商品、物资）分类与代码》，就是采用层次编码法编制的。整个编码结构分为四层，由 8 位数字代码组成，每两位数为一层，从左往右代表分类体系中的大类、中类、小类、细类。代码的层次结构反映了分类体系中不同类目间的层次关系。

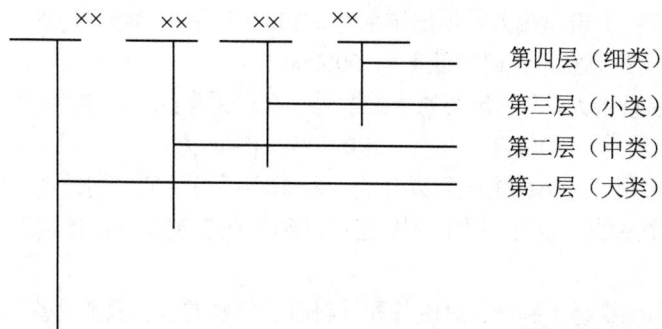

图 2-1　层次编码结构图示

层次编码法的优点是代码较简单，逻辑性较强，信息容量大，能明确地反映出分类编码对象的属性或特征及其相互关系，便于机器汇总数据；缺点是弹性较差，为延长其使用寿命，往往要用延长代码长度的办法，预先留出相当数量的备用号，从而出现号码的冗长。所以，这种编码方法最适用于编码对象变化不大的情况。

（2）平行编码。

平行编码多用于面分类体系中，具体方法是给每一个分类面确定一定数量的码位，代码标志各组数列之间是并列平行关系。

平行编码也用于线分类体系中。线分类体系中同一层级的不同类目之间是并列平行的关系。对于同一分类体系中同层级的类目，可以以平行编码的方法按顺序给出数字代码。

平行编码的优点是编码结构有较好的弹性，可以比较简单的增加分类面的数目，必要时还可以适用于多种查找任务，也便于计算机处理，但平行编码法也有代码过长的缺点，不便于计算机管理。

（3）混合编码。

混合编码是层次编码和平行编码的合成。在实践中，编码法和分类法一样，通常不单独使用。当把分类对象的各种属性或特征分列出来后，其某些属性或特征用层次编码法表示，其余的属性或特征用平行编码法表示。这样可择其优点，弃其缺点，效果往往更理想。

2. 商品条形码

商品条形码是由一组宽窄不同、黑白或彩色相间的平行线及其对应的字符，依照一定的规则排列组合而成的条空数字图形。在国家标准中，商品条码被定义为用于标志国际通用的商品代码的一种模块组合型条码。

（1）条码技术的优点。

条码是迄今为止最经济实用的一种自动识别技术。条码技术具有以下几个方面的优点。

一是输入速度快。与键盘输入相比，条码输入的速度是键盘输入的 5 倍，并且能实现"即时数据输入"。

二是可靠性强。键盘输入数据出错率为 1/300，利用光学字符识别技术出错率为 1/10000，而采用条码技术误码率低于 1/1000000。

三是采集信息量大。利用传统的一维条码一次可采集几十位字符的信息，二维条码可以携带数千个字符的信息，并有一定的自动纠错能力。

四是灵活实用。条码标志既可以作为一种识别手段单独使用，也可以和有关识别设备组成一个系统实现自动化识别，还可以和其他控制设备连接起来实现自动化管理。

另外，条码标签易于制作，对设备和材料没有特殊要求，识别设备操作容易，不需要特殊培训，且设备也相对便宜。

（2）条码技术的应用范围。

条码技术的应用主要有以下几个领域。

一是商业自动化系统。商业是最早应用条码技术的领域。在商业自动化系统中，商品条码是关键。POS（Point of Sales）是一个商业销售点实时系统。该系统以条码为手段，计算机为中心，实现对商店的进、销、存的管理，快速反馈进、销、存各个环节的信息，为经营决策提供信息服务。

二是条码技术在仓储管理中的应用。立体仓库是现代工业生产中的一个重要组成部分，利用条码技术，可以完成仓库货物的导向、定位、入格操作，提高识别速度，减少人为差错，从而提高仓储管理水平。

另外，条码技术还广泛地应用于交通管理、金融文件管理、商业文件管理、病历管理、血库血液管理以及各种分类技术方面的管理，条码技术作为数据标志和数据自动输入的一种手段已被人们广泛利用，渗透到计算机管理的各个领域。

（3）常用条码简介。

● EAN 码（European Article Number）

EAN 码是国际物品编码协会制定的一种商品用条码，通用于全世界。EAN 码符号有标准版（EAN-13）和缩短版（EAN-8）两种，我国的通用商品条码与其等效。我们日常购买的商品包装上所印的条码一般都是 EAN 码。EAN 码是当今世界上广为使用的商品条码，已成为电子数据交换（EDI）的基础。（见附录）

● UPC 码（Universal Product Code）

UPC 码是美国统一代码委员会制定的一种商品用条码，主要用于美国和加拿大地区，我们在美国进口的商品上可以看到这种条码。

● 39 码

39 码是一种可表示数字、字母等信息的条码，主要用于工业、图书及票证的自动化管理，目前使用极为广泛。

● 库德巴（Codabar）码

库德巴码也可表示数字和字母信息，主要用于医疗卫生、图书情报、物资等领域的自动识别系统。

条码种类很多，常见的大概有 20 多种，除以上列举的一维条码外，二维条码也已经在迅速发展，并在许多领域得到了应用。

（4）商品条形码的结构。

EAN 码有两种版本——标准版和缩短版。标准版表示 13 位数字，又称为 EAN 13 码，缩短版表示 8 位数字，又称 EAN8 码。两种条码的最后一位为校验位，由前面的 12 位或 7 位数字计算得出。EAN 码标准版的结构，如图 2-2 所示。

图 2-2　标准版商品条码结构

EAN 码由前缀码、厂商识别码、商品项目代码和校验码组成。前缀码是国际 EAN 组织标志各会员组织的代码，我国为 690、691 和 692；厂商代码是 EAN 编码组织在 EAN 分配的前缀码的基础上分配给厂商的代码；商品项目代码由厂商自行编码；校验码为了校验代码的正确性。在编制商品项目代码时，厂商必须遵守商品编码的基本原则：对同一商品项目的商品必须编制相同的商品项目代码；对不同的商品项目必须编制不同的商品项目代码。保证商品项目与其标志代码一一对应，即一个商品项目只有一个代码，一个代码只标志一个商品项目。

如听装健力宝饮料的条码为 6901010101098，其中 690 代表我国 EAN 组织，1010 代表广东健力宝公司，10109 是听装饮料的商品代码，8 是检验码。这样的编码方式就保证了无论在何时何地，6901010101098 是唯一对应该种商品的条码。

另外，图书和期刊作为特殊的商品也采用了 EAN13 分别表示为 ISBN 和 ISSN。前缀 977 被用于期刊号 ISSN，图书号 ISBN 用 978 为前缀，我国被分配使用 7 开头的 ISBN 号，因此我国出版社出版的图书上的条码全部为 9787 开头。

EAN 已分配给各编码组织所在国家（地区）的前缀码见附录。

从 20 世纪 40 年代的美国发起，条码技术至今已有 60 多年的历史。1970 年美国超级市场委员会制定了通用商品代码 UPC 码，UPC 码的使用成功促使了欧洲编码系统（EAN）的产生。到 1981 年，EAN 已发展成为一个国际性的组织，且 EAN 码与 UPC 码兼容。

随着国外条码技术的应用，我国于 20 世纪 70 年代末到 80 年代初开始对其进行研究，并在部分行业完善了条码管理系统，如邮电、银行、连锁店、图书馆、交通运输及各大企事业单位等。1988 年 12 月，我国成立了"中国物品编码中心"，并于 1991 年 4 月 19 日正式加入了国际编码组织 EAN 协会。近年来，我国的条码事业发展迅速，条码技术在我国已得到了广泛的应用。为了规范商品条码的应用，保证商品条码质量，加快商品条码普及，促进经济的发展，国家质量技术监督局制订并发布了《商品条码管理办法》。该《办法》已于 1998 年 12 月 1 日起正式施行。

第四节　商品品种

一、商品品种的概念

商品品种是指，按某种相同特征划分的商品群体，或者是指具有某种（或某些）共同属性和特征的商品群体，反映一定商品群体的整体使用价值或社会使用价值。

不同的消费水平要求不同的商品品种。

商品品种是一个庞大的、复杂的、动态的、开放的、可控的物质系统，它的发展变化受一定的客观规律所制约，如科学技术发展规律、经济发展规律、一般品种变化规律、特殊品种变化规律等，同时涉及工程技术问题、法律问题和商品科学的有关问题，因此，需要多门学科共同研究解决。

商品学主要研究决定商品品种发展变化的规律，可以分为一般品种规律和特殊品种规律。一般品种规律是指适合于所有商品的品种规律，如商品品种最佳数量规模的规律、商品品种构成和组合的规律、商品品种更新完善的规律、商品品种结构符合消费结构要求的规律等。特殊品种规律是指只适合于某一商品种类的品种规律，如加工食品、纺织品、化妆品、日常洗涤用品、家用电器等各类商品品种构成和组合的规律、区域商品品种构成和组合的规律等。

商品品种发展变化规律只有与科学技术发展规律、经济发展规律等相结合，才能有效控制商品品种的发展变化，实现商品品种的最佳组合，使商品品种状况最大限度地符合消费需求，从而最大限度地实现商品的使用价值。

我国在商品品种方面还存在某些问题，例如，没有从根本上研究商品品种及其规律；商品品种与人们不断扩大的物质文化需要尚不相符；商品品种不完善、品种构成不合理；商品品种的完善以及商品品种与消费需求相符程度的提高还没有完全建立在科学的基础上，等等。

研究商品品种问题，不断提高商品品种及其结构与消费需求及其结构间的相符程度，具有重要的社会经济意义。

二、商品品种分类与类别

（一）商品品种分类

商品品种是指商品按不同的特征差别而归类，按不同使用价值而对商品进行区分。

商品品种可以经过多次分类，首先是依据生产分工而分类；其次是在流通中的分类；还有按消费需求的分类。就商品使用价值来说，最为重要的是按消费需求的分类。消费需求是具体的、确定的，商品要满足市场消费需求，就必须把按生产分工进行分类的商品，通过流通分类转变为适应消费需求的商品分类。

商品按生产分工可分为物质产品和劳务产品；其中，物质产品包括工业产品和农业产品；工业产品包括重工业产品和轻工业产品；重工业产品又包括钢铁、石油和机电产品等。

生产分工不等于消费需求分工，因为同一产品有多种用途，同一类消费需求可以由不同的产品来满足。同一产品，按照使用价值内在质的细分，又有不同品种。增加品种、花色、规格、型号、款式使用替代的强制性能够真正提高商品供给对消费需求的满足程度。

商品按流通分类可分为零售商品和非零售商品；各种流通商品还可分为定量零售（或非零售）商品和变量零售（或非零售）商品；或者还可以按销售状况分为畅销商品、滞销商品等。

商品按消费需求的类型可分为高、中、低档商品，或分为常年性消费品和季节性消费品，还可分为日用品、选购品和特殊品等。

商品品种分类应力求合理。合理化的品种分类能够准确反映不同的使用价值满足消费需求的程度。它的作用具体表现在以下几个方面：

（1）它是衡量一个国家社会发展的重要标志；

（2）它是满足人民物质和文化生活需要、丰富人们的消费选择、提高人民生活水平的重要标志；

（3）它是改善商品流通的前提条件；

（4）它是生产发展的必要保证；

（5）它有利于节约社会财富，避免浪费；

（6）它有利于维护消费者权益。

（二）商品品种类别

商品品种繁多，各有鲜明的特征。商品品种还可划分为不同的类别。不同的品种类别表明商品特有的品种特征。商品品种的类别与商品分类密切相关。划分商品品种类别可按不同的标准进行，如可划分为大类商品品种、中类商品品种、小类商品品种、细类商品品种（规格、型号等）。

（1）按商品品种所在的领域可分为生产品种和经营品种。

生产品种是指由工业或农业生产部门提供给批发商业企业的商品品种。经营品种是指商业企业销售的商品品种。

生产品种和经营品种的构成，一方面取决于资源状况和生产能力，另一方面取决于消费需求的结构和水平的变化。

为了追求最佳的经济效益，生产部门必须认真确定合理的产品结构、适销对路的产品品种以适应消费需求，并根据市场需求适时调整产品结构和生产品种，不断开发新品种；商业企业也要按照消费需求、市场供求状况和竞争需要，及时确定和不断调整企业经营品种计划，改善商品品种的构成，完善商品品种组合，不断优化产品品种策略，适时解决与品种相关的各种问题。

品种计划是指商业企业规划经营品种的组合。影响品种计划的因素很多，主要有社会经济发展水平、消费需求规模、消费者购买能力、商品档次、品种构成、竞争状况、盈利水平等。

品种构成是指商业企业经营的不同种类商品之间及各类商品中不同规格商品之间的组合。影响品种构成的因素也很多，主要包括消费者的年龄、性别、职业、个性偏好及地方风俗习惯等。

品种策略是指商业企业根据市场消费需求的变化，不断调整商品品种所采取的各种措施。主要措施包括：

① 增加商品品种，例如，增加新商品种类或新商品品种，使各类商品品种系列化；或增加短缺品种；

② 减少商品品种，例如，淘汰获利能力差的老商品品种；

③ 改变商品品种，例如，改变商品档次、质量等级等。

（2）按商品种类及商品品种的结构和组合情况的不同可分为复杂的商品品种和简单的商品品种。

例如，灯泡、肥皂等只有很少的几个品种，属于简单商品品种；而食品、服装等有很多的品种，属于复杂的商品品种。

（3）按商品品种的细分程度可分为粗的品种和细的品种。

商业企业在制定商品计划时，一般是依据粗的商品品种进行的。而在订立买卖合同时，就要详细规定商品的所有特征，包括规格、款式、等级、包装装潢等，这时需要细的商品品种。

（4）按商品品种的重要程度可分为日用商品品种和特殊商品品种，或主要商品品种和次要商品品种等

（5）按行业或消费者某方面的特别需要也可划分一定的商品品种。

三、商品品种结构

商品品种结构是在一定范围的商品集合体中，对于各类商品组合状况及每类商品中不同品种的组合状况及其相对数量比例的客观描述。

所谓相对数量比例是指，在商品集合体中，按满足不同层次消费需求的要求，各不同种类商品及各类商品中不同品种商品的数量所占的比例。商品品种结构构成一个金字塔形框架，每一层次都呈现为一定的相对数量比例。

商品品种结构应适应消费需求结构及其变化。消费需求结构不是一成不变的，一般是呈上升趋势的。商品品种结构必须适应消费需求和消费结构的变化不断调整。要调查消费者需求、研究分析市场结构和消费结构，及时捕捉市场信息，掌握市场和消费结构的变化趋势。

商品品种结构合理与否，实质上反映了商品能否满足广大消费者多层次、多样化、个性化的消费需求的问题，或者说反映了人们对商品的不同需要如何通过不同的商品品种得到满足的问题。

商品品种结构的决策需要考虑两个因素的影响，即市场引力和企业实力。

市场引力可以理解为商品在市场上对消费需求的吸引力，反映了商品适应需求满足需求的能力。可以利用市场占有率、销售增长率等指标衡量。

企业实力是指企业拥有各种资源条件能够从事产品生产供应市场的能力，可以利用生产能力、技术能力、管理能力、销售能力等指标加以衡量。对市场引力和企业实力进行准确的定量分析，在分析的基础上确定老品种的改进和新品种的开发，才能使生产的商品品种满足消费需求。

商品品种结构是否合理，应有一定的衡量原则。合理化的总原则是：商品品种结构必须与人们的实际需要和消费结构及其变化相适应。

四、商品品种的发展规律

（一）商品品种的多样性与统一性规律

商品品种多样性是指消费需要很多的商品品种，这是由人们的消费需要的差异性导致的。当然，商品品种的多样性不是任意的，而是以消费需求为基础的，以满足消费需求为目标。保证商品种类和商品品种系列与商品使用特性的统一，是使商品满足消费需要的基本保证。

商品品种齐全是相对的，而非绝对的；商品类别、花色、品种并非固定不变的；集中精力保证基本商品和主要品种是经营管理的基本要求；商品品种和消费需求之间、商品品种与类别之间存在一定的比例关系，这是由消费结构、购买水平和商品投向所决定的。

（二）商品品种合理增长的规律

经济发展水平越高，商品品种就越繁多，越齐全，人们选择商品的范围和自由度就越大。因此，保持和开发相当数量的商品品种，是市场经济持续发展和人民生活质量持续改善的客观要求。当然，也不能盲目发展和无限增加商品品种。

（三）商品品种更新换代的规律

消费需求结构会因经济发展而变化，特别是因购买力的提高和商品投向的变化而变化，使一部分本来适应市场需要的品种变成了不适应的品种而被淘汰；同时，为了适应市场的需要会有一些新的品种不断地涌现出来，因而形成商品品种的更新换代。

更新换代并不意味着一切新商品品种都能替代老商品品种；有的老品种在特定条件下可能再生，但并非简单的完全重复，往往伴随原有品种的创新改进。

（四）流行性商品的形成

加快商品品种更新换代是一般经济规律之追求。但决不能认为商品品种更新的速度越快、比例越大就越好。

商品品种更新的最佳速度和比例是有标准的：用于商品生产、流通和消费的每单位成本获得的商品的使用价值最高为原则。

按照行业或企业的特点、商品的种类、品种更新的类别等，商品品种更新的速度和比例是有差别的。

不断更新和完善商品品种对发展经济的作用和意义重大，这是由以下因素决定的。

（1）商品品种合理化是经济效益的基础。

（2）商品品种的更新替代是提高商品质量的重要条件。

（3）现代社会人们的生活水平不仅取决于物质商品的数量，而是由商品品种组合和品种结构决定的。

（4）商品品种合理化程度、商品品种更新替代的速度和比例，越来越成为一个国家（或地区）生产力发展水平的重要标志，也是衡量一个国家（或地区）运用技术经济规律的重要指标。

（5）现在，科学技术已经把丰富和完善商品品种、提高商品的技术经济水平置于重要地位。

模拟实训

【实训主题】

掌握商品分类方法。

【实训地点】

教室。

【实训目的】

（1）理论联系实际，提升学生对商品分类方法的正确认识，能够正确理解商品分类体系。培养学生理解商品分类问题的能力。

（2）加深学生对商品科学分类的意义的认识，使学生充分贴近生活，提升学生的综合素质。

【背景材料】

华联超市商品分类

冷冻食品类

| 冷冻家禽 | 冷冻肉类 | 冷冻水产品 | 速冻蔬菜 | 冷冻制品 | 熟肉制品 | 冷饮 | 新鲜豆奶 | 其他冷冻副食品类 |

饮料食品类

| 碳酸饮料 | 果汁 | 茶饮料 | 饮用水 | 纯奶 | 奶制品饮料 | 其他饮料 | 咖啡类 | 麦片 | 胶囊、片类、冲剂 | 酸奶 | 其他饮料补品 |

糖果糕点类

| 奶糖 | 夹心糖 | 软糖、棉花糖 | 硬糖、咖啡、水果糖 | 棒棒糖 | 清凉、薄荷、润喉糖 | 其他小糖果 | 口香糖 | 礼盒装糖果 | 喜糖 | 散装糖果 | 排块巧克力 | 袋装巧克力 | 巧克力豆 | 夹心巧克力 | 礼盒巧克力 | 简易包装巧克力 | 散装巧克力 | 袋装果冻 | 布丁 | 散装果冻 | 梳打饼干 | 夹心饼干 | 巧克力饼干 | 曲奇 | 膨化食品 | 压缩饼干 | 小饼干 | 派 | 威化饼干 | 降糖饼干 | 饼干礼盒、礼包 | 简装饼干 | 散装饼干 | 薯片 | 其他饼干 | 锅巴 | 休闲食品（大包装） | 休闲食品（中包装） | 休闲食品（小包装） | 微波食品 | 中式糕点 | 西式糕点 | 沙琪玛 | 月饼 | 蛋卷 | 散装糕点 | 蛋糕 | 面包 | 汉堡 | 奶油、黄油 | 自产糕点 | 自产糕点（零） | 其他糖果、糕饼 |

炒货蜜饯类

| 香瓜子、葵花子 | 西瓜子 | 南瓜子、白瓜子 | 小瓜子 | 瓜子仁 | 花生 | 开心果 | 杏仁 | 豆子、蚕豆、豆酥 | 果子、果仁 | 松子 | 榛子 | 核桃、核桃仁 | 香榧子 | 炒货礼包 | 散装炒货 | 其他炒货 | 山楂 | 陈皮、果皮 | 梅 | 榄 | 桃 | 杏 | 李、奈 | 脯 | 果 | 丹 | 枣 | 葡萄干 | 应子 | 芒果 | 水果干、片、圈 | 蜜饯类糕饼 | 蜜饯类片、丝、条类 | 蜜饯礼包 | 散装蜜饯 | 其他蜜饯 | 其他炒货、蜜饯类 |

调味品类

| 盐 | 糖 | 烹调用酱油 | 调味型酱油 | 火锅调料底料 | 味精 | 鸡精 | 醋 | 糟醉料 | 炝料 | 蘸料 | 调味粉 | 调料粉 | 淀粉 | 汤羹料 | 色拉酱 | 花生酱 | 辣酱 | 其他酱 | 麻油 | 辣油 |

烟酒茶类

| 茶叶 | 白酒 | 黄酒 | 啤酒 | 米酒 | 葡萄酒 | 洋酒 | 果酒| 补酒| 其他烟、酒、茶类 |

软包装食品

| 肉干类 | 鱼干类 | 真空包装肉制食品 | 真空包装素食类 | 海苔类 | 油面筋 | 肉松 | 火腿肠,其他肠类 | 豆腐干 | 粽子 | 即食海带、海蜇 | 肫 | 其他软包装食品 |

粮食制品

| 方便面（袋） | 方便面（碗、杯） | 快饭、粥、米糊 | 粉丝、米线 | 生粉 | 年糕、米块 | 卷面、面条 | 麦片（生）、米片、米楂 | 面粉、糯米粉 | 大米、大西米 | 其他粮食制品 |

酱菜罐头类

| 酱菜类 | 果酱、果泥 | 八宝粥 | 腐乳 | 肉制罐头 | 糟醉食品 | 猫狗粮 | 水果罐头 | 素制罐头 | 零称酱菜 | 其他罐头类 |

南北货腌蜡制品

| 桂圆 | 枣类 | 枸杞 | 木耳、银耳 | 菇类 | 笋类 | 莲心、百合 | 虾皮类、鱼制

品类 | 豆类、仁类 | 海蜇、海带、紫菜 | 其他南北货 | 散装南北货 | 咸蛋、皮蛋 | 腌腊制品 | 散装腌腊制品 | 其他腌腊制品 |

洗涤、化妆类

| 洗衣粉（罐装）| 洗衣粉（袋装）| 洗衣液 | 柔顺剂（袋装）| 柔顺剂（瓶装）| 专用衣物洗涤剂 | 洗洁精（袋装）| 洗洁精（瓶装）| 消毒液 | 玻璃清洁剂 | 厨房清洁剂 | 浴室清洁剂 | 地面（板）清洁剂 | 多用途清洁剂 | 洁厕用品 | 家具护理剂（蜡）| 皮革护理剂（蜡）| 地板蜡 | 鞋面护理用品 | 空气清香剂 | 固体空气清香剂 | 防霉防蛀用品 | 蚊香及辅助用品 | 灭虫、杀虫剂 | 灭虫、害片（固体）| 洗发露（大规格）| 洗发露（中规格）| 洗发露（小规格）| 洗发膏 | 护发用品 | 发型定型用品 | 染发，焗油剂 | 浴露（大规格）| 浴露（中规格）| 浴露（小规格）| 洗衣皂 | 香皂 | 特殊用途皂 | 洗手液 | 脸部清洁用品 | 化妆水 | 润肤霜 | 润肤露 | 润肤膏 | 润肤蜜 | 润肤油（包括甘油等）| 防晒用品 | 护手（足）霜 | 花露水（防蚊水）| 爽身粉 | 护理卫生用品 | 宠物洗涤用品 | 唇膏 | 彩装 | 礼品组合装 | 其他洗涤化妆类 |

小百货类

| 保鲜袋 | 保鲜膜 | 台布 | 浴帘（球、条）| 垃圾袋 | 地垫（毯）、靠垫 | 尿布 | 护翼日用卫生巾 | 护翼夜用卫生巾 | 非护翼日用卫生巾 | 非护翼夜用卫生巾 | 综合装卫生巾 | 卫生护垫 | 杯 | 盆 | 刷 | 壶（桶、筒）| 碗 | 盘 | 筛（篮）| 罐（缸）| 奶嘴（瓶）| 夹 | 微波用品 | 扫（箕）、（地）拖、擦 | 勺 | 柜（箱）| 雨披 | 棉签 | 竹席 | 草席 | 牙膏 | 牙刷 | 伞 | 牙签 | 衣架 | 护垫（套）| 一次性用品 | 湿纸巾 | 卷筒纸（卫生纸）| 盒装面巾纸 | 袋装面巾纸 | 小商品 | 热水袋 | 清洁布 | 卫生香 | 筷 | 椅、凳 | 餐具套装 | 手套 | 卫生棉条 | 其他百货、杂品、杂货 |

厨房用品小五金

| 厨房用品（锅碗盆壶）| 砧板 | 刀、剪、刨 | 各种垫子 | 玻璃制品 | 剃须工具 | 灯泡、灯管、灯 | 电池、充电器 | 插座、转换器 | 清扫工具 | 强力胶 | 钟 | 衣杆 | 丫叉、伸缩杆 | 梯子 | 架子 | 机油 | 其他小五金类 | 保温杯、真空杯 | 筷、叉 |

【实训过程设计】

（1）指导教师布置学生课前预习阅读案例。

（2）将全班同学分成小组，进行讨论。

（3）指导教师对小组讨论过程和发言内容进行评价总结，并讲解本案例的分析结论。（4）根据背景资料，分析华联超市采用的是哪种商品分类方法？有什么意义？

（5）完成一份分析报告。

本章要点

● 商品分类是指为了一定目的或满足某种需要，根据商品的某种属性或特征，选择适当的分类标志将商品划分成不同类别并形成系统的过程。我国通常将商品划分成门类、大类、中类、小类以及品种、花色、规格等。

● 商品分类的原则：科学性原则、系统性原则、实用性原则、可扩展性原则、兼容性原则、唯一性原则。

● 商品目录由于编制目的和作用不同，因此种类很多。如按商品用途不同编制的目录有食品商品目录、纺织品商品目录、家电商品目录、化工原料商品目录，等等；按管理权限不同编制的目录有一类商品目录、二类商品目录、三类商品目录；按适用范围不同编制的目录有国际商品目录、国家商品目录、部门商品目录、企业商品目录等。

● 建立商品分类体系的基本方法：线分类法、面分类法。

● 为保证商品分类编码标准化，建立统一的商品分类编码系统，商品编码时应遵循以下基本原则：唯一性、简明性、层次性、可扩性、稳定性、统一性和协调性。

● 商品编码按其所用的符号类型分为数字代码、字母代码、字母数字混合代码和条形码四种。

综合练习

一、名词解释

1. 商品分类　2. 线分类法　3. 面分类法　4. 商品目录　5. 商品品种

二、填空题

1. 在商品分类时必须遵守_____、_____、_____等原则。

2. 在商品分类过程中，一般把面分类法作为现分类法的_____。

3. 线分类法的优点_____大、_____清楚、_____强。

4. 常用的分类标志有_____、_____、_____、_____等。

5. 茶叶按制造方法不同可分为_____红茶、_____绿茶、_____乌龙茶等。

6. 商品分类与商品目录是_____的，没有商品分类就不可能有商品目录。

三、单选题

1. 在建立分类体系时，设置收容项目是体现了（　　）原则。

A. 整体性　　　B. 层次性　　　　C. 包容性　　　　　D. 可延性

2. 在线分类体系中，上位类与下位类之间存在（　　）关系。

A. 并列　　　　B. 从属　　　　　C. 独立　　　　　　D. 复合

3. 线分类法的主要缺点体现在（　　）方面。

A. 层次　　　　B. 逻辑性　　　　C. 信息容量　　　　D. 结构弹性

4. 在同一层级范围内只能采用一种分类标志是选择标志时应遵循的（　　）。

A. 目的性原则　B. 唯一性原则　　C. 包容性原则　　　D. 逻辑性原则

5. 能从本质上反映出每类商品的性能和特征的分类标志是商品的（　　）。

A. 用途　　　　B. 原材料　　　　C. 加工方法　　　　D. 主要成份

6. 不宜选用原材料作为主要分类标志的商品是（　　）。

A. 面包　　　　B. 茶叶　　　　　C. 服装　　　　　　D. 彩电

7. 龙井是一种（　　）的茶。

A. 全发酵   B. 半发酵   C. 微发酵   D. 不发酵

9.《主要产品分类》的代号是（   ）。

A. SITC   B. HS

C. CPC   D. SB/T7635.1-2002

四. 简答题

1. 商品分类有哪些重要作用?

2. 服装分类常采用什么方法? 有何优缺点?

3. 以商品的用途作为分类标志有何特点?

4. 按适用范围编制的目录怎样分类?

5. 商品品种有哪些类别?

6. 简述商品品种的发展规律。

五、论述题

GB/T7635.1（2）-2002《全国主要产品分类与代码》是怎样构成的?

第三章

商品质量与质量管理

学习目标

【知识目标】

● 理解商品质量的含义，掌握商品质量的构成，了解商品质量的意义；

● 掌握生活资料和生产资料两种类型商品质量的要求；

● 理解商品质量的影响因素，掌握全面质量管理的含义。

【能力目标】

● 能够使用全面质量管理工具分析质量问题。

案例导入

三鹿奶粉事件警醒企业质量管理

奶粉质量问题近些年来频频出现，有碘超标问题，有过期奶粉易装上市问题，有蛋白质含量为零造成多名"大头娃娃"的问题，这次又爆发了添加化工原料三聚氰胺的问题，危害更是大。值得注意的是，为了节约生产成本，往蛋白粉或饲料中添加三聚氰胺，在一些地方甚至已成为行业潜规则。

三鹿奶粉事件以及随后查出的一系列乳制品行业质量问题，正在牵动着社会的神经。

"虽然不可预料未来将发生什么，但是企业在研发产品、开拓市场的时候，应该堵住信息漏洞，即收集足够的信息，把握产品的发展态势，预料可能的后果，否则后果不堪设想。"厦门大学会计发展研究中心副主任傅元略指出,三鹿奶粉事件暴露了这方面的缺陷,其产品本身没有很好地考虑这些问题,产品的细节标准出了问题,而其管理层在质量控制方面的细节标准做得也不够。

傅元略表示,"一旦质量出了问题,企业的商誉和市场占有率可能在一夜之间就变为零。而且,这些不可预见的事件一旦发生,都会反映到财务上。所以说,企业财务工作者或者质量管理工作者要做个信息专家,要把握产品质量控制过程乃至市场和消费者的反应。"

傅元略还指出,"在认识、管理和防范质量风险的过程中,企业管理层和相关人员需要做很多基础的工作。虽然在某一段时间内管理可能有侧重,但是整个企业的发展绝不能偏重于某一方面的管理。对于企业来说,质量管理一定要抓好基础工作,否则再多的市场开拓也可能没用。"

启示:确保商品质量是人类的共同追求。影响商品质量的因素很多。企业必须进行严格的商品质量管理。

学习内容

34

商品质量是衡量一个国家生产力发展水平的重要标志,也是一个企业素质的具体体现,是一个民族的人口素质、管理水平、市场发育程度、生产力状况的综合反映。保证和提高商品质量对于发展国民经济,促进企业技术改造和进步,完善质量管理,提高人民物质文化生活水平,都有着重要意义。

第一节　商品质量概述

一、商品质量的概念

商品质量包括商品的自然质量和商品的市场质量两个方面。

(一) 商品的自然质量

商品的自然质量即狭义的商品质量,是指产品本身质量,通常称为商品品质,也称为实用质量、技术质量、客观质量,是评价商品使用价值及与其规定标准技术条件的符合程度,是反映商品的自然有用性和社会适应性的尺度。它以国家标准、行业标准、地方标准或订购合同中的有关规定作为评价的最低技术依据。

狭义的商品质量又包括两个方面的要素:即内在素质和外观形态。人们在评定商品质量时,通常以这两个要素为依据。商品的外观形态,或者说商品的外观质量,如商品的艺术造型、形态结构、花色图案、款式规格以及气味、口味、手感、美观、音响、包装等;商品的内在素质,或者说商品的内在质量,是指商品在生产过程中形成的商品本身固有的特性,如化学性质、物理性质、机械性质、光学性质、热学性质及生物学性质等,这是感观难以判断的。

（二）商品的市场质量

商品的市场质量即广义的商品质量，通常称为消费者满意的质量，包括产品的制造质量和产品的服务质量。它是指在一定条件下，评价商品所具有的各种自然、经济、社会属性的综合及其满足消费者需求的程度。它是一个动态的、发展的、变化的、相对的概念。消费者对质量的评价会受时间、地点、使用条件、使用对象、用途和社会环境以及市场竞争等因素的影响。

广义的商品质量，实际上是以消费者对商品的满意程度来衡量的。它包含四个方面的要素。

1．任何商品均需在一定范围内和特定条件下合理使用

各种商品都要在一定条件下使用，如果超出商品的使用（食用）条件，即使是优质商品也很难反映出它的实际功能，甚至会完全丧失其使用价值。例如，汽车不能超出设计负荷和时速要求行驶。所有电器开关都标有使用范围要求，例如，标有 5A、250V，说明此开关可用于 250V 以下电压电路中，最大可断开 5A 的电流。烹调食品时，若温度过高，则会使营养价值遭到破坏。

2．说明商品质量的基本要求

商品质量的基本要求是商品的性能必须符合一定用途。加工品的性能是预先规定的，其前提条件应该是性能和用途必须一致。例如，各种机械零件和工程结构件在使用中将承受多种外力、化学介质、温度、氧化等的作用，这些因素都可能导致金属材料的变形或损坏。金属材料的使用性能就是在使用过程中所表现出来的自然特性，它表示在一定条件下，材料所具有的抵抗外界作用而不遭受破坏的能力。例如，作为导电材料和电工、电器用材，通常选用具有优良导电性能的铜和铝。

3．说明商品质量的基本内容

商品所具有的有用的属性形成各种性能，各种性能综合在一起组成商品质量的内容。例如，家用电冰箱的性能指标具体规定了星级标准、冷却性能、冷却速度、冷藏室温度波动范围、噪声等。若产品的各项指标均达到规定要求，说明该电冰箱适合于其用途的需要。

4．说明商品的适用对象

人们对商品的需求是多种多样的，这就要求商品质量必须反映对特定使用者（用户或个人消费者）满足的程度，即商品的适用性。商品的适用性是消费者对商品质量的最终要求，以现代消费观念来看，有用的商品并不意味着一定是人们所期求和满意的商品，而只有包含商品的设计特征、有用性、安全可靠性、环境适应性和维修保证性等全面符合消费者要求的商品，才有可能令使用者满意。

不同的企业，为了体现企业生产经营的不同特点和指导思想，在质量概念的运用方面也有所不同。一种观念认为，商品质量包括设计质量和实际质量。所谓设计质量，是指设计中必须使产品性能符合使用者的需要，即产品的适应性问题，就是说，在设计时就要力图达到为使用者提供预期质量的目的。假如设计质量未能达到目的，即使产品完全符合设计质量的要求，制成品也未必能使用户满意。所以确定设计质量必须

在产品上体现出使用者的要求。所谓实际质量，即成品质量，它必须与产品标准或设计方案的规定相符合。这两种质量经过验证都达到令人满意的程度，其质量为优质。

另一种观念认为，商品质量包括代用质量和真实质量。这一观念的指导思想是把用户的需求作为生产的前提，把不断变化的用户需要作为真实质量的标志，而把设计和制造质量作为不断改进中的带有暂时性的代用质量，从质量概念上反映出企业独特的经营思想，这种思路有利于产品的更新换代。

由此可见，商品质量概念不仅限于说明质量问题，而更重要的是在质量管理中起着指导性作用。

综上所述，商品质量就是衡量商品使用价值的尺度，这个尺度是人们在实践中得出的科学结论，它属于相对的比较的范畴。对一般商品来说，可以通过简单的比较和识别来观察和判断质量，而对另一些商品，如工业品、材料、仪器仪表、医药、农药、等等，对其质量指标有严格的规定。例如，保温瓶的主要质量指标有保温性、容水量、耐温骤变差、耐酸、耐压及外观指标等。人们按照规定的技术指标或参数来衡量商品质量，符合或超过指标要求的，属于合格商品或优质商品，反之，即属于不合格品或劣质品。

二、提高商品质量的意义

商品质量是衡量一个国家生产力发展水平和技术水平的重要标志。保证和提高商品质量，满足消费者的需要，对于推动国民经济发展，促进企业技术改造，完善质量管理，提高人民生活水平都有着重要意义。

（一）提高商品质量，促进国民经济的发展

提高商品质量，降低成本是企业生存的根本。它关系到扩大再生产、扩大经营规模的问题。社会生产目的是满足人们不断增长的物质和文化生活的需要。人们生活中的吃、穿、用的商品，如果生产和经营不对路，质量不达标，就会造成商品流通不畅，破坏供求平衡。得不到社会的承认和消费者的欢迎，这样的商品很难销售出去，对于企业来说，占压了资金，影响了扩大再生产。若不改变这种状况，要发展生产、扩大经营，提高经济效益，是根本不可能的。企业把质量视为生命，保证和提高商品质量有利于发展生产，扩大经营，促进流通，有利于国民经济的发展。

（二）保证和提高商品质量，是创造社会财富、满足消费的重要标志

商品的使用价值在一切社会形态中都是构成社会物质财富的内容。商品质量是商品具有使用价值的保证。质量高，表现为商品性能更好，使用效率高，寿命周期更长，相当于花同样多的活劳动和物化劳动，生产出更多的商品，这样既减少了消耗，又降低了成本，增加赢利，扩大积累，而且减少了消费者在该商品上的支付，并为消费者在生产和生活中提供了较好的物质条件。相反，就会造成人力、物力、财力的浪费。因此，保证和提高商品质量有利于国家、企业、消费者，对促进整个社会物质文明和精神文明的发展，有极其重要的作用和意义。

（三）重视和提高商品质量，是促进企业质量管理制度完善的中心环节

企业经营管理水平的提高和经营管理制度的完善，在很大程度上是通过组织本企业的优质产品的生产过程、销售过程和售后服务等一系列工作过程而逐步实现的，企业内部的商品质量管理主要是由两个系列的工作组成，即质量保证和质量控制。这一系列工作是伴随生产过程不断进行的。从企业内部来看，质量控制是质量的基础保证。因此，随着企业内部商品质量管理工作的不断完善，就会不断推动质量保证和质量控制的完善，就会不断促进企业规章制度的完善和经营管理水平的提高。

（四）改进和提高商品质量，是提高市场竞争能力的重要措施

市场的竞争，首先是质量的竞争。质量低劣就无法进入市场。质量是进入市场的"通行证"。因此，只有保证和提高商品质量，才能在国内外市场竞争中取得主动权，才能赢得企业和国家的信誉，为企业创造良好的效益，提高产品市场占有率，提高企业的知名度，树立企业良好的形象，为国家创造更多的外汇。

第二节　商品质量基本要求

对商品质量的基本要求是根据其用途和使用方法或使用目的来确定的。由于商品的种类繁多，性能各异，又有着不同的特点和用途，因而对不同商品的质量要求是不同的。

一、生活消费品质量的基本要求

（一）对食品商品质量的基本要求

食品包括的范围相当广泛，粮食、食用油脂、鱼、肉、禽、蛋、菜等。它在人们的生活中占据着相当重要的地位。"民以食为天"，它是人体生长发育、保证健康和日常生活不可缺少的营养物质，是至关重要的生活资料。保证食品的质量，对增强人民体质具有重要意义。根据食品的作用和消费习惯，对食品质量至少应有三个方面的要求，即具有一定的营养价值，具有较好的色、香、味、形，符合卫生安全标准。

（1）食品的营养价值。能给人体提供营养物质，这是一切食品的基本特征。营养价值是供给人体维持生命活动、劳动能力、调节代谢和促进健康的重要因素，是决定食品质量高低的重要依据，在绝大多数食品中，它是评定食品质量的关键指标。食品的营养价值包括营养成分、可消化率和发热量三项指标。

① 营养成分。是指食品中所含的蛋白质、脂肪、碳水化合物（糖类）、维生素、矿物质及水等。不同的食品营养成分不同，在要求上也有区别，这是因为食品商品的种类非常多，很少有某一种食品能够包含全部营养物质。因此，各种食品所含的营养物质及其营养功能各有不同。例如，食品当中的主食（米、面、谷物等）主要含有碳水化合物，它是人体热能的主要来源；大部分副食（菜、果、肉、鱼、蛋及乳制品等）含蛋白质、矿物质较多，对人体生长发育、调节代谢起主要作用。所以人们需要

从多种食品中获得各种营养成分，以维持正常生长和健康的需要。为了保持各种成分的齐全和均衡，饮食中就需要克服偏食的习惯，以避免某种营养成分不足的现象发生。评定食品商品的营养价值，主要是分析其营养物质的种类和含量。各种营养成分均需在水的参与下才能发挥其作用。因此，水更是人体不可缺少的物质。

② 可消化率。是指食品在食用后，可能消化吸收的百分率。它反映了食品中营养成分被人体消化吸收的程度。因为食品中的营养成分，只有在被人体吸收以后，才能发挥其基本作用。例如，蔬菜和果品中的主体结构——纤维素虽属碳水化合物，但人体不能进行消化和吸收，因而在测定其营养成分时都不计纤维素的含量。动物性食品的肉和蛋，其主体结构是由动物蛋白质组成的，是人体可以吸收的主要营养物质。所以，通常认为动物性食品的营养价值高于植物性食品，就是从可消化率这个角度讲的。

③ 发热量。是指食品的营养成分经人体消化吸收后，在人体内产生的热量。它是反应食品营养价值最基本的综合性指标。人体对食品的需要量通常是采用能产生热量的碳水化合物、蛋白质、脂肪三种主要营养成分的发热值来计算。经实验证明，1克碳水化合物或1克蛋白质经过消化或完全氧化后产生的热值均为4.1千卡，1克脂肪产生的热值为9.3千卡。如已知食品中主要营养成分含量，则可计算出该食品的热值。人体每天所需的能量主要包括基础代谢和从事劳动所需要的能量两个方面，因性别、劳动量、年龄、气候等因素的不同，人体对能量的需要也不同。过去，我国的粮食定量供应办法，就是遵循了人体在不同条件下所需的能量不同这一标准而制定的。

（2）食品的色、香、味、形。食品的色、香、味、形，是指食品的颜色、香气、口味和外观形状。它是评定食品新鲜程度、加工精度、品种特点以及质变状况等的重要外观指标。这个指标是人们可以从直观上判断的感官质量，是选择食品时首先接触的问题。色、香、味、形优良的食品能激发人们的食欲，有助于提高食品的可消化率。所以，它直接影响着人体对食品中营养成分的消化和吸收。例如，食品若具有柔和的颜色、诱人的香气、可口的滋味和喜人的外观，那么只要见到或闻到这种食品，甚至想到它们，就会引起条件反射，人体消化器官就会分泌较多的消化液，帮助消化和吸收食品中的营养成分。巴甫洛夫把食用前引起消化液分泌称为"反射相"分泌；当食品接触到消化器官后，所引起的消化液分泌，称为"化学相"分泌。两者结合起来就能产生旺盛的食欲，从而使食品中各种营养成分得到比较充分的消化和吸收。所以说，食品的色、香、味、形对提高食品营养成分的消化和吸收具有重要作用。特别是各种调味品及茶、烟、酒等的色、香、味、形，与质量的关系更为密切。

（3）食品的卫生安全标准。食品的卫生安全标准是指食品成分中不能含有对人体有害的物质和不洁物。食品的卫生安全标准是食品商品的起码条件。因为食品卫生安全关系到人民的身体健康和生命安全，甚至还会影响到子孙后代。例如，某市部分群众在1986年因饮用含高浓度甲醇的散装白酒引起严重中毒事件，中毒者达1 000余人，死亡20人。可见，如果食品有毒就失去了食用价值。因此，食品中绝不允许含有有害物质和各种有害于人体健康的微生物存在，所以在评定食品质量时，不能忽视食品的卫生安全标准。食品中有害物质的来源，通常有五个方面。

①　自身产生的毒素。有些天然食品中本身就产生和分泌有毒成分，如河豚、河蟹、白果及马铃薯的发芽部分等，都存在自有毒素（河豚毒素、组胺、氰甙、龙葵素等）。死亡后的鳝鱼、河蟹、鳖等体内的组胺，经氧化产生的毒素对人体消化系统、神经系统都有严重的危害。

②　生物对食品的污染。有的食品含有寄生虫或寄生卵，食用后对人体健康危害也很大。如绦虫病、蛔虫病都是因食用了含有此类虫卵的食品所致。

③　加工中混入的毒素。添加剂或香精等因加工中不慎弄错配量，超出规定范围；罐头铁皮中的铅、锌等成分溶于食品中；油炸食品时生成的甘油醛等，都会造成食品的污染。

④　保管不善产生的毒素。食品因保管不善也可能感染微生物而腐败或霉变，食品发生霉烂变质时也往往会引起有机物的变化，产生有毒物质。如花生、小麦、玉米、豆类等发霉后则会产生黄曲霉毒素，使人体致癌。

⑤　环境或化学药品造成的污染。主要指"三废"或不适当地施加农药等原因造成的环境污染而侵害食品。如农副产品受污染，会使某些鲜活食品形成连锁性的毒性积累。另外，在运输、销售过程中，因不注意食品卫生，受到化学药品、菌类、重金属污染的食品食用后除能引起急性中毒外，大部分还会导致慢性中毒。为了确保食品卫生，有效地防止食品污染，保障人体健康，所有从事食品生产和经营的单位和个人，都必须切实按照国家的有关法规，对食品、食品添加剂、食品容器、包装材料、食品用具、设备和生产、经营场所以及有关环境，采取必要的防范和处理措施，并且接受食品卫生机关和消费者的监督，切实保证销售的食品符合国家卫生标准要求。

（二）对纺织品商品质量的基本要求

纺织品商品包括纺织品和针织品两个大类，对这类商品一般从原材料、组织结构、机械性能和使用性能等方面来评定其质量。

（1）材料选择的适宜性。纺织品商品的基本性能及其外观特征，主要由其所用的纤维材料决定。纤维材料的种类、品质，混纺织品中的混纺比等对织品性能都有重要影响。织品中其他成分的含量，例如，毛织品中的植物性类杂物及脂肪，丝织品中的丝胶，麻织品中的胶质以及各种织品整理过程中遗留的甲醛、氯、硫、酸等，这些成分不仅能严重地影响织物性能，而且容易引起储存过程的质变。因此，在选择原材料时不仅要选用合适的纤维材料，而且限定材料中杂质成分的含量也是重要的质量指标。纱线的种类和质量好坏，同样直接影响织物的美观和使用价值。反映纱线质量优劣的指标主要有拈度、细度、匀度、强度等物理指标和外观疵点两个方面。

（2）组织结构的合理性。纺织品的组织结构，主要包括织纹组织、织品的重量和厚度、织物的紧度和密度、幅宽、匹长及织物歪斜等。如果组织结构不当，既影响外观又影响机械性能。造成不合理的原因，主要是由于产品设计不合理，或由于生产过程中其他因素造成的。在流通过程中，由于保管和销售方法不当，也可能使其组织结构变形。织纹的种类很多，它的变化对于扩大和改善纺织品的花色品种具有重要意义。

因而在具体工作中要根据原材料性能、使用特点和消费心理变化等,合理地研究织纹、设计织纹。

（3）良好的机械性。在外力作用下,织物产生的应力与形变之间的关系,统称为织物的机械性能。主要包括断裂强度与断裂伸长率、撕裂强度、抗顶强度、抗磨强度、抗皱强度、抗疲劳强度等指标。强度越高,则织物的耐用性越好,在检验中对这些指标应从织物的经向和纬向分别进行考察。例如,摩擦是织物衣着过程中被破坏的主要原因,而织物的摩擦强度与原料、厚度、加工方法等有着密切关系。检验时是在规定条件下,对织物进行纵向和横向摩擦,以及在开始破坏时所经受的次数作为它的抗磨强度,次数越多则说明抗磨强度越高。织物的机械性能不仅与耐用性有密切关系,而且某些机械性能,如抗皱、抗顶强度等还直接影响织物的尺寸稳定性和手感以及成品风格。

（4）适宜的服用性。适宜的服用性主要是要求织品在穿用过程中舒适、美观、大方。其缩水率、刚挺度、悬垂系数符合规定标准,并且有一定的吸湿性和透气性,符合卫生要求。此外,少起毛球,花型、色泽、色牢度及外观疵点处理方面等,也都是服用性能的基本质量指标。

（三）对日用工业品商品质量的基本要求

日用工业品包括的种类很多,如鞋帽类、塑料类、玻璃类、钟表、缝纫机及日用小商品等,它们各有不同的用途和使用特点。根据日用工业品的用途和使用性能,对这类商品的质量应从适应性、耐用性、安全卫生性、结构和外观等几方面去评价。

（1）适应性。适应性是指某种商品满足其主要用途所必须具备的性能,它是构成这种商品使用价值的基本条件。对于单一用途的商品,要求它在正常情况下,具有符合该种商品品级的最佳使用效果。例如,保温瓶必须具备保温的性能,钟表必须具备准确计时的性能。然而,评价适应性往往不仅仅是一项指标,而是用几项指标去鉴定。如评价保温瓶的质量时,除鉴定其保温性能外,还要评定它的耐温性、耐水性、耐压性、外观装潢等。由此可以看出,商品的"适应性"和"有用性"在概念上是有区别的。而多种规格的同一商品品种,就更加体现出它的适应性的程度。对于多种用途的商品,则要求多种性能的工作状态良好,而现代化的商品都在向着多功能的方向发展,其适应性也就更为优越。

（2）安全、卫生性。安全卫生性是指商品在使用时,有保护人身安全和人体健康所需要的各种性质。对于安全性和卫生性,从现代观念来考虑,除要对商品在使用过程中保证不造成人体伤害外,还应要求不污染环境、不会造成公害等问题,例如,食用器皿、化妆品、玩具等,既要符合卫生要求,更不允许含有有害物质。各种电器、机械商品的安全性也是该类商品所必须具备的内在质量指标。

（3）耐用性。耐用性是指商品在使用时,抵抗各种外界因素对其破坏的性能。它反映了某一商品的使用寿命和次数,它可以说明商品的耐用程度。例如,对电灯泡规定了最低使用小时数为 1 000 小时,对气压保温瓶规定了最少按压次数为 8 万次,对皮革橡胶等制品则用强度、磨耗等指标来评定其耐用性能。为了保证耐用工业品的使用寿命，各厂家都对自己生产的产品规定了保修期限，为保证商品的使用创造了良好的条件。要求商品坚固耐用，是消费者的普遍愿望，属于共性问题。但对某些商品也存在其特殊性。如时兴商品和一次性使用的商品，对其耐用性的要求，就应以它们的不同用途和特点，着重从适应性加以考虑，合理设计，只要达到"物尽其用"即可，否则，越耐用反而会造成原材料的浪费。

（4）造型结构合理性。造型结构主要是指商品的形状、大小、部件装配及花纹色彩等，要求式样大方新颖、造型美观、色彩适宜、装潢适时，具有艺术感和时代风格。并且应无严重影响外观质量的疵点。如果商品造型结构不良，花纹图案不恰当，即使它们的适应性和耐用性都很好，也不会得到消费者的欢迎，结果造成滞销积压。对于那些起着美化装饰作用的日用工业品，它们的造型结构更具有特殊的意义。应该指出，商品质量的各项基本要求，并不是孤立的、静止的、绝对的，而是相对变化的。当对某一种商品提出具体的质量要求时，不仅需要根据不同的用途对其所属的各种自然属性进行分析，而且还必须与社会生产力的发展水平、国民经济的发展水平以及人民的消费水平、不同的消费习惯相适应。对于其他商品，如五金、化工、交电、土特杂品等，也应根据其不同的用途和性能特点，提出与其相适应的要求，以利提高商品质量。

二、生产资料商品质量的基本要求

（一）对工业生产资料商品质量的基本要求

生产资料是社会生产力中的物质要素，其中工业生产资料主要包括工业燃料、原料、材料、机械设备、生产工具等。从初级产品的原煤、原油、矿石等到复杂的机械产品、交通运输工具等制成品，无所不包，种类繁多，规格复杂，技术性能要求高。对于它们的质量要求，按照生产特点、基本用途和使用性能，大体上可以分为两大类。

（1）对燃料、原料、材料的质量要求。燃料、原料、材料是用于工农业生产的最基本的原材料，其成分复杂，性能各异，用途广泛。它们的质量好坏直接关系到产品的稳定性，影响到整个国民经济各个行业的产品质量。因此，对这类产品质量的基本要求主要是有效成分稳定性高，杂质含量低，实用性强，理化指标符合标准规定等四个方面。

① 有效成分稳定性高。燃料、原料、材料的成分与其质量的关系十分密切，同一种产品因产地不同，其成分含量有着很大的差异；采掘方法、生产工艺的不同对其成分也有较大的影响。例如，煤炭的成分就很复杂：各种煤都是由无机质和有机质两大部分构成，无机质，包括水和矿物质，而有机质由碳、氧、氢、氮、硫五大元素组成。煤中的无机质是不可燃体，是煤中的有害物质；而有机质是煤的可燃体，是加工利用的对象，它在煤中越多越好。这些成分和组成直接影响煤的性质、加工利用效果及工业用途。因此，使用同一类型的原煤，如果成分不稳定会给利用和加工带来严重的不良后果。这就要求此类原材料在组成成分上应保持一个相对稳定的数值，使有效成分达到要求的水平以上。

② 杂质含量低。杂质含量一般指有害成分的限量，这是对所有工业原材料质量

要求的基本内容。在原材料中，凡是与使用对象无关的成分均称为杂质，杂质含量越高，其利用率就越低。其中。若有害成分甚至有毒成分超过规定限量，对生产工艺过程、人身安全和产品质量都会造成极严重的影响。

③ 实用性强。燃料、原料、材料的用途既广泛，又有其针对性。工业原材料的实用性表现在它对目标制品所需要的使用价值的满足程度。例如，化学工业所用煤炭，有相当一部分已超出作为燃料使用的范畴，因而用于化工原料的用煤必须符合使用的特殊要求。例如，气化用煤在品质要求上就有所不同，固定床气化法对煤的要求是，固定炭含量要达到 65%～68%，挥发分含量不高于 10%，灰分含量应不大于 20% 等，否则将严重影响气化工艺和产品质量。采用沸腾法制气时，对煤的要求就不同，煤炭应具有较强的反应性，其化学活性要求大于 60%，粒度应小于 10 毫米，大于 1 毫米，含水量要低等。

④ 理化性能符合指标要求。理化性能指标是在应用原材料时的重要参数，在某些参数中如达不到标准要求，其制成品的质量将受到相应的影响。如金属材料之所以在国民经济各部门中得到广泛的应用，是由金属材料的优异性能决定的。各种机械零件、工程结构件在使用中，将承受各种外力、化学介质、温度、氧化等的作用，这些作用都可能导致金属材料变形或破坏。金属材料的使用性能就是金属材料在使用过程中所表现出来的特性，表示在一定条件下，材料所具有的抵抗外界作用而不产生破坏的能力。这些使用性能包括物理性能、化学性能和力学性能等，是人们合理选用材料的重要依据，它对材料在使用过程中的安全可靠性、使用寿命及应用范围等具有决定性意义。具有优良使用性能的材料制成的产品其质量高、性能好、使用寿命长。反之，如果所用材料不符合使用要求，其产品质量、性能和使用寿命就会降低，甚至造成报废。如很多机械零件是经切削加工制成的，而用于切削加工的材料应具有良好的硬度和切削性能，它反映金属材料被切削加工成为合格零件的难易程度，如果材料的性能不稳定，硬度过高，则刀具磨损严重；塑性、韧性过高，则出现"粘刀"现象，切屑不易析落等，不仅影响加工速度和精度，其加工品质量也往往随之下降，以致报废。

（2）对工业成品的质量要求。工业生产资料中工业成品品种多，规格杂，用途各异，对其具体的质量要求应视其品种和用途加以确定。但归纳起来看，从共同点来考察，对其质量的基本要求是，应符合先进的质量技术指标，结构合理、坚固耐久、安全卫生和外观适宜五个方面。

① 技术质量参数符合指标。技术质量参数是反映工业成品满足其主要用途能否适用的重要指标，是说明某些产品是否有用的内在因素，也是构成工业成品使用价值的基本条件和产品设计的主要依据。当今，在技术不断进步，工艺走向现代化的高科技时代，对工业成品，特别是高科技产品要求其设计合理、造型新颖、技术先进、工艺精细，已成为工业成品市场的主流。因为工业成品是决定下一步产品质量的物质技术因素，是工农业生产的重要手段。如果一个企业有了好的设计、良好的工艺、高技术的工人，但是没有能正常运转、保持一定精度的机器设备，无论如何也是不能生产

出质量优良的产品的。所以说，工业成品的技术质量参数符合指标的规定，是进行该类产品生产和在流通中进行检验的首要项目，它对于保证工业成品的使用起着重要作用。

② 坚固耐久性。主要指在使用时抵抗各种外界因素对其破坏的性能，它反映工业成品的耐用程度，在正常使用条件下，工业成品的坚固耐久性越好，其使用期限越长。由于这类产品大部分用于生产建设、交通运输等，它直接关系到企业的生产安全、成本、设备利用率和资金占用，因此，提高坚固耐久性，延长其使用寿命，就显得比一般商品更加重要。

③ 安全卫生性。主要指这类商品在使用时有关保证安全、保护人体健康所必须的各种性质。如对电器设备、电工工具等应特别强调安全可靠性；对输水管道、食品加工机械等商品，就要严格控制其有害人体健康的成分，其材料必须具有无毒性。

④ 结构合理性。主要指商品的造型、大小和部件装配，特别是机械商品的结构是否合理正确，它直接关系到商品的使用性能和坚固耐久性，如工业用电动缝纫机械主要零部件的相互配合，只要相差 0.1 毫米，就无法进行缝纫。对精密仪器、器具的配合尺寸要求则更高。

⑤ 外观适宜性。主要是指商品的表面特征。包括式样、色泽、外表装饰等，要求式样大方，造型优美，色泽清新。

（二）对农业生产资料商品质量的基本要求

农业生产资料包括化学肥料、农药、农药器械、半机械化和机械化农具、农用薄膜等。由于它们的用途和使用情况不同。对其质量要求分别如下。

（1）化肥和农药。化肥和农药要高效低毒，其质量总的要求应着重于它们的效能，要求有效成分含量高，施用后见效快，对人畜及农作物要安全，不损害土壤，成分中有害物质少。同时，还要重视其包装质量，防止破包散漏，并要求适用性好。

（2）农药器械、半机械化、机械化农具和小农具。对这类商品要求轻便耐用，形状、尺寸、规格灵活多样，适应我国各地区地形、农民的使用习惯。因此，除要求实用性能好、适用性强、坚固耐用、结构合理外，还要求成龙配套。在零部件方面要实行标准化、通用化、系列化，以利于使用维修。

第三节　影响商品质量的因素

商品质量是由多方面的因素决定的，而影响商品质量的因素也是多方面的。对于具体商品要做具体分析，找出决定和影响商品质量的关键因素，这样才能有效地提高商品质量。按照从商品的形成过程到消费过程的顺序分析，决定和影响工业加工品的质量因素主要有原材料、生产工艺、包装、保管、运输、销售条件和使用方法等。对直接来自农、林、牧、副、渔业生产的产品来说，其品种饲养、栽培、收获方法、生长条件、收获季节等，对该商品的质量起决定作用的因素。

一、商品质量环（朱兰螺旋）

ISO8402 对质量环是这样界定的：质量环是指从识别需要到评定这些需要是否得到满足的各阶段中，影响商品质量的相互作用的活动的模式。

费根堡姆博士认为，提供一种顾客满意的产品或服务，其质量是在经济合理的成本条件下加以设计、制造、营销和维持的。为实现这样一个目标，需要有一个内容广泛的涉及全公司范围的完整体系。因为，任何产品的质量都受到生产活动循环各阶段活动的影响，因此，必须把企业内各部门的研制质量、维持质量和提高质量的活动构成一个完整的有效的体系。

费根堡姆博士基于上述考虑，把生产活动循环即产品质量产生、形成和实现的过程分为 8 个阶段。

（1）营销：评价顾客需求而又有支付能力的质量水平。

（2）策划工程：通过质量职能展开，把营销评价的结果转化为产品的质量标准。

（3）采购：选择零件和材料供应商，同供应商保持密切联系。

（4）制造工程：选择工具和生产工序。

（5）加工控制和现场作业：在零件加工、部件装配和总装配中实施控制。

（6）机械检验和功能试验：检验符合产品质量标准的程序。

（7）装运：影响到包装质量和运输质量。

（8）安装和售后服务：正确安装，做好售后服务，保证正常运转。

以上各个阶段的关系在朱兰螺旋中阐述得更为明确，如图 3-1 所示。

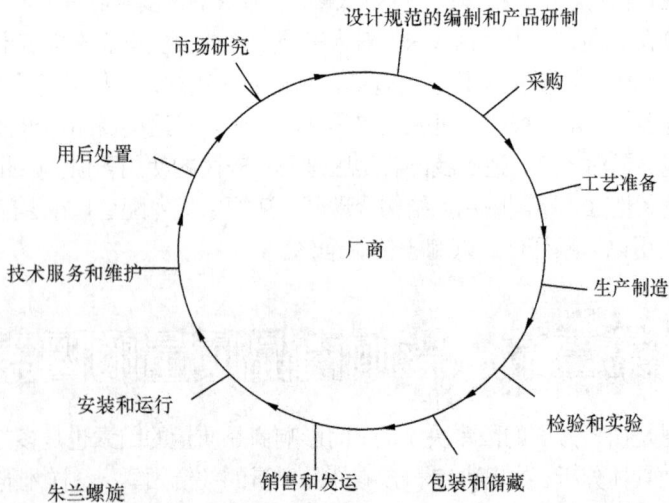

图 3-1　质量环图示

对上述涉及产品质量的各个环节都必须进行有效控制，这不仅是全面质量管理的基本原理，也是全面质量管理的最终目标。此外，很多质量管理专家对不同产品质量的形成有不同的理解，所划分的质量环可能也不完全一样。

当然，不同行业的不同产品都有各自不同的特点。因此，质量环的划分应该随行业和产品不同而有一定差异。但是，无论质量环如何不同，其产品质量形成的全过程都应包括在内，并进行有效控制。

二、影响商品质量的因素

（一）生产过程中影响商品质量的因素

1. 原材料。原材料是构成商品的物质基础，在其他条件既定的情况下，原材料的好坏直接决定着商品质量的优劣。因此，在分析和鉴别商品质量时，首先要对原材料的质量进行分析。原材料对商品质量的影响，主要表现在对商品的成分、性质、构成方面所引起的差别。例如，制造玻璃制品时，若硅砂中有铁离子的成分过高，就会影响制品的色泽和透明度；用丁橡胶制造电线，就具有阻燃性；用牛、羊脂做的肥皂，去污力就强，而且耐用；利用不同质量的原材料制成的食品，其营养价值和色香味等风味特点就有很大的差别。

在分析原材料质量对商品质量影响的同时，还要考虑到合理利用原材料问题。在生产中节约原材料和使用代用原料的目的，是为了改善产品性能和更合理地利用原材料，决不能把节约原材料同保证和提高商品质量对立起来。依靠科技进步，应当不断发掘新材料，开发新产品，提高材料利用率。当然必须在确保商品质量的前提下厉行节约，否则，将会造成更大的浪费。

2. 生产工艺。商品的有用性及外形、结构等，都是在生产过程中形成的。因此，生产工艺同样对商品质量起着决定性的作用。例如，采用相同的原材料可能生产出质量差距相当大的成品，其直接影响因素主要有设计、配方、操作规程、设备条件、技术水平等。如果这些条件都是良好的，要使生产顺利进行，还必须使这些条件根据工艺、技术的要求相互结合起来，形成科学的生产组织。

科学地组织生产，要求正确处理人、机器设备和原材料的关系。其中，人是决定性的因素。一个企业要保证产品的质量，首先要充分调动人的主观能动性，通过人认识生产的客观规律，熟练地掌握和运用其他条件，创造性地生产出人们所需要的产品。我国是一个发展中国家，当前仍然存在着设计落后、装备陈旧、工艺粗糙、管理松懈的状况，对生产造成不利影响。因而，不少产品水平低、质量差、消耗大、成本高，不仅浪费资源，激化我国社会经济生活中资源稀缺的矛盾，而且在国际市场竞争中也难以占据优势。所以，在研究商品质量问题时，必须重视对生产工艺的研究。商品学把生产工艺作为自己的研究课题，是有着重要意义的。

（二）流通过程中影响商品质量的因素

流通过程是指商品离开生产过程进入消费过程前的整个商品流转过程。商品在流通过程中，都要经过时间和空间的转移，商品的储存和运输是不可避免的。在这期间，由于受到各种外界因素的影响，会发生商品质量改变的现象，商品在流通中停留的时间越长，质变的机会就越多。因此，商品周转快慢是流通中影响商品质量的重要因素。

此外，商品的包装、运输、保管和销售条件及方法也是十分重要的因素。如果在流通中恰当地选择包装材料、保管场所、运输工具、销售地点、环境等，合理地进行包装、储存和运输，控制各种外界因素对商品质量的影响，就可以延缓商品质量向劣化的方向发展，并使其趋于稳定。所以研究分析这些因素，对于降低商品损耗、保护商品使用价值有着重要的现实意义，这也是商业企业进行科学管理的主要内容。

（三）使用过程中影响商品质量的因素

商品在使用过程中，除了合理应用、保养外，安装、使用方法和使用环境对商品质量也有重要影响。如各种机械商品、电器用品的安装；药品、农药、化肥、塑料制品的合理使用；液化气灶具的操作规程、设备的安装环境等等。如方法不当、环境条件不利，不仅损坏了商品实体，而且可能直接危及人身安全。所以，对这些商品应认真细致地编制使用和养护说明书，并采取多种形式向消费者宣传、传授使用和养护知识，设立必要的咨询中心、维修网点等，这些都是在使用过程中保护商品质量的重要途径和措施。

第四节　商品质量管理

商品消费者（包括生产消费者和生活消费者）最关心的是商品质量。加强质量管理对于提高商品质量、保护使用价值、防止伪劣商品流入市场、维护消费者利益、增强企业在国内外市场的竞争能力都有十分积极的作用。

一、商品质量管理的依据

商品质量的优劣是根据商品标准以及与其相适应的技术经济法规来确定的，而不是以人们的主观意愿来判断的，严格遵循商品质量标准来评价商品质量是质量管理工作的宗旨。凡是符合规定质量标准的产品就称为合格品，达不到标准的就称为不合格品。合格品还可以按照符合质量标准的程度分为一等品、二等品、三等品等。不合格品又可分为两类：一类属于不可修复的不合格品即废品；另一类属于可修复的不合格品，包括返修品以及存在着轻微缺陷的各种不良品。对于可修复使用的不合格品也称之为"潜在废品"，它们虽然没有直接造成原材料等方面的损失，但实际上却造成了工时、能源及设备等方面的损失浪费，而且对产品性能、内在质量可能造成隐患或产生外观及其他方面的质量上的缺陷。因此，在生产中应采取有力的措施消除"潜在废品"，这样才能真正地提高质量。这类商品若进入流通领域，经过储存、运输会很快暴露出来，成为残次滞销品，占压资金，影响商品周转。销售后除给用户带来损失或不方便外，还易造成各种矛盾的发生，严重影响生产经营企业的声誉。所以在生产经营的各个环节上严把质量关，这是质量管理的重要方面。

商品质量管理是指以保证商品应有的质量为中心内容，运用现代化的管理思想和科学方法，对商品生产和经营活动过程中影响商品质量的因素加以控制，使用户得到满意的商品而进行的一系列管理活动。

二、质量管理的历史演变过程

质量管理大体经历了三个历史发展阶段。

（一）质量检验阶段

20 世纪 20 年代至 40 年代，质量管理只局限于产品的质量检验。由于单纯依靠检验找出废品或返修品来保证产品质量，因此人们也称这种质量管理方法为"事后检验"。其缺点是不能事先预防，特别是在破坏性检验的情况下，难以保证商品的可靠性、安全性等质量特性指标。而且大批量的生产单纯依靠事后检验，很难把好质量关。

（二）统计质量管理阶段

从 20 世纪 40 年代到 50 年代末，统计质量管理首先在美国的军事工业生产中应用。它运用数理统计方法，从产品质量波动中找出某些规律，采取措施消除产生波动的异常原因，从而生产出符合标准要求的产品；另一方面应用数理统计技术，着重于生产过程的控制与管理，以预防为主，收到了显著效果。但是，这个阶段由于片面强调数理统计方法的作用，使人们误认为"质量管理就是数据统计，方法深奥，理论难懂，是数学家的事"，感到统计质量管理"高不可攀"，因而在推广上受到很大限制。另外，这种方法也忽视了组织管理工作和广大职工作用的发挥。

（三）全面质量管理阶段

全面质量管理（TQM）是从 20 世纪 60 年代开始不断发展和完善起来的。随着科学技术的进步和管理理论的发展，对产品质量的要求越来越高，全面质量管理的理论和方法就是为适应现代化大生产对质量管理的整体性、综合性的客观要求而提出来的。因此，全面质量管理同以往的质量管理相比，其职能和工作范围都有很大扩展，在深度和广度上有了本质的提高。全面质量管理就是要发动企业各部门及全体职工综合运用管理技术、专业技术和科学方法，控制影响质量全过程的各个因素，建立从设计、制造及使用服务全过程的质量保证体系，用最经济的方法生产出满足消费者（或用户）要求的商品。

三、流通企业的商品质量管理要求

商品质量主要取决于生产企业。然而商品进入流通领域之后，其质量的好坏，流通企业也负有很大的责任。因此搞好商品质量管理，把好管理关，加强商品养护也是商品流通企业工作中的一项重要内容。在管理中重点应抓好以下几方面的工作。

（一）设立专门商品质量检验机构，配备专职人员

设立专门机构，配备专职人员进行主要商品的检验工作。一般小商品应由采购人员负责检验。

（二）所有商品均应备有质量检验标准

对于国家统一规定质量标准的商品，按国家标准进行检验。对有专业标准的商品，

按专业标准进行检验。没有国家标准和专业标准的商品，按企业标准或工商双方协商制订的质量标准进行检验。

（三）流通企业检验商品，以成品检验为准

这种检验应在厂方出厂检验的基础上进行。检验时，应核对产品名称、规格、数量进行核实，查看包装标志是否安全可靠，然后根据该商品质量标准的要求，并对照生产厂的测定结果，进行验收检验。对某些主要商品，可由专职检验人员或委托有关部门进行内在质量测试。对某些一时不易鉴定内在质量的商品或贵重耐用消费品，流通企业应促使工业生产企业实行有一定使用期限的包退、包换、包修的制度。具体实施办法可以在工商产销协议或合同之中规定。

（四）妥善进行商品运输、储存保管养护，保护商品使用价值的完好

进入流通领域的商品，流通企业应采取各种养护措施保护商品质量，确保商品不锈蚀、不霉变、不残损等。

（五）收集、整理各种质量资料，建立各类商品质量档案

利用现代信息系统，收集各种质量资料，分类整理，建立档案，是质量管理的基础性工作。

48

四、商品质量管理的内容

流通企业搞好商品质量管理，除了应该做好经常性的商品检验、商品养护外，还应做好以下几项工作。

（1）定期进行商品质量的综合分析。根据商品质量检验记录、测定报告及市场信息等资料进行综合分析，利用统计方法研究商品质量的发展趋势及分析质量变动原因，从而向生产企业提出改进产品质量、增加新品种的建议。

（2）收集消费者和用户意见，及时向生产部门反映，以便使其不断提高商品质量。收集有关商品质量的意见有多种方式，如对一般商品可以采取召集营业员开座谈会的方式；对特殊商品可以直接访问用户或召开用户座谈会，直接听取他们对商品质量的意见。此外，还可以采用通信调查或售前定点试用等方式。许多成功的产品都是根据用户的意见不断改进而日趋完善的。

（3）收集质量资料，参加工业企业组织的全国性、地区性或行业性的产品质量评比活动，促进质量交流活动，配合工业企业制订和修改质量标准，协助生产企业建立和健全产品的检验制度，促进生产部门不断改进工作和提高产品质量水平，使用户对产品达到满意。

（4）密切与生产企业的配合，做好售后服务，实行包退、包换、包修，使产品持久有效地发挥应有的功能。这样做是因为产品在使用中不可避免地会发生故障或受损，其中有些是生产企业方面的原因造成的，有些是用户使用不当所致。产品发生故障后，不仅用户受到损失，产品生产者和经营者同样蒙受巨大的损失，不过后者所受的损失一般是无形的，只是不为某些产品生产者和经营者所觉察。因此，加强售后服务，提高售后服务的质量，指导和帮助用户正确使用商品，并在保证期内对商品实行

"三包"，不仅能加强用户的信任度、安全感，提高产品和企业的信誉，而且能激发大批潜在用户成为忠实的现实用户，从而尽快实现商品的使用价值。

五、全面质量管理理论

（一）全面质量管理理论的概念

全面质量管理（TQM），最早是由费根堡姆提出的，他为全面质量管理的定义是："为了能够在最经济的水平上，并考虑到充分满足顾客要求的条件下进行市场研究、设计、制造和售后服务，把企业内各部门的研制质量、维持质量和提高质量的活动构成为一体的一种有效的体系。"

在ISO标准中，全面质量管理被定义为："一个组织以质量为中心，以全员参与为基础，目的在于通过让顾客满意和本组织所有成员及社会受益而达到长期成功的管理途径。"由此看出，首先，全面质量管理的核心是质量，也就是让产品满足顾客明确的或隐含的要求。这里的质量不仅指产品满足某项规范、规程或标准，而是以顾客的满意度作为测量商品质量的标准。其次，全面质量管理的基础是全员，它强调从上到下对质量全方位的承诺，也就是全员负责、全过程负责，它含有一种系统的观念在内，讲求对生产经营服务各个环节的持续改进，这一过程性的质量管理如果没有全员参与、全员投入是难以实施和执行的。最后，全面质量管理的目标就在于，以比较少的资源投入来提高内部客户和外部客户的满意度。

在全面质量管理中，有四个十分重要的因素：一是员工参与。这是指全面质量管理要求整个公司都参与到质量控制中来。二是顾客导向。在实施全面质量管理的企业中，所有的员工都以顾客为导向，努力识别顾客的需求，并尽量去满足这些需求。三是标杆管理。积极发现其他企业更好地开展质量管理活动的方式并努力模仿或实施改进的过程。四是持续改进。在组织的所有领域持续不断地实施渐进性的改进活动。

全面质量管理过程的全面性，决定了全面质量管理的内容应当包括设计过程、制造过程、辅助过程、使用过程四个过程的质量管理。

（二）全面质量管理的程序

全面质量管理的主要内容应包括设计试制过程的质量管理、制造过程的质量管理、辅助生产过程的质量管理和产品使用过程的质量管理。

1. 设计试制过程的质量管理

设计试制过程是指产品（包括开发新产品和改进老产品）正式投产前的全部开发研制过程，包括调查研究、制订方案、产品设计、工艺设计、试制、试验、鉴定以及标准化工作等内容。

为了保证设计质量，设计试制过程的质量管理一般需要做好以下工作。

（1）根据市场调查与科技发展信息资料制定质量目标。

（2）保证先行开发研究工作的质量。先行开发研究是先行研究和先行开发的简称，是属产品前期开发阶段的工作。这阶段的基本任务是选择新产品开发的最佳方案，编制设计任务书，阐明开发该产品的理由、用途、使用范围、与国内外同类产品的分析比较，以及该产品的结构、特征、技术规格等，并做出新产品的开发决策。保证先行开发研究的质量就是把握上述各个环节的工作质量。特别在选择新产品开发方案时，要进行科学的技术经济分析，在权衡各方案利弊得失的基础上做出最理想的抉择。

（3）根据方案论证，验证试验资料，鉴定方案论证质量。

（4）审查产品设计质量（包括性能审查、一般审查、计算审查、可检验性审查、可维修性审查、互换性审查、设计更改审查等）。

（5）审查工艺设计质量。

（6）检查产品试制、鉴定质量。

（7）监督产品试验质量。

（8）保证产品最后定型质量。

（9）保证设计图样、工艺等技术文件的质量等。

质量管理部门应组织专职或兼职人员参与上述方面的质量保证活动,落实各环节的质量管理职能，以保证最终的设计质量。

2．生产制造过程的质量管理

工业产品正式投产后，能不能保证达到设计质量标准，这在很大程度上取决于生产车间的技术能力以及生产制造过程的质量管理水平。

生产制造过程的质量管理，重点要做好以下几项工作。

（1）加强工艺管理，严格工艺纪律，全面掌握生产制造过程的质量保证能力，使生产制造过程经常处于稳定的控制状态，并不断进行技术革新，改进工艺。

（2）组织好技术检验工作。为了保证产品质量，必须根据技术标准，对原材料、在制品、半成品、产成品以至工艺过程的质量进行检验，严格把关。

（3）掌握好质量动态。为了充分发挥生产制造过程质量管理的预防作用，必须系统地掌握企业、车间、班组在一定时间内质量的现状及发展动态。掌握质量动态的有效工具是对质量状况的综合统计与分析。这种综合统计与分析，一般是按规定的某些质量指标来进行的。这种指标有两类：一类是产品质量指标，如产品等级率、寿命等；另一类是工作质量指标，如废品率、返修率等。

（4）加强不合格品管理。产品质量是否合格，一般是以是否满足规定的要求来判断的，满足规定要求的为合格品，否则为不合格品。

3．辅助生产过程的质量管理

辅助生产过程的质量管理，一般说来包括物资供应的质量管理、工具供应的质量管理和设备维修的质量管理等。

（1）物资供应的质量管理。物资供应质量管理的任务是保证所供应的物资要符合规定的质量标准，做到供应及时、方便。同时，要在保证能够满足生产需要的前提下，减少储备量，以加速资金的周转。为此必须对进厂入库物资严格把好质量关。

（2）工具供应的质量管理。工具包括各种外购的标准工具和自制的非标准工具等，如模、卡、量、刃具等。工具不同于原材料，它不是一次性的消耗品。有的工具，如量具，使用的时间很长，因此在使用期间如何保证质量，是质量管理的一项重要内容。

（3）设备修理的质量管理。设备质量的好坏直接影响产品的质量。保持设备的良好状态，首先要依靠生产工人正确使用和认真维护保养，及时消除隐患，使设备完好率保持在 90%以上。其次，要有专门的设备检修队伍来为生产服务。企业的机修车间负责设备的大、中修理和制造修理备件。它和产品生产过程的质量管理相类似，要像保证产品质量一样，保证修复的设备达到规定的质量标准。

4. 产品使用过程的质量管理

产品使用过程的质量管理，主要应做好以下三个方面的工作。

（1）积极开展技术服务工作。对用户的技术服务工作，通常可采用以下几种形式：

第一，编制产品使用说明书。

第二，采取多种形式传授安装、使用和维修技术，帮助培训技术骨干，解决使用技术上的疑难问题。

第三，提供易损件制造图样，按用户要求，供应用户修理所需的备品、配件。

第四，设立维修网点或门市部，有的要做到上门服务。

第五，对复杂的产品，应协助用户安装、调试或负责技术指导。

（2）进行使用效果与使用要求的调查。为了充分了解产品质量在使用过程中的实际效果，企业必须经常进行用户访问，站柜台或定期召开用户座谈会。加强工商衔接，产销挂钩。通过各种渠道，对出厂产品使用情况进行调查，了解本企业产品存在的缺陷和问题，及时反馈信息，并和其他企业、其他国家的同类产品比较，为进一步改进质量提供依据。

（3）认真处理出厂产品的质量问题。对用户反映的质量问题、意见和要求，要及时处理。即使是属于使用不当的问题，也要热情帮助用户掌握使用技术。属于制造的问题，不论外购件或自制件，统一由组装厂负责包修、包换、包退。由于质量不好，保用期内造成事故的，企业还要赔偿经济损失。

（三）全面质量管理的方法

1. PDCA 循环

戴明环是影响最为广泛的质量改进工具之一，它最初是由统计质量控制的先驱者休哈特博士提出的，戴明博士在 20 世纪 50 年代将其介绍到了日本，被日本人称之为戴明环，并得到了广泛的流传。

这一循环包括四个阶段，即计划（Plan）、实施（Do）、学习（Study）和行动（Action），如图 3-2 所示。需要说明的是，第三阶段的"学习"最早被称为"检查"（Check），因此，戴明环被称为 PDCA 循环。但是，戴明博士在 20 世纪 90 年代对此进行了修改，他认为"学习"更为适当，而不应该仅仅是"检查"。然而，目前使用得最为广泛的说法还是 PDCA 循环。

戴明环主要强调实施和学习。

在计划阶段主要了解现状并描述过程，包括确定输入、输出、顾客和供方，理解顾客的期望，收集数据，识别问题以及开发解决方案和行动方案等。

在实施阶段，对计划阶段形成的行动方案进行验证，并予以实施。验证可以采用实验、试生产，或者由一组顾客进行评价的方法。这些方法都能够用来评价一个解决方案的提案并提供客观数据。

学习阶段是考察计划是否运作良好的过程，包括评价结果、记录经验教训以及决定是否需要关注更进一步的问题或机会。在通常情况下，考察的结果往往意味着解决方案必须被修订或者废弃，需要回到实施阶段再次提出解决方案，并予以实施。直到在学习阶段通过考察认为该方案运作良好时，才能进入最后一个阶段。

最后一个阶段——行动阶段，是使改进标准化的过程。在这一阶段，最后的方案被转化为制度和规范，在整个组织中作为当前最好的做法来运行。行动阶段的结束意味着一个改进过程的结束，但是质量改进是没有止境的。因此，组织又需要重新回到计划阶段开始寻找其他的改进机会。这一循环没有终点，也就是说它强调的是持续改进。了解

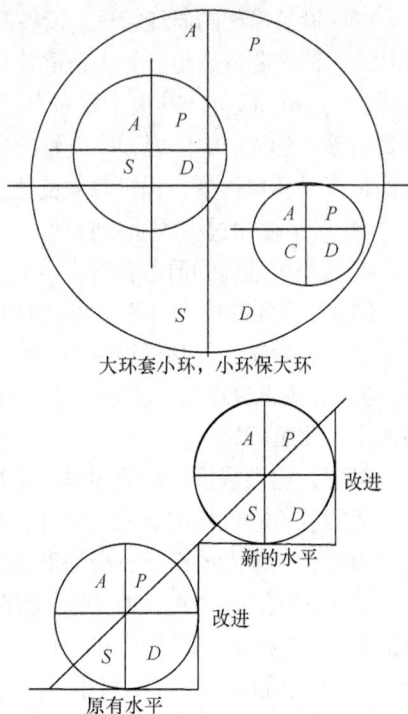

大环套小环，小环保大环

图 3-2　PDCA 循环

了这一基本理念，就很容易理解为什么戴明环会成为日本质量改进项目的根本原因。

2. 朱兰质量改进程序

朱兰强调形成常年改进质量和降低质量成本的习惯的重要性。朱兰将"突破"定义为：通过改进实现前所未有的绩效水平。"突破"减少了慢性浪费，降低了质量成本。

根据朱兰的观点，所有的"突破"都是通过具有普遍意义的一系列活动来实现的，包括发现问题、进行组织、诊断、纠正措施以及控制。他称其为 "突破次序"。这一次序包括以下要点。

（1）提出证据。尤其是高层管理者，需要被说服，承认质量改进具有良好的经济效果。通过数据收集活动，不良质量成本、低生产率或者不良服务信息能被转换为金钱的语言以警示高层管理者，这是高层管理者通用的语言。从而能够证明投入资源开展质量改进项目的正确性。

（2）项目认可。所有的突破都是通过项目的方式实现的，没有其他的办法。通过采取项目的方法，管理层提供了一个公开的论坛，从而将抵制或责难的氛围转变为建设性的行动。参加项目也提高了参加者为结果努力的可能性。

（3）建立突破的组织。质量改进项目需要由项目团队来承担。因此需要建立实施突破的项目团队，并确保团队的责任清晰。由于项目的不同，有的团队需要承担很广

泛的责任，而有的团队则可能只会像一个生产性操作的工人小组一样狭窄。但是无论何种类型的项目团队都需要对项目的特定目标、团队的权限以及拟实施战略等问题取得一致的意见。

（4）诊断过程。这一阶段需要项目成员广泛使用数据收集、统计以及其他问题解决工具。由于项目性质的不同，有些项目需要全职的、专门的专家，而有些则由一般性的工作人员就能完成。不同性质的问题，如管理可控的问题和工人可控的问题需要不同的诊断和治疗的方法。

（5）治疗过程。治疗过程包括：选择使总成本最优的备选方案；实施治疗活动；处理变革阻力的问题。

（6）保持成果。这最后一步包括建立新的标准和程序、训练工作人员以及实施控制确保突破效果没有随着时间而丧失。朱兰的程序得到了很多公司的认可和实施。例如，施乐公司在英国的一家工厂通过使用朱兰质量改进程序将质量成本降低了30%～40%，而且获得了英国1984年的质量改进国家奖。

3．克劳斯比质量改进程序

菲利浦·克劳斯比提出了质量改进的14步程序。

（1）管理承诺。该程序开始于针对管理层避免缺陷的需求，通过强调质量改进在这方面的作用来获得管理层的支持和承诺。管理层的承诺能够提升质量改进项目的可见度，从而鼓励人们的合作。

（2）质量改进团队。质量改进团队是由来自于各个部门的代表组成的。团队是为了完成项目内容并实现项目目标而设立的。

（3）质量测量。每一项活动的测量必须既能够被再次检查，又能够显示在哪儿可能进行改进，也就是不仅能发现有必要采取纠正措施的原因，而且之后还能够记录实际的改进。

（4）质量成本的评价。关于质量成本的准确数据能够显示在哪儿采取纠正措施更有收益。这一步骤可以测量全公司范围内的质量管理绩效。

（5）质量意识。将有关质量欠缺导致高成本的测量数据与员工分享。这一步能够让基层管理者和员工养成对质量问题采取积极行动的习惯，也有利于当前态度的改变。

（6）纠正措施。如果鼓励人们讨论他们的问题，改进的机会就能显露出来，对于工人来说尤其如此。显露出来的问题必须要引起管理层的注意并予以解决。当员工看到他们的问题正在得到解决时，他们就会养成习惯去发现新的问题。

（7）建立零缺陷项目特别委员会。选择3～4人的团队去调查"零缺陷"的概念和项目实施的途径，这不是一个激励性的项目，而是一个就"零缺陷"的含义以及"第一次就做对"的概念进行沟通的项目。

（8）管理者培训。所有的管理者都必须很好地理解每一个步骤并向员工进行解释。因此首先管理者需要接受培训，增强对项目的理解，并认识到项目的价值。

（9）零缺陷日。把零缺陷确立为公司的绩效标准并在一天内完成，这样每个人对其的理解都能够一致。这样可以起到强调的作用，而且能够保持长久的记忆。

（10）设定目标。每个管理者都应该设立特定的目标并确保其能够被测量。

（11）消除错误的原因。每个人都被要求用一个一页的简单表格来说明是什么问题使他们不能做到工作不出错。然后让适当的职能团体来寻求答案。员工们反映出来的问题应该尽快得到重视。当员工们发现管理层确实有倾听问题的需要时，他们对管理层的信任度能够提高。

（12）认可。建立奖励项目对于达到目标的人或者优异的绩效进行奖励。奖励不应该用金钱的方式，认可是最重要的。人们需要的是对其绩效的认可，从而有助于提高对项目的支持。

（13）质量委员会。质量专家和团队的负责人应该定期开会讨论、沟通，并在必要时决定采取措施对质量项目进行改进。

（14）重新开始。一般来说，项目需要 12～18 个月的时间。组织的变革要求不断构架新的组织。质量改进的思想也必须深深植根于组织之中。

上述几种质量改进理念有着很大的不同。戴明环简单易懂，可以被组织的各个层次的人员和团体广泛应用，但它更关注的是对措施的检验，而不是开发。朱兰的方法和戴明环一样，是在项目的层次上讨论的，但更强调整个组织层次的问题，并且使用专门的工具和技术来实施每一个步骤。克劳斯比的方法是一个正规的全公司范围内的项目，但是更关注激励和行为的改变。

六、商品质量标志

产品质量标志是证明产品符合某一标准或达到某一水平的一种符号或标记，是对经过认证的产品的一种表示形式。带有优质、合格等标志的产品，必然是经过认证并被认证机构许可和生产单位鉴定，符合质量标准的产品。实行产品质量标志，是产品质量管理的一个组成部分，也是推行产品标准化的一种有效形式。

（一）我国产品质量标志

在我国，根据优质产品质量水平的不同，优质产品质量标志分为两级：一级是获得国家优质奖的产品，根据《中华人民共和国优质产品奖励条例》规定，授予金质奖章、银质奖章的荣誉质量标志（见图 3-3）；二级是符合优质产品评选条件，但没有评上国家优质奖的，授予"优"字质量标志（见图 3-4）。获得"优"字质量标志的产品，一般是部、省（直辖市、自治区）选报，推荐给国家评审的优质产品。

图 3-3　国家优质产品金、银质奖质量标志图样

图 3-4　国家"优"字质量标志图样

（二）国外商品质量标志

1. 英国

英国实行的产品质量认证制度采用"风筝"标志，在英国标准学会 BSI（British Standards Institution）的管理、监督下实施。BSI 对申请认证的工厂进行产品型号检查，并派审查员审查该厂的质量管理情况，对确实符合英国质量标准的，予以承认，并颁发英国标准学会质量标志"BS"（见图 3-5）。

2. 法国

法国从 1938 年开始实行产品质量认证标志，是世界上实行质量标志较早的国家之一，其标志图案为"NF"（见图 3-6）。

图 3-5　英国 BS 标志　　　　　　　　图 3-6　法国 NF 标志

3. 日本

日本是 1949 年实行产品质量标志的。日本的国家标准，对企业来说一般是非强制性的，产品质量标志的认证制度也是非强制性的，即工业企业自愿申请，不受法律约束。企业可以根据其产品质量达到的程度，主动向国家申请标志，工程技术院将派出有关人员，按规定的审查事项，进行严格的审查。审查时不仅要审查现在的产品或加工品是否符合日本工业标准 JIS（Japanese Industrial Standards），而且还要确认该厂将来也有能力保证生产符合 JIS 的产品或加工品。符合条件的就批准使用"JIS"标志（见图 3-7）。

4. 德国

德国（原联邦德国）标准化委员会于 1971 年 12 月成立了德国（原联邦德国）商品标志协会（DGWK），授权该协会专门负责产品质量检定和标志授予工作，其标志为"DIN"（见图 3-8）。

图 3-7　日本 JIS 标志　　　　　　　　图 3-8　德国 DIN 标志

5. 美国

美国没有实行统一的产品质量监督检验制度，也没有统一的质量标志制度。但是美国某些团体规定有标志制度，如美国石油学会 API（American Petroleum Institute）规定有标志制度，符合标准的产品许可使用"API"图形标志；美国机械工程师协会 ASME（American Society Of Mechanical Engineers）有负责锅炉和压力容器方面的安全标志；保险商试验室 UL（Underwriters Laboratories）负责"UL"注册标志等。

七、商品质量监督

（一）商品质量监督的含义

所谓商品质量监督，是由国家及省、市、区产品质量监督机构，依据产品标准，对产品质量所进行的测试、检查与评定。其目的是防止不合格产品流入市场，维护国家和消费者利益。

（二）商品质量监督的形式

商品质量监督包括国家法定监督、企业自我监督、商品流通部门监督和消费者监督。

国家技术监督局根据工作需要，按产品类别设置国家级产品质量监督检验测试中心，承担指定产品的质量监督检验任务。国家级产品质量监督检验测试中心，由国家技术监督局会同有关部门从现有的检验力量较强的检验测试机构或科研单位中审定。它们的职责是对全国同类产品的质量进行重点抽检；承担产品质量认证检验和产品质量争议仲裁检验；对报审和获奖产品进行检验；对各地承担同类产品质量监督检验任务的机构进行技术指导，统一检验方法；承担或参与国家标准的制订、修订和标准的验证工作。

企业自我监督，是指生产检验，为生产工序之一，通过生产监督检验，起到指导工艺、指导生产的作用，从而保证产品质量符合标准要求。

流通部门作为产品流通中的一个中间环节，应当强化质量意识，建立质量监控体系，健全质量监督检验制度，配备一支业务熟练、秉公办事的监督检验队伍，从根本上杜绝假冒伪劣产品的侵入，维护国家、消费者和自身的利益，从而促进产品质量的提高。

作为消费者，也应当学习国家法律和质量法规，提高产品质量的识别能力，不使假冒伪劣产品有可乘之机；一旦上当受骗，应及时向质量监督机构或消费者协会投诉，维护自己的合法权益。

模拟实训

【实训主题】

掌握加强商品质量管理的方法。

【实训地点】

教室。

【实训目的】

（1）理论联系实际，提升学生对商品质量管理的正确认识，培养学生理解问题的能力。

（2）加深对全面质量管理的认识并学会运用这些方法进行商品管理，使学生充分贴近生活，提升学生的综合素质。

【背景材料】

联合汽车公司的问题出在哪里

联合汽车公司高层管理者长期关心的问题是：零部件车间和汽车最后装配线车间的工人对他们的工作缺乏兴趣，使得产品质量不得不由检验部门来保证。对那些在最后检查中不合格的汽车，公司找到的唯一办法是在装配车间内设置一个由高级技工组成的班组，在生产线的最后环节解决问题。之所以这么做，主要是因为质量问题大多是装配零部件和汽车本身的设计而导致的，但这种做法费用很高，引起了人们的普遍担心。

在公司总裁的催促下，分公司总经理召集主要部门领导开会，研究这个问题如何解决。生产经理比尔·伯勒斯断言，有些问题是工程设计方面的原因造成的。他认为，只要工程设计上充分仔细地设计零部件和车辆，许多质量问题就不会出现。他又责怪人事部门没有仔细挑选工人，并且没有让工会的企业代表参与到这个问题中来。他特别指出装配工人的流动率每月高达 5%以上，且星期一的旷工率经常达到 20%。他的见解是：用这样的劳动力，没有一个生产部门能有效运转。

总工程师查利斯·威尔逊认为：零部件和车辆设计没有问题。如果标准要求再高一点，装备就更加困难和费时，必将使汽车成本提高。

人事经理查利斯·特纳从多方面说明人事问题。首先，她指出鉴于本公司有强有力的工会，人事部门在公司员工雇佣和留用方面很少或没有控制权；其次，她观察到装配工作是单调、苦得要命的工作，公司不应该期望人们除了领取工资以外对这种工作有更多的兴趣。但是特纳女士说，公司可以提高工人的兴趣。她认为，如果降低装配工作的单调性，肯定会降低缺勤率和流动率，提高工作质量。为此，她提出建议：工人必须掌握几道工序的操作，组成小组进行工作，而不只是做些简单的工作；小组间每星期轮流换班，从装配线的一个位置换到另一个位置，目的是给他们创造更具挑战性的工作。

特纳的建议被采纳并付诸实施。使每个人感到意外的是，工人对新计划表示极大不满。一个星期后，装配线关闭罢工。工人们认为新计划只是管理上的一种诡计：训练他们替代其他工人，要他们完成比以前更多的工作，却不增加任何工资。

分公司经理和人事部门都觉得惊奇，当分公司经理问人事经理发生了什么事情时，特纳女士只是说："这对我是不可思议的。我们要使他们工作更有兴趣，而他们却罢工！"

【实训过程设计】

（1）指导教师布置学生课前预习阅读案例。

（2）将全班同学平均分成小组，结合案例资料进行讨论。

（3）指导教师对小组讨论过程和发言内容进行评价总结，并讲解本案例的分析结论。

（4）根据背景材料，讨论这个计划存在什么问题？应采取什么程序和办法来解决这一产品质量问题？

本章要点

● 商品的质量包括商品的自然质量和商品的市场质量两个方面。

● 生活消费品质量的基本要求：对食品商品质量的基本要求，包括食品的营养价值，食品的色、香、味、形以及食品的卫生质量；对纺织品商品质量的基本要求，包括材料选择适宜性、组织结构合理性、良好的机械性、适宜的服用性；对日用工业品商品质量的基本要求，包括适应性、安全性、卫生性、耐用性、造型结构合理性。

● 全面质量管理的定义：为了能够在最经济的水平上，并考虑到充分满足顾客要求的条件下进行市场研究、设计、制造和售后服务，把企业内各部门的研制质量、维持质量和提高质量的活动构成为一体的一种有效的体系。

● 全面质量管理的方法：PDCA 循环、朱兰质量改进程序、克劳斯比质量改进程序。

● 商品质量监督，是由国家及省、市、区产品质量监督机构，依据产品标准，对产品质量所进行的测试、检查与评定。商品质量监督包括国家法定监督、企业自我监督、商品流通部门监督和消费者监督。

综合练习

1. 何谓质量？你是怎样理解的？保证和提高商品质量有什么重要意义？

2. 从原材料、生产工艺和流通领域各环节三个方面详述它们对商品质量的影响，并举例说明。

3. 食品质量的基本要求是什么？

4. 我国的质量管理体系包括哪几个方面？

5. 何谓质量管理？列表说明质量管理发展的三个阶段及其性质和特点。

6. 什么是全面质量管理？它具有哪些特点？

7. 质量管理改进常用的工具有哪些？

第四章

商品检验

学习目标

【知识目标】

- 了解商品检验的形式和内容；
- 掌握商品检验的方法；
- 了解商品标准和标准化；
- 掌握商品分级和商品分级的方法。

【能力目标】

- 能运用适当的手段和方法进行商品检验；
- 能够区分商品标准的级别。

案例导入

商品检验与索赔案例

1998年11月，A国某公司与中国香港一家公司签订了一个进口香烟生产线的合同。设备是二手货，共18条生产线，由A国某公司出售，价值100多万美元。合同规定，出售商保证设备在拆卸之前能正常运转，否则可更换或退货。

设备运抵目的地后发现，这些设备在拆运前早已停止使用，在目的地组装后因设备损坏、缺件等原因根本无法马上投产使用。但是，由于合同规定如要索赔须商检部门在"货到现场后14天内"出证，而实际上货物运抵工厂并进行组装就已经超过14

天，因此，无法在这个期限内向对方索赔。这样，这家公司吃了个哑巴亏，只能依靠自己的力量进行加工维修。经过半年多时间，花了大量人力物力，也只开出了4套生产线。

该案例的要害问题是合同签订者把引进设备仅仅看作是订合同、交货、收货几个简单环节，完全忽略了检验、索赔这两个重要环节，特别是索赔有效期问题。合同质量条款订得再好，索赔有效期订得不合理，质量条款就成为一句空话。大量事实说明，外商在索赔有效期上提出不合理需求，往往表明其质量上存在问题，需要设法掩盖。如果我们只满足于合同中形容质量的漂亮词藻，不注意索赔条款的具体内容，就很可能发生此类事故。

启动：商品检验的内容很多。这是商品质量判断的主要依据。

➡️ **学 习 内 容**

第一节　商品检验内容和方法

商品质量是否符合规定的标准，只有经过检验才能确定，而对商品质量能否保证满足消费者需求，就必须进行全面的商品评价和开展监督活动。

商品检验是指商品的供货方、购货方或者第三方在一定的条件下，借助某种手段和方法，按照合同、标准或国际、国家有关法律、法规、惯例，对商品的质量、规格、重量、数量以及包装等方面进行检查并做出合格与否判定的业务活动，其中商品的质量检验是商品检验的中心内容。狭义的商品检验即指商品质量检验。

商品检验在其质量管理的发展阶段发挥了保证商品质量的把关作用，在全面质量管理不断发展、完善的今天，由于预防、控制并非总是有效，所以商品检验仍是商品质量保证工作的一项重要内容。

一、商品检验的形式

（一）根据有无破坏性，分为破坏性检验和非破坏性检验

1. 破坏性检验

指经测定、试验后的商品遭受到破坏的检验，如珠宝切割检验。

2. 非破坏性检验

也称无损检验，指经测定、试验后的商品仍能正常使用的检验，如照相机、手表等的全数检验。

（二）根据检验商品的相对数量，可分为全数检验、抽样检验和免于检验

1. 全数检验

全数检验是对被检批的商品逐个地进行检验，也称百分之百检验。其特点是能提供充分的质量信息，给人以一种心理上的放心感。缺点是由于检验批量大，费用高，

会造成检验人员疲劳而导致漏检或错检现象。它适用于批量小,质量特性少且不稳定,较贵重,非破坏性的商品检验,如冰箱、空调等。

2. 抽样检验

抽样检验是按照事先规定的抽样方案,从被检批商品中抽取少量样品,组成样本,再对样品逐一进行测试,将测试结果与标准或合同进行比较,最后由样本质量状况统计推断受检批商品整体质量合格与否的检验。它检验的商品数量相对较少,节省检验费用。抽样检验适用于批量较大,价值较低,质量特性较多,且质量较稳定或具有破坏性的商品检验,如糕点、乳制品等。

3. 免于检验

免于检验是指对生产技术和检验条件较好,质量控制具有充分保证,成品质量长期稳定的生产企业的商品,在企业自检合格后,商业和外贸部门可以直接收货,免予检验。

(三)根据检验商品的流向,可分为内销商品检验和进出口商品检验

1. 内销商品检验

内销商品检验是指国内的商品经营者、用户、内贸部门的商品质量管理机构和检验机构或国家技术监督局及其所属的商品质量监督管理机构与其认可的商品质量监督检验机构,依据国家法律、法规、有关技术标准或合同对内销商品所进行的检验活动。

2. 进出口商品检验

进出口商品检验是指国家出入境检验检疫局及其分支机构依照有关法律、法规、合同规定、技术标准、国际贸易惯例与公约等,对进出口商品进行的法定检验、鉴定检验、监督管理检验。

二、商品检验的内容

(一)品质检验

品质检验亦称质量检验。是指运用各种检验手段,包括感官检验、化学检验、仪器分析、物理测试、微生物学检验等,对商品的品质、规格、等级等进行检验,确定其是否符合贸易合同(包括成交样品)、标准等的规定。

品质检验的范围很广,大体上包括外观质量检验与内在质量检验两个方面:外观质量检验主要是对商品的外形、结构、花样、色泽、气味、触感、疵点、表面加工质量、表面缺陷等的检验;内在质量检验一般指有效成分的种类、含量,有害物质的限量,商品的化学成分、物理性能、机械性能、工艺质量、使用效果等的检验。

(二)卫生检验

卫生检验主要是根据《中华人民共和国食品卫生法》、《化妆品卫生监督条例》、《中华人民共和国药品管理法》等法规,对食品、药品、食品包装材料、化妆品、玩具、纺织品、日用器皿等进行的卫生检验,检验其是否符合卫生条件,以保障人民健康和维护国家信誉。如《食品卫生法》规定:"食品、食品添加剂、食品容器、包装

材料和食品用工具及设备，必须符合国家卫生标准和卫生管理办法的规定。进口食品应当提供输出国（地区）所使用的农药、添加剂、熏蒸剂等有关资料和检验报告。海关凭国家卫生监督检验机构的证书放行等。"

（三）安全性能检验

安全性能检验是根据国家规定、标准（对进出口产品，应根据外贸合同以及进口国的法令要求），对商品有关安全性能方面的项目进行的检验，如易燃、易爆、易触电、易受毒害、易受伤害等，以保证生产、使用和生命财产的安全。

（四）包装检验

包装检验是根据购销合同、标准和其他有关规定，对进出口商品或内销商品的外包装和内包装以及包装标志进行检验。

包装检验首先核对外包装上的商品包装标志（标记、号码等）是否与有关标准的规定或贸易合同相符。对进口商品主要检验外包装是否完好无损，包装材料、包装方式和衬垫物等是否符合合同规定要求。对外包装破损的商品，要另外进行验残，查明货损责任方以及货损程度。对发生残损的商品要检查其是否由于包装不良所引起。对出口商品的包装检验，除包装材料和包装方法必须符合外贸合同、标准规定外，还应检验商品内外包装是否牢固、完整、干燥、清洁，是否适于长途运输和保护商品质量、数量的要求。

（五）数量和重量检验

商品的数量和重量是贸易双方成交商品的基本计量计价单位，是结算的依据，直接关系到双方的经济利益，也是贸易中最敏感而且容易引起争议的因素之一。商品的数量和重量检验包括商品的个数、件数、长度、面积、体积、容积、重量等。

三、商品检验的方法

（一）感官检验法

感官检验又称感官分析、感官检查或感官评价，它是用人的感觉器官，如视觉、嗅觉、味觉、触角、听觉等作为检验器具，对商品的色、香、味、形、手感、音色等感官质量特性，在一定条件下做出判定或评价的检验方法。如食品、药品、纺织品、服装、化妆品、家用电器、化工商品等

感官检验法快速、经济、简便易行，不需要专用仪器、设备和场所，不损坏商品，成本较低，因而使用较广泛。但是，感官检验法一般不能检验商品的内在质量；检验的结果常受检验人员技术水平、工作经验以及客观环境等因素的影响，而带有主观性和片面性，且只能用专业术语或记分法表示商品质量的高低，而得不出准确的数值。为提高感官检验结果的准确性，通常是组织评审小组进行检验。

（二）理化检验法

理化检验法是在实验室的一定环境条件下，利用各种仪器、器具和试剂等手段，运用物理、化学以及生物学的方法来测试商品质量的方法。它主要用于检验商品成分、结构、物理性质、化学性质、安全性、卫生性以及对环境的污染和破坏性等。它的检

验结果可用数据表示，因而比较客观和准确，但对检验设备和检验条件要求严格，对检验人员的要求较高。

理化检验法既可对商品进行定性分析，又可进行定量分析，而且其结果比感官检验法精确而客观，它不受检验人员主观意志的影响，结果可用具体数值表示，能深入分析商品的内在质量。但是，理化检验法需要一定的仪器设备和实验场所，成本较高；检验时，往往需要破坏一定数量的商品，费用较大；检验时间较长；需要专门的技术人员进行；对于某些商品的某些感官指标，如色、香、味的检验还是无能为力的。因此，理化检验法在商业企业直接采用较少，多作为感官检验的补充检验，或委托专门的检验机构进行理化检验。

理化检验法根据其检验的原理不同，可分为物理检验法、化学检验法、生物学检验法三大类。其中物理检验法又分为一般物理检验法、力学检验法、电学检验法、光学检验法和热学检验法等；化学检验法又分为化学分析法、仪器分析法等；生物学检验法又可分为微生物学检验法和生理学检验法。

1. 物理检验法

（1）一般物理检验法。通过各种量具、量仪、天平、称或专用仪器来测定商品的长度、细度、面积、体积、厚度、质量、密度、容重、粒度、表面光洁度等一般物理特性的方法。

（2）光学检验法。利用光学仪器，如光学显微镜、折光仪、旋光仪等来检验商品的一种方法。

（3）热学检验法。使用热学仪器测定商品的热学特性的一种方法。这些特性包括熔点、凝固点、沸点、耐热性等。

（4）力学检验法。通过各种力学仪器测定商品的力学（机械）性能的一种检验方法。如抗拉强度、抗冲击强度、抗疲劳强度等，商品的力学（机械）性能与其耐用性密切相关。

（5）电学检验法。利用电学仪器测定商品的电学特性，如电阻、电容、介电常数、电导率、静电电压半衰期等的一种方法。

2. 化学检验法

化学检验法是用化学试剂和仪器对商品的化学成分及其含量进行测定，进而判定商品是否合格的方法。分为化学分析法和仪器分析法两种。

（1）化学分析法。根据已知的、能定量完成的化学反应进行分析的一种方法。以其所用的测定方法的不同，分为重量分析法、容量分析法和气体分析法。

重量分析法：是比较准确的分析方法，它选择某种试剂和被测定成分反应，生成一种难溶的沉淀物，再通过过滤、洗涤、干燥、灼烧等过程，使沉淀与其他成分分离，然后根据测定沉淀物的重量计算被测成分的含量。

容量分析法：是在被测定成分溶液中，滴加一种已知准确浓度的试剂（标准溶液），根据他们反应完全时所消耗标准溶液的体积计算出被测成分的含量。

气体分析法：是用适当的吸收剂吸收试样（混合气体）的被测成分，从气体体积的变化来确定被测成分的含量。

（2）仪器分析法。它是一类通过检验试样的光学性质、电化学性质等而求出待测成分含量的化学检验法。它包括光学分析法和电化学分析法。

光学分析法：是通过被测成分吸收或发射电磁辐射的特性差异来进行化学鉴定的，具体有比色法、分光光度法、核磁共振波谱法、荧光光谱法、发射光谱法等。

电化学分析法：利用被测物的化学组成与电物理量之间的定量关系来确定被测物的组成和含量。适用于微量成分的分析。

3. 生物学检验法

生物学检验法是食品类、医药类和日用工业品类商品等质量检验的常用方法之一，它包括微生物学检验法和生理学检验法。

（1）微生物学检验法。利用显微镜观测法、培养法、分离法和形态观测法等，对商品中有害微生物存在与否与其存在数量进行检验，判定其是否超过允许限度。

（2）生理学检验法。用于检验食品的可消化率、发热量、维生素和矿物质对机体的作用以及食品和其他商品中某些成分的毒性，等等。该法多用活体动物进行试验。只有经过无毒害性实验后，视情况需要并经有关部门批准后，才能在人体上进行试验。

第二节　商品标准与标准化

商品检验的主要依据是商品标准，商品标准是商品标准化体系中的基础，商品标准化是社会化大生产的必然趋势。

一、商品标准的概念

国际标准化组织（International Organization for Standardization，ISO）对标准下的定义为：由有关各方根据科学技术成就与先进经验，共同合作协商起草，并取得一致或基本上同意的技术规范和其他公开文件，其目的在于促进最佳的公众利益，并由标准化团体批准。

我国参照了 ISO 定义，结合我国实际情况，颁布的国家标准中，对"标准"定义为：标准是对重复性事物和概念所作的统一规定，它以科学、技术和实践经验的综合成果为基础，经有关方面协商一致，由主管机构批准，以特定形式发布，作为共同遵守的准则和依据。

商品标准是对商品质量以及与质量有关的各个方面，如商品的品名、规格、性能、用途、使用方法、检验方法、包装、运输、储存等所做的统一技术规定，是评定、监督和维护商品质量的准则和依据。

商品标准是科学技术和生产力发展水平的一种标志，它是社会生产力发展到一定程度的产物，又是推动生产力发展的一种手段。凡正式生产的各类商品，都应制定或符合相应的商品标准。商品标准由主管部门批准、发布后，就是一种技术法规，具有法律效力，同时，也具有政策性、科学性、先进性、民主性和权威性。它是生产、流通、消费等部门对商品质量出现争议时执行仲裁的依据。

二、商品标准的作用

商品标准是对商品质量做出评价的依据，是贸易双方评价商品、洽谈业务、发生争议及索赔（理赔）时的依据，是国家政府部门对企业进行质量监督的依据。企业的商品打进国际市场必须达到其标准（技术壁垒），因此商品标准又是企业商品进入国际市场的通行证。商品标准有利于企业提高产品质量，对提高全社会经济效益有着重要作用。

三、商品标准的分类

（一）按商品标准的表达形式分类，可分为文件标准和实物标准

文件标准：文字说明标准，是通过特定格式，用文字、表格、图样等表述商品的品种规格、质量要求、检验规则和方法、储运与包装规定等有关技术内容的统一规定。

实物标准：标准样品，对难以用文字准确表达的质量要求如色、香、味、手感等，由标准化机构或指定部门用实物制成与文件标准规定的质量要求完全或部分相同的标准样（标样），按一定程序颁布，用以鉴别商品质量和评定商品等级，称为实物标准或标准物质。例如，粮食、茶叶、羊毛、蚕茧等农副产品，都有分等级的实物标准。实物标准是文件标准的补充，实物标准要经常更新。

（二）按标准的约束程度不同分类，可分为强制性标准和推荐性标准

强制性标准又称法规性标准，即一经批准发布，在其规定的范围内，有关方面都必须严格贯彻执行。国家对强制性标准的实施情况依法进行有效的监督。推荐性标准又称自愿性标准，即国家制定的标准由各企业自愿采用，自愿认证，国家利用经济杠杆鼓励企业采用。实行市场经济的国家大多数实行推荐性标准。例如，国际标准及美国、日本等国的大多数标准。

（三）按标准的成熟程度不同分类，可分为正式标准和试行标准

试行标准与正式标准具有同等效用，同样具有法律约束力。试行标准一般在试行两到三年后，经过讨论修订，再作为正式标准发布。现行标准绝大多数为正式标准。

四、商品标准的级别

（一）我国商品标准的级别

根据《中华人民共和国标准化法》，按制定部门适用范围等的不同，将商品标准划分为国家标准、行业标准、地方标准、企业标准四级。

1. 国家标准

国家标准是指对需要在全国范围内统一的技术要求所制定的标准。它包括影响国家经济、技术发展的重要工农业产品，如种子、化肥、农药，通用零部件、元器件、构配件、工具、计量器具以及有关安全要求的建筑材料等的标准；可能危及人体健康

和人身、财产安全的产品，如药品、食品、化妆品、易燃易爆品、锅炉压力容器等的标准；配合通用技术的术语标准等。

国家标准由国务院标准化行政主管部门（国家质量技术监督局）制定，即由其负责编制计划，组织草拟，统一审批、编号和发布。工程建设、药品、食品卫生、兽药、环境保护的国家标准，分别由国务院工程建设主管部门、卫生主管部门、农业主管部门、环境保护主管部门组织草拟、审批，其编号、发布办法由国务院标准化行政主管部门会同国务院有关行政主管部门制定。特别重大的，报国务院审批和发布。中华人民共和国国家标准代号："GB"——强制性国家标准代号，"GB/T"——推荐性国家标准代号。其编号格式为：（国家标准代号）（标准顺序号）——发布年号。例如，GB18168-2000 表示 2000 年发布的第 18168 号强制性国家标准。又如，GB/T12113-1996 表示 1996 年发布的第 12113 号推荐性国家标准。其中，发布年号的表示，1996 年以后发布的标准用四位数字表示，之前的用二位数字表示。

2. 行业标准

行业标准是指对没有国家标准而又需要在全国某个行业范围内统一的技术要求所制定的标准。如行业的工艺规程标准，行业范围内通用的零配件标准，行业范围内通用的术语、符号、规则、方法等基础标准。

行业标准由国务院有关行政主管部门制定、审批和发布，并需报国务院国家质量技术监督局备案。行业标准不得与国家有关法律、法规或国家标准相抵触。在发布实施相应的国家标准之后，该项行业标准即行废止。

中华人民共和国行业标准代号： 行业标准代号由国务院标准化主管部门即国家质量技术监督局规定，1999 年发布的行业标准代号（见表 4-1）。行业标准也分为强制性和推荐性标准。表中给出的是强制性行业标准代号，推荐性行业标准的代号是在强制性行业标准代号后面加 "/T"，例如农业行业的推荐性行业标准代号是 NY/T 。

其编号方式为：（行业标准代号）（标准顺序号）-（发布年号）。

例如：NY1234-94 表示：1994 年发布的第 1234 号强制性农业行业标准。

又如：JB/T4192-1996 表示：1996 年发布的第 4292 号推荐性机械行业标准。

表 4-1　　　　　　　　　　行业标准代号

序　　号	行业标准名称	行业标准代号	主 管 部 门
1	农业	NY	农业部
2	水产	SC	农业部
3	水利	SL	水利部
4	林业	LY	国家林业局
5	轻工	QB	国家轻工业局
6	纺织	FZ	国家纺织工业局
7	医药	YY	国家药品监督管理局
8	民政	MZ	民政部

续表

序　号	行业标准名称	行业标准代号	主　管　部　门
9	教育	JY	教育部
10	烟草	YC	国家烟草专卖局
11	黑色冶金	YB	国家冶金工业局
12	有色冶金	YS	国家有色金属工业局
13	石油天然气	SY	国家石油和化学工业局
14	海洋石油天然气	SY（>10000）	中国海洋石油总公司
15	化工	HG	国家石油和化学工业局
16	石油化工	SH	国家石油和化学工业局
17	建材	JC	国家建筑材料工业局
18	地质矿产	DZ	国土资源部
19	土地管理	TD	国土资源部
20	测绘	CH	国家测绘局
21	机械	JB	国家机械工业局
22	汽车	QC	国家机械工业局
23	民用航空	MH	中国民航管理总局
24	兵工民品	WJ	国防科工委
25	船舶	CB	国防科工委
26	航空	HB	国防科工委
27	航天	QJ	国防科工委
28	核工业	EJ	国防科工委
29	铁路运输	TB	铁道部
30	交通	JT	原交通部
31	劳动和劳动安全	LD	原劳动和社会保障部
32	电子	SJ	原信息产业部
33	通信	YD	原信息产业部
34	广播电影电视	GY	国家广播电影电视总局
35	电力	DL	国家经贸委
36	金融	JR	中国人民银行
37	海洋	HY	国家海洋局
38	档案	DA	国家档案局
39	商检	SN	国家出入境检验检疫局
40	文化	WH	文化部
41	体育	TY	国家体育总局
42	商业	SB	国家国内贸易局
43	物资管理	WB	国家国内贸易局
44	环境保护	HJ	国家环境保护总局

序　号	行业标准名称	行业标准代号	主　管　部　门
45	稀土	XB	国家计发委稀土办公室
46	城镇建设	CJ	原建设部
47	建筑工业	JG	原建设部
48	新闻出版	CY	国家新闻出版总署
49	煤炭	MT	国家煤炭工业局
50	卫生	WS	卫生部
51	公共安全	GA	公安部
52	包装	BB	中国包装工业总公司
53	地震	DB	国家地震局
54	旅游	LB	国家旅游局
55	气象	QX	中国气象局
56	外经贸	WM	原对外经济贸易合作部
57	海关	HS	海关总署
58	邮政	YZ	国家邮政局

3. 地方标准。

地方标准是指没有国家标准或行业标准而又需要在省、自治区、直辖市范围内统一的工业产品的安全、卫生要求所制定的标准。如为本地区特色产品、特需产品所制定的标准。

地方标准由各省、自治区直辖市、标准化行政主管部门制定、审批和发布，需报国家质量技术监督局和国务院有关行政主管部门备案。地方标准不得与上一级标准相抵触。在发布实施相应的国家标准和行业标准后，该项标准即行废止。

中华人民共和国地方标准代号。

强制性地方标准代号为：DB + 地区代码。

推荐性地方标准代号为：DB + 地区代码/T。

其编号方式为：（地方标准代号）（标准顺序号）—（发布年号）

其中，地区代码为各省、自治区、直辖市行政区划代码的前两位数字，如 11 表示北京市，12 表示天津市，13 表示河北省，14 表示山西省等。

例如，DB11/068-1996 表示 1996 年发布的第 068 号强制性北京地方标准。

又如，DB34/T166-1996 表示 1996 年发布的第 166 号推荐性安徽省地方标准 。

4. 企业标准

企业标准是指对企业生产的产品没有相应的国际标准和行业标准时所制定的标准。企业标准是在该企业范围内统一使用的标准，是企业组织生产、经营活动的依据。

企业的产品标准由企业组织制定、发布，并报当地政府标准化行政主管部门和有关行政主管部门备案。已有国家标准和行业标准的，国家鼓励企业制定严于国家标准或行业标准的企业标准，在企业内部使用，以提高产品质量水平，争优质，创名牌。严于国家标准或行业标准的企业标准可以不公开、不备案。企业标准不得与有关法律、法规或上一级标准相抵触。

中华人民共和国企业标准代号。

企业标准代号由"Q"和斜线加企业代号组成。企业代号的规定由分两种情况：一是凡中央所属企业的企业代号，由国务院有关行政主管部门规定；二是各地方所属企业的企业代号，由所在省、自治区、直辖市政府标准化主管部门规定。企业代号可用汉语拼音或阿拉伯数字或两者兼用表示。

其编号方式为：（企业标准代号即 Q /—）（标准顺序号）—（发布年号）。

例如，Q/EGF024-1997 表示 1997 年发布的北京市某企业的第 024 号企业标准。

由省、自治区、直辖市内企业发布的标准，还要在其企业标准代号"Q"前 加上本省、自治区、直辖市的简称汉字。如"京 Q /—"、"皖 Q /—"等。

（二）国际商品标准

国际标准是指由国际上权威专业组织制定发布，并为世界上大多数国家承认和采用的标准。主要是指由国际标准化组织（International Organization for Standardization，ISO）和国际电工委员会（International Electro technical Commission，IEC）制定和发布的标准，以及经国际标准化组织确认并公布的其他国际组织制定的标准。如国际食品法典委员会（Codex Aliment arius Commission，CAC）、国际计量局（Bureau International des Poids et Measures，BIPM）、国际无线电咨询委员会（Consultative Committee of International Radio，CCIR）、世界卫生组织（World Health Organization，WHO）等。

国际标准对于促进国际贸易往来和科学、文化、技术的交流具有重大意义。国际标准都为推荐性标准，但由于其具有较高的权威性和科学性，因而越来越多被世界各国所尊重和自愿采用。

我国于 1978 年 9 月加入了国际标准化组织（ISO），为加强标准化的国际交流提供了条件，也为扩大我国标准的使用范围奠定了基础。截止到 2000 年，在我国的 19278 项国家标准中，有 8 387 项采用了国际标准和国外先进标准，采标率达 43.5%（等同采用：1 795 项，占 9.3%；等效采用：2 824 项，占 14.7%；非等效采用：3 768 项，占 19.5%），其中采用 ISO 标准 4 341 项，采用 IEC 标准 1 818 项，采用其他标准 2 453 项。行业标准、地方标准和企业标准也大量采用了国际标准和国外先进标准。一些高新技术和重点行业国家标准采用国际标准和国外先进标准比率已超过 60%。有近一半的重要产品按国际标准和国外先进标准组织生产，一些高档耐用品质量已达到国际水平，提高了国际贸争力。

根据《采用国际标准产品标志管理办法（试行）》的规定，国家质量技术监督局从 1994 年开始在全国推行采用国际标准产品标志，截止到 2000 年，全国累计完成采标标志 8 162 项，这项工作引起了消费者的注意，并受到了企业的欢迎。一些申请了采标标志的企业，已在产品上使用了采标标志。

五、商品标准化

商品标准化是指在商品生产和流通的各个环节中制定、发布，以及实施商品标准的活动。推行商品标准化的最终目的是达到统一，从而获得最佳市场秩序和社会效益。

商品标准化的内容主要包括：名词术语统一化，商品质量标准化，商品零部件通用化，商品品种规格系列化、商品质量管理与质量保证标准化、商品检验与评价方法标准化、商品分类编码标准化，商品包装、储运、养护标准化等。根据《中华人民共和国标准化法》的规定，国家质量技术监督局在各个领域组建了"全国专业标准化技术委员会"。截至 1999 年，我国已成立了 258 个全国专业标准化技术委员会，420 多个分委员会，聘请 26 500 多名各方面专家和管理人员为委员会委员。

商品标准化在社会生产和商品管理中有非常重要的作用。它是组织现代化商品生产和发展专业化协作生产的前提条件，是提高商品质量和合理发展商品品种的技术保证，是合理利用国家资源、保护环境和提高社会经济效益的有效手段，是国际经济、技术交流的纽带和国际贸易的调节工具，也是实现现代化科学管理和全面质量管理的基础。

商品标准化要遵循以下原则。

（一）简化原则

简化是在一定范围内缩减商品的类型数目，使之在既定时间内满足一定需要的商品标准化形式。

简化一般是事后进行的，也就是商品多样化已经发展到一定规模以后，才对商品类型数目加以缩减。其作用是去掉不必要的商品类型、去掉多余的重复的商品功能、随时淘汰低档功能

这也是标准化的初级阶段，它避免了对社会财富的浪费。

（二）统一化原则

统一化是把同类商品两种以上的表现形式归并为一种或限定在一定范围内的商品标准化的形式。统一化是标准化最明显的体现，只有在一致的基础上才能互相理解与交流。

（三）系列化原则

系列化是指将同一事物的若干形态按最佳数列进行科学排列，形成品种系列，从而以尽可能少的形态（品种、规格等）满足尽可能广泛的需要。如电视、冰箱、鞋、衬衫等。

（四）通用化原则

在相互独立的系统中，选择和确定具有功能互换或尺寸互换性的子系统或功能单元的标准化形式。

通用化是以互换性为前提。简单说，通用性就是互换性。用得最多的是产品加工、制造，商品使用、维修。如统一订书针、笔尖零部件、轮胎、单车钢丝等。

（五）组合化原则

通用化是组合化的前提，是通用化的进一步运用。是按照标准化的原则，设计并制造出一系列通用性较强的单元（标准单元），根据需要组合成不同用途的商品的一种标准化形式。它大大降低了运输成本，提高了生产效率等。如组合机床 组合家具等。

（六）模数化原则

模数化是指在系统的设计、计算和结构布局中，制定和使用尺寸协调的标准模数。模数是指在某种系统的设计、计算和布局中，普遍重复使用的一种基准尺寸（使用次数多，最好的结构比例）。造型、房屋设计具有良好的尺寸协调性。如集装箱等。

第三节 商品品级

商品品级即商品质量等级，是以商品的质量高低所确定的等级。我国根据商品质量标准和实际质量检验结果，将同种商品分为若干等级的工作，称为商品分级。

一、商品品级的划分

按照国家《工业产品质量分等导则》有关规定，商品质量等级划分为优等品、一等品和合格品三个等级。

（一）优等品

优等品是指商品的质量标准达到国际先进水平，且实物质量水平与国外同类产品相比达到近五年内的先进水平的商品。

（二）一等品

一等品是指商品的质量标准达到国际一般水平，且实物质量水平达到国际同类产品的一般水平的商品。

（三）合格品

合格品是指按照我国一般水平标准组织生产，实物质量水平达到相应标准的要求的商品。

二、商品品级的划分方法

商品质量等级的评定，主要依据商品的标准和实物质量指标的检测结果，由行业归口部门统一负责。优等品和一等品等级的确认，须有国家级检测中心、行业专职检验机构或受国家、行业委托的检验机构出具的实物质量水平的检验证明。合格品由企业检验判定。

商品质量分级的方法很多，一般有百分法和限定法两种方法。

（一）百分法

将商品各项质量指标规定为一定的分数，重要指标占高分，次要指标占低分。如果各项指标都符合标准要求，或认为无瑕可挑的，则打满分，某项指标欠缺则在该项中相应扣分。全部合格为满分 100 分。

比如，酒的评分方法。满分为 100 分。

白酒：色 10 分、香 25 分、味 50 分、风格 15 分。

啤酒：色 10 分、香 20 分、味 50 分、泡沫 20 分。

（二）限定法

将商品各种疵点规定一定的限量。又可分为限定记分法、限定数量和程度法。

1. 限定记分法

这一方法将商品各种疵点规定为一定的分数，由疵点分数的总和确定商品的等级，疵点分数越高，则商品的等级越低。这种方法一般在日用工业品中采用。

2. 限定数量和程度法

这一方法在标准中规定，商品每个等级限定疵点的种类、数量和疵点的程度。如日用工业品中全胶鞋质量指标共有 13 个感官指标，其中，鞋面起皱或麻点在一级品中规定"稍有"，二级品中规定"有"，鞋面砂眼在一级品中规定"不许有"等。

🔵 **模拟实训**

【实训主题】

掌握商品检验的注意事项及检验方法。

【实训地点】

教室。

【实训目的】

（1）理论联系实际训练学生对商品检验内容的正确认识，掌握商品检验的注意事项，培养学生理解问题的能力。

（2）让学生学会商品检验的方法，使学生充分贴近生活，提升学生的综合素质。

【背景材料】

这批运动衫的问题出在哪

2004 年 1 月，中国内地某服装进出口公司与墨西哥某外贸公司签订了一项关于运动衫的货物买卖合同。双方在合同中约定：由中国内地某服装进出口公司作为卖方向墨西哥某外贸公司出售一批运动衫，数量 5 万件，合同采用的贸易术语为 FOB 中国上海。双方还约定这批货物应当在当年的 3 月 15 日前交付给墨西哥某外贸公司指定的承运人以便运输。

2004 年 3 月 9 日，中国内地某服装进出口公司将生产好的 5 万件运动衫分别装在 1 000 个纸箱中，交付给墨西哥某外贸公司指定的承运人——中国香港某远洋运输公司的"惠兴"轮进行运输。"惠兴"轮的船长在对这批货物进行了初步的检查以后，向中国内地某服装进出口公司签发了清洁提单，也就是说承运人并没有对这批货物从表面上看是否异常进行批注。中国内地某服装进出口公司收到清洁提单后到银行议付了货款。

但是当这批运动衫运抵墨西哥后，墨西哥某外贸公司立即对这批货物进行了检查。结果发现这批货物并没有达到合同约定的数量5万件。在这1 000个纸箱中有大约100余个纸箱出现了运动衫数量短少的情况，短少的数量从几件到几十件不等。墨西哥某外贸公司随后立即请一家商品检验机构对这批货物进行了检验。这家商品检验机构随即出具了有关这批货物数量短少的证明。

鉴于此时中国内地某服装进出口公司已经从银行议付了货款，墨西哥某外贸公司根据双方在买卖合同中签订的仲裁条款，向中国内地某国际经济贸易仲裁机构提交了仲裁申请。中国内地某服装进出口公司在收到仲裁通知以后，立即进行了答辩。中国内地某服装进出口公司认为：首先，这批货物的承运人向该公司签发了清洁提单，说明这批货物在交付承运人的时候是完好的，不存在破损或数量短少的情况，因此不能证明这批运动衫数量短缺的责任在中国内地某服装进出口公司一方；第二，买卖双方在签订合同时约定的贸易术语是FOB，根据该术语，货物由卖方交付承运人后，当货物跨过承运人的船舷时，货物灭失的风险就转移给了买方，作为卖方的中国内地某服装进出口公司就不应为此承担任何责任，而作为买方的墨西哥某外贸公司应当追究承运人——中国香港某远洋运输公司或有关的保险公司的责任；再次，墨西哥某外贸公司是在货物到达墨西哥的港口后才对这批货物进行检验的，中国内地某服装进出口公司认为在该公司并未知晓的情况下墨西哥某外贸公司就单方面对这批货物进行了检验，这对中国内地某服装进出口公司来说是不公平的，检测的结果也是不能被接受的。

在中国内地某服装进出口公司提出抗辩理由后，墨西哥某外贸公司认为对方的抗辩有一定的理由，就转而向这批货物的承运人——中国香港某远洋运输公司发去了一封电报，要求该公司承担这批运动衫在运输途中灭失给该公司造成的损失。中国香港某远洋运输公司在收到电报后立即进行了答复。该公司一方面声称自己在运输货物的过程中不存在任何过失，另一方面还向墨西哥某外贸公司出示了一张"保函"。原来在中国内地某服装进出口公司准备交付货物的时候，交货的最终期限已经临近，中国内地某服装进出口公司为了及时交货，特别是为了让承运人立即签发清洁提单以便该公司能够马上到银行议付货款，因此，中国内地某服装进出口公司就在承运人并未对全部货物进行检查的情况下，要求中国香港某远洋运输公司出具清洁提单，并且保证如果因货物残损短缺而导致一切损失，都由中国内地某服装进出口公司而非中国香港某远洋运输公司承担。墨西哥某外贸公司为此再次向中国内地某服装进出口公司提出要求该公司承担货物灭失的全部责任。

【实训过程设计】

（1）指导教师布置学生课前预习阅读案例。

（2）将全班同学平均分成小组，结合案例资料进行讨论。

（3）指导教师对小组讨论过程和发言内容进行评价总结，并讲解本案例的分析结论。

（4）根据"背景材料"思考：墨西哥某外贸公司对这批货物进行检查时发现了什么问题？是什么原因导致这批货物出现问题？

本章要点

● 商品检验的内容包括品质检验、卫生检验、安全性能检验、包装检验、数量和重量检验。

● 商品检验的方法有感官检验法及理化检验法两种。

● 商品标准的分类：按商品标准的表达形式分类，可分为文件标准和实物标准；按标准的约束程度不同分类，可分为强制性标准和推荐性标准；按标准的成熟程度不同分类，可分为正式标准和试行标准。

● 商品质量等级分为优等品、一等品、合格品。商品质量分级的方法一般有百分法和限定法两种。

综合练习

一、名词解释

1. 商品检验　2. 感官检验法　3. 理化检验法　4. 商品标准化

二、填空题

1. 商品检验根据其目的不同分为_____、_____、_____等检验。

2. 感官检验法包括_____、_____、_____、_____、_____等方法。

3. 感官检验对环境条件的要求是_____、_____、_____、_____。

4. 商品品级的划分有_____、_____、_____三种方法。

三、单选题

1. 商品的（　　）检验是商品检验的中心内容。

A. 重量　　　　　　　　　　　B. 数量

C. 质量　　　　　　　　　　　D. 含量（有效成分）

2. 第二方检验又称（　　）检验。

A. 自检　　　　B. 卖方　　　　　　C. 验收　　　　　D. 法定

3. 单位产品的质量是用（　　）来表示的。

A. 指标值　　　B. 品数　　　　　　C. 缺陷数　　　　D. 平均值

4. 需要进行全数检验的商品是（　　）.

A. 牛奶　　　　B. 电缆　　　　　　C. 电器漏电性　　D. 服装

5. 吃过糖后再吃药会感觉药更苦，这是（　　）现象。

A. 适应　　　　B. 对比　　　　　　C. 变味　　　　　D. 拮抗

6. 检验西瓜是否成熟，常用的检验法是（　　）。

A. 嗅觉法　　　B. 味觉法　　　　　C. 听觉法　　　　D. 光照法

7. 对检验变质发霉的商品用（　　）检验方法最有效。

A. 视觉　　　　B. 嗅觉　　　　　　C. 味觉　　　　　D. 触觉

8. 人的四种生理原味是（　　　）。

A. 酸甜苦辣　　　B. 酸甜香辣　　　　C. 酸甜苦咸　　　　D. 酸甜苦涩

9. 商品品级划分时质量分数越高，质量等级越低的商品是（　　　）。

A. 食品　　　　　B. 纺织品　　　　　C. 日用工业品　　　D. 家电

四、简答题

1. 什么是商品检验，其内容有哪些？

2. 什么是商品标准和商品标准化？

3. 商品标准可分为哪些类别？

4. 感官检验法与理化检验法的特点？

5. 运用所学知识，结合自己的体验，对所熟悉的某一食品进行质量检验。

第五章

商品包装

学习目标

【知识目标】

- 了解商品包装的作用及分类；
- 熟悉包装标准化的内容；
- 理解商标的概念及其管理；
- 掌握商品包装装潢的设计要求；
- 掌握包装标志的基本类型。

【能力目标】

- 能识别并选择商品包装材料，熟悉包装技法。

案例导入

审美习惯决定包装成败

牙膏是我们生活中不可缺少的日用品，市场竞争十分激烈。国际牙膏巨头美国高露洁公司在进入我国牙膏市场以前，曾做过大量的市场调查。高露洁公司发现，我国牙膏市场竞争激烈，但同质化竞争严重。无论是牙膏的包装还是广告诉求都非常平淡。针对这些特点，高露洁采用了创新的复合管塑料内包装，并用中国消费者都非常喜欢的红色作为外包装的主题色彩。结果大获成功，在短短的几年时间内，迅速占领了我国1/3的牙膏市场份额。

高露洁的成功，极大地触动了我国牙膏企业的神经。包括"中华"、"两面针"在内的多个牙膏品牌都放弃了使用多年的铝制包装，换上了更方便、卫生、耐用的复合管塑料包装。除了在包装材料上进行改革以外，国内牙膏品牌在外包装设计上也进行了创新，基本都换上总体感觉清新自然，更具有时代感和流行特色的新包装。

易造工业设计公司产品设计部经理王淼告诉记者："过去我们的企业对产品的包装不重视，在同国外企业的市场竞争中才发现，一个有创意的好包装往往意味着更多的市场份额。于是我们的企业才开始意识到包装的重要性，并努力地制造出富有中国特色和审美习惯的包装"。

高露洁公司在营销成功的背后，其实也曾支付过昂贵的学费。高露洁在进入日本市场的时候，由于没有经过详细的市场调研，直接采用了美国本土大块的红色包装设计，而忽视了日本消费者爱好白色的审美习惯，导致高露洁牙膏在进入日本市场时，出乎意料地滞销，市场占有率仅为1%。

启示：商品包装非常重要。商品包装应考虑很多因素的影响。

学习内容

包装是现代商品市场竞争的重要手段之一，绝大多数商品必须经过包装才能进入流通领域和消费领域。我国包装经过20多年的快速发展，取得了令人瞩目的成就，但也存在着很多问题。例如，一枚小小的头花饰品，却要里三层、外三层地进行包装，根本无视包装体积和内空的参数标准；4只小月饼搭配了10余种礼品，用彩瓷、木制、锦帛等各式各样的大盒子进行包装等，价格从几十、几百、几千甚至到几万元不等。如此包装，符合现代商品包装的基本要求吗？包装的作用是什么？如何包装？包装材料怎样选择？包装装潢如何设计？——这是本章所要研究的内容。

第一节　商品包装的作用

一、商品包装的概念

包装是指为保护产品，方便储运，促进销售，按照一定的技术方法而采用的容器、材料及辅助物等的总体名称；也指为了达到上述目的而采用容器、材料和辅助物的过程中施加的一定技术方法等的操作活动。简单地说，包装就是盛装商品的容器及包装操作的总称。一般来说，商品包装应该包括商标或品牌、包装形状、包装材料、包装技法和表面装潢等要素。商品标签也是商品包装的重要组成部分，标签上一般印有品牌标志、产品成分、产品质量等级、生产厂家、生产日期和使用方法等。

二、商品包装的作用

　　包装作为商品的重要组成部分，对有些商品而言，是为保护产品数量与质量的完整性而必需的一道工序。由于产品的包装直接影响到产品的价值与销路，因而对绝大多数的产品来说，包装是产品运输、储存、销售不可缺少的必要条件，其作用主要表现在以下几个方面。

（一）保护功能

　　保护商品的作用，是包装最基本的功能。一件商品，要经多次流通，才能进入市场，最终到达消费者手中，这期间，需要经过装卸、运输、储存、陈列、销售等环节。在储运过程中，很多外因，如撞击、潮湿、光线、气体、细菌等因素，都会威胁到商品本身。合理的包装就能保护产品在流通过程中不受自然环境和外力的影响，从而保护产品的使用价值，使产品实体不致损坏、散失、变质和变形。作为一个包装设计师，在开始设计之前，首先要想到包装的结构与材料，以保证商品在流通过程中的安全。

（二）提供方便

　　适当的包装还可以起到便于携带、便于储存和装卸、便于使用和指导消费的作用。制造者、营销者及顾客要把产品从一个地方搬到另一个地方，合理的包装易于搬动，提高运输效率，完整的包装有助于储存保管，便于消费者采购和携带。包装上的使用说明、注意事项等，对消费者或用户使用、保养、保存产品，具有重要的指导意义。

（三）识别和促销功能

　　产品包装还具有识别和促销的作用。产品包装后，可与同类竞争产品相区别。精美的包装，不易被仿制和伪造，有利于保持企业的信誉。在产品陈列时，包装是"无声的推销员"。美观大方、漂亮得体的包装，往往能被广大消费者或用户所瞩目，从而激发其购买欲望，成为产品推销的一种主要工具和有力的竞争手段。包装还能收到广告宣传的效果。有时，同种产品的质量可能不相上下，这样，包装就往往会成为消费者或用户选购产品的主要考虑因素。我国的许多出口商品，尽管产品本身质量优良，但由于过去不懂得包装的增值作用，不重视包装工作，在国际市场上卖不出价钱，挤不进大商店的柜台橱窗，有的甚至只好下放到地摊上去。由于包装的改进，可以使一项旧产品给人带来一种新的印象。据美国杜邦公司研究发现，63%的消费者根据商品包装做出购买决定。由此可见，包装能够有效地帮助产品上市行销，维持或扩大市场占有率。

（四）提高商品附加值的功能

　　通过定位对商品进行包装设计，可以更好地体现商品的价值和使用价值。包装实际上是指把物质的东西和文化的、知识的、精神的东西结合起来，使物质价值得以实现且提高了文化品位，丰富了文化内容。这种物质包含在商品附加值之中。也就是说商品的附加值不单纯表现在商品的技术含量，还表现在商品的知识和文化含量上。因此，包装具有提高商品附加值的作用。

此外，包装产品的存货控制，也比较简单易行。实现产品包装化，还可使产品损耗率降低，提高运输、储存、销售各环节的劳动效率。这些都可使企业增加利润。

三、商品包装的分类

包装是产品生产过程在流通领域的延续，其种类繁多，分类标准不同，其类型也不一样。在此，我们从以下几个不同标准对包装进行分类。

（一）按包装在流通过程中的作用分类

按包装在流通过程中的作用来分，可分为运输包装和销售包装。

运输包装又称外包装或大包装，它是将货物装入特定容器，或以特定方式成件或成箱地包装。其主要作用是保护商品，防止货物在长时间和远距离的运输过程中发生损坏，方便储运和节省费用。因此，运输包装应具有坚固、结实、通风、防潮、防震、防漏、防腐蚀、防失散和防盗窃等性能。运输包装可细分为单件运输包装和集合运输包装。

单件运输包装是指货物在运输过程中作为一个计件单位的包装，如包装桶、包装箱、包装袋、包装罐等。其中，包装桶有金属桶、木桶、塑料桶、钙塑桶等。包装箱有木箱、纸箱、钙塑箱等。包装袋有麻袋、布袋、塑料袋等。

集合运输包装是指将若干单件运输包装组合成一件大包装，又称成组化运输包装，以便更有效地保护商品，提高装卸效率和节省运输费用等。集合包装具有运输迅速，提高劳动生产率，可靠地保护商品，节省包装费用，提高了仓库、运输工具容积利用率，促进包装标准化等优点。常见的集合运输包装有集装包、集装袋、集装箱和托盘等。

销售包装又叫内包装、小包装或直接包装，它是与消费者直接见面的包装。其作用除了保护商品外，更重要的是美化和宣传商品。因此，销售包装应便于陈列展销，便于识别和使用，同时具有吸引力，这样才能使包装的商品在市场上有竞争力。

（二）按使用的包装材料分类

按使用的包装材料来划分，商品包装可分为纸包装、塑料包装、玻璃和陶瓷包装、纤维制品包装、金属包装、木材包装、复合材料包装及其他材料包装。

（三）按包装的内容物分类

按包装的内容物来分，可分为日用品类包装、食品类包装、烟酒类包装、化妆品类包装、医药类包装、文体类包装、工艺品类包装、化学品类包装、五金家电类包装、纺织品类包装、儿童玩具类包装、土特产类包装等。

（四）按包装的具体方法分类

按包装的具体方法来分，可分为防水包装、耐热包装、真空包装、高温蒸煮杀菌包装、无菌包装、缓冲包装、防锈包装等。

（五）按包装的运输工具分类

按包装的运输工具来分，可分为铁路运输包装、公路运输包装、航空运输包装、海洋运输包装等。

（六）按包装的形态分类

按包装的形态来分，可分为个体包装、内包装和外包装。

个体包装又称小包装，即单个商品为一个销售单位的包装形式。

内包装又称中包装，指商品的内层包装。在流通过程中与个体包装共同起到促进销售、方便使用的目的。与个体包装统称为销售包装。内包装一般由若干个单位商品的小包装组成小的整体包装。

外包装又称为运输包装或大包装，在流通中主要是保护商品，方便运输的作用。

（七）按照包装质量要求分类

按照包装质量要求分，可分为内销商品包装、出口商品包装和特殊商品包装。

内销商品包装要求适合国内中、短途运输，包装的大小、内装物数量要与国内消费习惯和消费水平相适应。要求简单、经济、实用。它可分为工业包装和商业包装两大类。

出口商品包装的装潢、色彩、形式等要考虑销售所在国的不同习惯和特点。它可分为储运包装和销售包装两大类。

特殊商品包装一般是指工艺美术品、文物、精密贵重仪器及军需品等的包装。它的包装成本高，比一般商品包装要求更高和更严格。

（八）其他标准

此外，以安全为目的分类，还可分为一般货物包装和危险货物包装等。

按设计分为手提袋设计、包装盒设计、食品包装设计、饮料包装设计、礼盒包装设计、化妆品瓶体设计、洗涤用品包装设计，香烟包装设计、酒类包装设计、OTC 药品包装设计、非 OTC 药品包装设计、保健品包装设计、软件包装设计、CD 包装设计、电子产品包装设计、日化产品包装设计、进出口商品包装设计等。

按包装容器形状分为包装箱、包装桶、包装袋、包装包、包装筐、包装捆、包装坛、包装罐、包装缸、包装瓶等。

第二节　商品包装的材料、方法和技术

一、商品包装的材料

包装材料是商品包装的物质基础，是指用于制造包装容器和包装运输、包装装潢、包装印刷、包装辅助材料以及包装有关材料的总称。选择包装材料必须遵循质优、体轻、面广，合理、节约，无毒、无害、无污染的原则。包装材料一般包括主要包装材料和辅助包装材料，常用的有纸张、金属、木材、塑料、纺织品、陶瓷、玻璃、草、竹、藤条、柳条等，其中尤以塑料与金属材料最为复杂。

包装材料在整个包装工业中占有重要的地位，是发展包装技术、提高包装质量和降低包装成本的重要基础。因此，了解包装材料的性能、应用范围和发展趋势，对合

理选用包装材料，扩大包装材料的来源，采用新的包装材料和加工新技术，创造新型包装容器与包装技法，提高包装技术水平与规律都具有重要而又深远的意义。

（一）包装材料的性能

从现代包装作用来看，包装材料应具有以下几方面性能。

（1）保护性能。包装材料应具有一定机械强度，适应气温变化，能够防潮、防水、防腐蚀、防紫外线穿透、耐热、耐寒、耐光、耐油等，而自身应无异味、无毒、无臭，能保护内装物质量完好。

（2）方便使用性能。无论用何种材料包装商品，基本要求是便于开启和提取内装物，便于再封闭，开启性能好，不易破裂和损坏。

（3）降低费用性能。包装落后既增加成本又达不到预期效果，故不可取。实际应用中选择包装材料及方法时，除了考虑上述几种要求外，还应考虑节省包装材料费用及包装机械设备费用、劳务费用等，要使用最合适材料，采取最合理包装方法，取得最佳效果。

（4）附加价值性能。包装增加了商品的附加值，良好的包装使商品的价值及使用价值大大提高。尤其是作为销售包装材料，要求透明度好，表面光亮，使造型和色彩美观，产生陈列效果，以便提高商品价值，刺激消费者的购买欲望。

（5）与商品性质相适应性能。商品包装，必须同商品的性质相适应。如丝绸匹头，有的是在商店与顾客直接见面，有的则是进厂加工整理或制成衣服，其包装应该有所不同。前者应当比较考究，以突出绸缎质量特点；后者则要求平整不皱，启封方便，以利厂方加工。又如聚氨酯现场发泡衬垫技术，是较新的科技成果，使用它可以提高商品身价，保护商品安全，但使用这种包装须逐一成型，费用高，又花费时间，故现在一般只用于包装名贵的雕刻品及仿古瓷器等贵重的工艺品，而一般的工艺品，如木雕、摆件等则使用聚乙烯塑料和气泡薄膜包装即可。

（6）操作性能。包装材料应具有一定的刚性、热合性和防静电性，有一定的光洁度以及可塑性、可焊性、易开口性，易加工、易充填、易分合等性能，适合自动包装机械操作，生产效率高等。

（二）主要包装材料的特点与应用

（1）塑料包装。塑料包装是指各种以塑料为原料制成的包装的统称。塑料包装具有质轻、透明、不同的强度和弹性、折叠及封合方便、防水防潮、防渗漏、易于成型、可塑性与气密性好、防震、防压、防碰撞、耐冲击、化学稳定性能好、易着色、可印刷、成本低等优点。但塑料难于降解，易造成环境污染。其包装主要有塑料桶、塑料软管、塑料盒、塑料瓶、塑料薄膜、塑料编织袋等。

目前，我国软塑包装企业达 4000 多家，国内复合膜的生产能力已超过 150 万吨，复合软塑包装材料现已成为国内的较成熟的主要包装材料之一，已渗入国民生活的各个领域。塑料在硬质容器和软包装中的应用都在增加。在硬质容器方面，如塑料浅盘和塑料桶，由于可重复使用，长远成本低于纤维板桶。塑料立式袋也有取代纸板盒之势，作为干货食品如谷类食品、酱等的容器。另外，由于塑料瓶具有质轻，耐碰撞的特点，被越来越多地用于果汁、水果饮料的包装。在软包装方面，塑料制品中的小袋和薄膜，仍将在快餐食品和零售领域内大有用武之地。

在塑料包装材料中用得最广泛的是聚乙烯、聚氯乙烯、聚丙烯、聚苯乙烯、聚酯等。但不论采用哪种塑料包装，都要达到绿色包装的要求，要尽可能地减少废弃物污染，解决溶剂的环保问题，处理好回收再利用问题。

（2）纸包装。当今社会最主要的包装材料是纸和纸制品，其用量占整个包装材料的 40%左右。纸的最大优点是轻便、无味无毒、密封性好，容易做到清洁卫生；强度适宜，耐冲击和耐摩擦性好；易于粘合印刷，便于采用各种加工方法，应于机械化、自动化的包装生产；不会造成公害、取材容易、价格低廉且重量轻，可以降低包装成本和运输成本；用后易于处理，可回收复用和再生，不会污染环境，并节约资源等。纸的缺点是撕破强度低，易变形，难以封口，受潮后牢度下降以及气密性、防潮性、透明性差等，从而使它们在包装应用上受到一定的限制。

纸制包装容器有纸箱、纸盒、纸桶、纸袋、纸杯、纸罐、纸盘等。在纸制包装容器中，用量最多的是瓦楞纸箱，其比重占 50%以上。在运输包装中，瓦楞纸箱正在取代传统的木箱，广泛用于包装日用百货、家用电器、服装鞋帽、水果、蔬菜等。除瓦楞纸箱外，其他纸制包装容器多用于销售包装，如用于食品、药品、服装、玩具及其他生活用品的包装。

纸盒可制成开窗式、摇盖式、抽屉式、套合式等，表面加以装饰，具有较好的展销效果。

纸桶结实耐用，可以盛装颗粒状、块状、粉末状商品。

纸袋种类繁多用途广泛。纸杯、纸盘、纸罐都是一次性使用的食品包装，由于价廉、轻巧、方便、卫生，而被广泛应用。纸杯一般为小型盛装冷饮的容器。纸盘为冷冻食品包装，既可冷冻，又可在微波炉里烘烤加热。

纸罐是采用高密度纸板制成的，有圆筒形、圆锥形，一般涂层以防渗漏，用于盛装饮料。目前，纯纸罐已被由纸、塑料、铝箔组成的复合材料制成的复合罐取代。

纸浆模制包装是用纸浆直接经模制压模、干燥而制成的衬垫材料，如模制鸡蛋盘，用于鸡蛋包装，可以大大减少运输中的破损率。

（3）金属包装。金属包装材料是传统的包装材料之一，在包装材料中占有很重要的地位，广泛使用于工业产品包装、运输包装和销售包装中，金属包装容器成为最主要的包装材料之一。目前，在日本和欧洲各国各种包装材料中，金属占 14%左右，仅次于纸和塑料包装，占第三位，而美国包装消费金属材料比塑料要多，约占第二位。我国的金属材料占包装材料总量的 8%左右，仅次于塑料包装材料。

金属包装材料具有机械性能优良、强度高；加工性能好，加工工艺成熟，能连续化、自动化生产；结实牢固、耐碰撞、不透气、不透光、不透水、抗压、易于印刷装饰；资源丰富，能耗和成本较低等优点。其不足之处主要是：化学稳定性差，耐蚀性不如塑料和玻璃，尤其是普通钢质包装材料容易锈蚀。因此金属包装材料必须在表面再覆盖一层防锈物质，以防止来自外界和被包装物的腐蚀破坏，同时也要防止金属中的有害物质对商品的污染。

金属包装材料主要为钢材和铝材两大类，常用的金属有黑白铁皮、马口铁、钢板、铝板、铝合金、铝箔等。金属包装主要有：金属桶、金属盒、罐头听、金属软管、油罐、钢瓶等。多用于机器、液体、粉状、糊状等商品的包装。

（4）木制包装。木制包装是以木材、木材制品和人造板材（如胶合板、纤维板等）制成的包装。其特点是强度高、坚固、耐压、耐冲击、化学物理性能稳定、易于加工、不污染环境等，是大型和重型商品常用的包装材料。主要有：木箱、木桶、胶合板箱、纤维板箱和桶、木制托盘等。由于木材来源少，可用其他材料替代。

（5）玻璃与陶瓷包装。玻璃与陶瓷包装是指以硅酸盐材料玻璃与陶瓷制成的包装。其优点是透明、清洁、美观，有良好的机械性能和化学稳定性、易封闭，价格较便宜、可多次周转使用、资源丰富。但也具有稳定性差、易碎，不利于运输，能源消耗量大等缺点。

这类包装主要有：玻璃瓶、玻璃罐、陶瓷罐、陶瓷瓶、陶瓷坛、陶瓷缸等。广泛用于酒类、饮料、罐头、调味品、药品、化妆品、化学试剂等商品的销售包装。

（6）纤维制品包装。纤维制品包装是指以棉、麻、丝、毛等天然纤维和人造纤维、合成纤维的织品制成的包装，具有强度大、轻便、耐腐蚀、易清洗、不污染商品和环境、便于回收利用等优点。　主要有麻袋、布袋、布包等。

（7）复合材料包装。复合材料包装是指以两种或两种以上材料黏合制成的包装，亦称为复合包装。复合材料具有更好的机械强度、气密性、防水、防油、耐热、耐寒、容易加工等优点，是现代商品包装材料的发展方向，特别适用于食品的包装。主要有纸与塑料、塑料与铝箔和纸、塑料与铝箔、塑料与木材、塑料与玻璃等材料复合制成的包装。

（8）其他包装材料。用树条、竹条、柳条编的筐、篓、箱以及草编的蒲包、草袋等，具有可就地取材、成本低廉、透气性好的优点。适宜包装生鲜商品，部分土特产品和陶瓷产品等。

二、商品包装的方法和技术

商品包装的方法和技术又称包装技法，是指包装操作时所采用的技术和方法。主要是指为了防止商品在流通领域中发生数量损失和质量变化，而采取的抵抗内、外影响质量变化因素的技术措施。只有通过一定的包装技法，才能使包装与商品形成一个有机整体。由于商品种类极多，流通条件也有很大差异，故包装技法的种类也很多，下面介绍几种常用的技法。

（一）针对产品不同形态采用的包装技法

包装技法同商品造型、结构和相关的包装有密切的关系。商品的造型、属性、质量、体积、重量和特点不同，使用的包装容器、材料和方法也就不同。针对产品不同形态来包装是多数产品都需要考虑采用的技术和方法，称之为一般包装技法。通常包括以下几项：

（1）合理排列商品。由于产品形态各异，在包装时需要具备一定的技巧，只有对产品进行合理置放、固定和加固，才能达到缩小体积、节省材料、减少损失的目的。商品装箱排列要讲究科学，一般来说，它是一定数量的商品按长、宽、高的体积堆叠构成的一个整体，装在箱内，构成一箱。箱的六个侧面的面积总和，就是商品的"表面积"，表面积的大小，对包装用料的多少起决定性作用。如果在体积和表面积相同条件下，长、宽、高有变化，则箱体的包装用料也会随之而变。如毛巾之类的商品放入箱中，其箱型采用"长宽固定，高低调节"。

对易碎商品，则采取另一种做法，如日用陶瓷的包装可采取如下的方法：第一，把不同的陶瓷分类排队，然后按相同的口径归类，再根据归类后的陶瓷体积，研究每箱装多少盒，使每箱都能装整打。第二，按商品的形状大小，错开排列；有的则利用商品之间的空位，将产品中的提手、耳、环等藏进空位中去，充分利用箱装容量，采取填空补齐的办法，减少商品之间的空隙，这样既使商品装得平整，又增加了包装箱的抗压力。

（2）合理压缩商品体积。对于一些松泡产品，如棉花、纺织品、草席、抽纱、渔网、羽毛、单车外胎等，包装时所占用容器的容积太大，主要是解决合理压缩包装体积的问题。在保护商品质量的前提下，用压力或用真空包装压缩商品体积，以节省包装材料和运费。

压缩包装体积的办法，过去是采用人力、畜力压缩，现在多采用机械压缩，而用油压机压缩的效果最好。如麻袋压包每 200 条一捆，未压前的堆叠厚度为 1.7m，压缩后为 60cm，回升后为 90cm。回升的大小与捆扎材料的性能有很大关系。如压缩后人工麻绳捆扎，回升率达 50%。如用铁要子打包，压缩后捆包，回升率仅 5%左右。而对于纺织品、服装、丝绸、羽毛等商品一般使用真空包装来压缩包装体积。

（3）集装箱包装。集装箱是指具有一定强度、刚度和规格专供周转使用的大型装货容器。使用集装箱转运货物，可直接在发货人的仓库装货，运到收货人的仓库卸货，途中更换车、船时，无须将货物从箱内取出换装。有的商品的运输包装件，还需要装入集装箱，这就存在包装件与集装箱之间的尺寸配合问题。如果配合得好，就能在装箱时不出现空隙，有效地利用箱容，并有效地保护商品。包装尺寸的合理配合主要指容器底面尺寸的配合，即应采用包装模数系列。

集装箱运输是一种现代化的运输方式，它于 1955 年开始使用，1967 年美国夏威夷马托松公司的勃兰塔号货轮第一次用集装箱在太平洋航线试航成功，随后被世界各国广泛采用，因其装载量大，结构科学，各种散货货物以及托盘等都能装入，因此这种运输方式得到了迅猛发展，被称为"运输革命"。使用集装箱有快速、安全、节约三大优点。

国际标准化组织制定的集装箱标准规格共有 13 种，其中最常见的有 20 英尺（约 6.10 米）和 40 英尺（约 12.20 米）两种。包装件装入集装箱只能平放，不能立放或侧放。在外包装形状尺寸的选择中，要注意避免过高、过扁、过大、过重的包装。过高的包装会重心不稳，不易堆码；过扁的包装则会导致标志印刷和标志辨认的困难；过大包装量太多，不易销售，而且体积大也给流通带来困难；过重包装则纸箱容易破损。

（4）套装。对形状规则的商品，可利用产品本身的空间，与产品的大小口径相配套，进行产品套装。采用这种方法，不仅可以减少空隙，防止破损，还可以节约用料，节省运费。如首饰盒、搪瓷器皿、玻璃杯，便可利用产品本身大小形状，采取大套小的方法套在一起。而一些易碎产品，则必须加强对该产品边角的保护，加上一些衬垫物，使包装具有一定弹性，使之能够承受一定的冲撞力。

（5）拆装。对某些不能用压力、合理排列和套装的方法来缩小其体积的产品，因其体形多不规则，占用面积大，可把其中某些部件拆开来装，以便缩小体积。如家具、医疗器械、缝纫机等大件产品。

（6）合理捆扎。捆扎的直接目的是将单个物件或数个物件捆紧，以便于运输、储存和装卸。此外，捆扎能防止失盗和保护内装物，压缩容积而减少保管费和运输费，还能加固容器。一般合理捆扎能使容器的强度增加20%～40%。

捆扎的方法有多种，一般根据包装形态、运输方式、容器强度，内装物重量等不同情况，分别采用"井"字、"十"字、双"十"字和平行捆扎等不同方法。对于体积不大的普通包装，捆扎一般在打包机上进行；而对于集合包装，用普通捆扎方法费工费力，一般采用收缩薄膜包装技术和拉伸薄膜包装技术。

收缩薄膜包装技术是用收缩薄膜裹包集装的物件，然后对裹包的物件进行适当的加热处理，使薄膜收缩而紧贴于物件上，使集装的物件固定为一体。收缩薄膜是一种经过特殊拉伸和冷处理的聚乙烯薄膜，当薄膜重新受热时，其横向和纵向产生急剧收缩，薄膜厚度增加，收缩率可达30%～70%。

拉伸薄膜包装技术是20世纪70年代开始采用的一种新的包装技术。它是依靠机械装置，在常温下将弹性薄膜围绕包装件拉伸、裹紧，最后在其末端进行封合而成，薄膜的弹性也使集装的物件紧紧固定在一起。拉伸薄膜不须加热，所消耗能量只有收缩薄膜包装技术的1/20。

（二）针对产品的不同物性而采用的包装技法

这是根据产品的特殊需要而采用的包装技术和方法。由于不同产品特性不同，在流通过程中受到各种内外因素影响，其物性会发生人们所不需要的变化，或称变质，有的受震动冲击而损坏，有的受潮变质。所以需要采用一些特殊的技术和方法来保护产品免受流通环境中各种因素的不利作用。因此，此类技术和方法也称特殊包装技法。它所包括的范围极为广泛，有缓冲、防潮、保鲜、充气、防锈、脱氧、灭菌等作用。

（1）防潮包装。防潮包装是采用具有一定隔绝水蒸气能力的材料对商品进行包封，以防止潮气侵入包装件，影响内装物的质量而采取的一定防护措施的包装。

防潮包装设计就是防止水蒸气通过，或将水蒸气的通过减少至最低限度。一定厚度和密度的包装材料，可以阻隔水蒸气的透入，其中金属和玻璃的阻隔性最佳，防潮性能较好；纸板结构松弛，阻隔性较差，但若在表面涂布防潮材料，就会具有一定的防潮性能；塑料薄膜有一定的防潮性能，但它多由无间隙、均匀连续的孔穴组成，并在孔隙中扩散造成其透湿特性。透湿强弱与塑料材料有关，特别是加工工艺、密度和厚度的不同，其差异性较大。为了提高包装的防潮性能，可用涂布法、涂油法、涂蜡法、涂塑法等方法。

涂布法，就是在容器内壁和外表加涂各种涂料，如在布袋、塑料编织袋内涂树脂涂料，纸袋内涂沥青等涂料。

涂油法，如增强瓦楞纸板的防潮能力，在其表面涂上光油、清漆或虫胶漆等涂料。

涂蜡法，即在瓦楞纸板表面涂蜡或楞芯渗蜡。

涂塑法，即在纸箱上涂以聚乙烯醇、丁醛等涂料。

还有在包装容器内盛放干燥剂，如硅胶、泡沸石、铝凝胶等。此外，对易受潮和透油的包装内衬一层至多层防湿材料，如牛皮纸、柏油纸、邮封纸、上蜡纸、防油纸、铝箔和塑料薄膜等，或用一层至多层防潮材料直接包裹商品。上述方法既可单独使用，也可几种方法一起使用。

（2）防霉防腐包装。在运输包装内装运食品和其他有机碳水化合物货物时，货物表面可能生长霉菌，在流通过程中如遇潮湿，霉菌生长繁殖极快，甚至伸延至货物内部，使其腐烂、发霉、变质，因此要采取防霉防腐包装措施。

防霉包装必须根据微生物的生理特点，改善生产和控制包装储存等环境条件，达到抑制霉菌生长的目的。

首先，要尽量选用耐霉腐和结构紧密的材料，如铝箔、玻璃、高密度聚乙稀塑料、聚丙烯塑料、聚酯塑料及其复合薄膜等，这些材料具有微生物不易透过的性质，有较好的防霉效能。

其次，采用药剂防霉的方法，可在生产包装材料时添加防霉剂，或用防霉剂浸渍包装容器和在包装容器内喷洒适量防霉剂，如采用多菌灵、百菌清、水杨酰苯胺、菌皆净、五氯酚钠等，用于纸与纸制品、皮革、棉麻织品、木材等包装材料的防霉。

最后，要求容器有较好的密封性，因为密封包装是防霉的重要措施，如采用泡罩、真空和充气等严密封闭的包装，既可阻隔外界潮气侵入包装，又可抑制霉菌的生长和繁殖。此外，还可采用气相防霉处理，主要有多聚甲醛、充氮包装、充二氧化碳包装，也具有良好的效果。

（3）防锈包装。防锈包装是为防止金属制品锈蚀而采用一定防护措施的包装。其做法是：将商品采用防锈纸包裹、浸渍可剥性塑料密封、用纸和纸盒裹放后进行石蜡溶封以及在商品表面喷涂防锈薄膜、涂抹防锈剂等。防锈包装可以采用在金属表面进行处理。如镀金属（包括镀锌、镀锡、镀铬等）镀层不但能阻隔钢铁制品表面与大气接触，且电化学作用时镀层先受到腐蚀，保护了钢铁制品的表面；也可采用氧化处理（俗称发蓝）和磷化处理（俗称发黑）的化学防护法。此外还有防锈油防锈、气相防锈等方法。

防锈油防锈包装技术。大气锈蚀是空气中的氧、水蒸气及其他有害气体等作用于金属表面引起电化学作用的结果。如果使金属表面与引起大气锈蚀的各种因素隔绝（即将金属表面保护起来），就可以达到防止金属大气锈蚀的目的。防锈油包装技术就是根据这一原理将金属涂封防止锈蚀的。如五金制品可在其表面涂一层防锈油，再用塑料薄膜封装。用防锈油封装金属制品，要求油要有一定厚度，油层的连续性好，涂层完整。

气相防锈包装技术。气相防锈包装技术就是用气相缓蚀剂（挥发性缓蚀剂），在密封包装容器中对金属制品进行防锈处理的技术。气相缓蚀剂是一种能减慢或完全停止金属在侵蚀性介质中的破坏过程的物质，它在常温下具有挥发性，它在密封包装容器中，在很短的时间内挥发或升华出的缓蚀气体就能充满整个包装容器内的每个角落和缝隙，同时吸附在金属制品的表面上，从而起到抑制大气对金属锈蚀的作用。

（4）防震包装。防震包装又称防震缓冲包装，指为减缓内装物受到冲击和震动，保护其免受损坏所采取的一定防护措施的包装。常用的缓冲包装材料有泡沫塑料、木丝、弹簧等。防震包装主要有全面防震包装方法、部分防震包装方法和悬浮式防震包装方法三种方法。多用于工艺品、玻璃和陶瓷制品、家用电器等商品的包装。

（5）充气包装。充气包装又称为气体置换包装，是采用二氧化碳气体、氮气或惰性气体等不活泼气体置换包装容器中的空气的一种包装技术方法。这种包装方法是根据好氧性微生物需氧代谢的特性，在密封的包装容器中改变气体的组成成分，降低氧气的浓度，抑制微生物的生理活动、酶的活性和鲜活商品的呼吸强度，达到防霉、防腐和保鲜的目的。主要用于食品的包装。

（6）真空包装。真空包装又称减压包装法或排气包装法，是将制品装入气密性容器后，在容器口前抽去容器里的空气，使密封后的容器基本上没有气的包装。

真空包装广泛用于一般的肉类商品、谷物加工商品以及某些容易氧化变质的商品包装中。真空包装不但可以避免或减少脂肪氧化，而且抑制了某些霉菌和细菌的生长。同时在对其进行加热杀菌时，由于容器内部气体已排除，因此加速了热量的传导，提高了高温杀菌效率，也避免了加热杀菌时，由于气体的膨胀而使包装容器破裂。但采用真空包装法，还要注意避免过高的真空度，以防损伤包装材料。

（7）保鲜包装。保鲜包装是采用保鲜剂或特殊结构的包装容器来包装商品。其中保鲜剂有固体保鲜剂，由沸石、膨润土、活性炭，氢氧化钙等原料按一定比例组成。液体保鲜剂，如以椰子泊为主体的保鲜剂，以碳酸氢钠、过氧乙酸溶液、亚硫酸与酸性亚硫酸钙、复方卵磷脂和中草药提炼的 CM 保鲜剂等。特殊结构的包装容器有硅窗转运箱、硅气窗（又称人造气窗）等。主要用于鲜果、蔬菜、肉类的包装。

（8）收缩包装。收缩包装就是用收缩薄膜裹包物品（或内包装件），然后对薄膜进行适当加热处理，使薄膜收缩而紧贴于物品（或内包装件）的包装技术方法。收缩包装特别适用于玩具、工具、蔬菜、鱼肉类等形态不规则的商品包装。

（9）脱氧包装。脱氧包装是在密封的包装容器中，利用无机系、有机系、氢系三类脱氧剂，除去密封包装内氧气或降低氧气浓度，从而有效地阻止微生物的生长繁殖，起到防霉、防褐变、防虫蛀和保鲜的目的。脱氧包装是继真空包装和充气包装之后出现的一种新型除氧包装方法，弥补了真空包装和充气包装的不足。主要适用于某些对氧气特别敏感的物品，如点心、蛋糕、茶叶等，此外，毛皮、字画、精密仪器等商品的包装也可使用。

（10）灭菌包装。灭菌包装是将商品和包装容器在短时间内用超高温灭菌，以杀灭包装容器内细菌的包装方法。这种方法可以较好地保持肉、蔬菜等内装食品的鲜味、营养价值及色调等。主要用于液体食品、肉类、药品等的包装。

（11）硅窗气调包装。硅窗气调包装是在塑料袋上烫接一块硅橡胶窗，通过硅橡胶窗上的微孔调节内气体成分组成的一种方法，适用于果蔬的包装。硅窗的透气性比聚乙烯或聚氯乙烯大几十倍到几百倍，从而使果蔬生理代谢所需要的氧气和排出的二氧化碳、乙烯等能通过硅窗与包装体外的大气进行交换。由于包装创造的小气候适宜于果蔬保藏的需要，所以气调包装果蔬使其耐储性增加。

（12）危险品包装。危险品按其危险性质，交通运输及公安消防部门规定分为十大类，即爆炸性物品、氧化剂、压缩气体和液化气体、自燃物品、遇水燃烧物品、易燃液体、易燃固体、毒害品、腐蚀性物品、放射性物品等，有些物品同时具有两种以上危险性能。

对有腐蚀性的商品，要注意商品和包装容器的材质发生化学变化。金属类的包装容器，要在容器壁涂上涂料，防止腐蚀性商品对容器的腐蚀。例如，包装合成脂肪酸的铁桶内壁要涂有耐酸保护层，防止铁桶被商品腐蚀，从而商品也随之变质。再如，氢氟酸是无机酸性腐蚀物品，有剧毒，能腐蚀玻璃，因此，不能用玻璃瓶作包装容器，应装入金属桶或塑料桶，然后再装入木箱。甲酸易挥发，其气体有腐蚀性，应装入良好的耐酸坛、玻璃瓶或塑料桶中，严密封口，再装入坚固的木箱或金属桶中。

对有毒商品的包装要明显地标明有毒的标志。防毒的主要措施是包装严密不漏、不透气。例如，重铬酸钾（红矾钾）和重铬酸钠（红矾钠），为红色带透明结晶，有毒，应用坚固制桶包装，桶口要严密不漏，制桶的铁板厚度不能小于 1.2 毫米。对有机农药一类的商品，应装入沥青麻袋，缝口严密不漏。如用塑料袋或沥青纸袋包装的，外面应再用麻袋或布袋包装。用作杀鼠剂的磷化锌有剧毒，应用塑料袋严封后再装入木箱中，箱内用两层牛皮纸、防潮纸或塑料薄膜衬垫，使其与外界隔绝。

对于易燃、易爆商品，例如，有强烈氧化性的，遇有微量不纯物或受热即急剧分解引起爆炸的产品。防爆炸包装的有效方法是采用塑料桶包装，然后将塑料桶装入铁桶或木箱中，每件净重不超过 50 千克，并应有自动放气的安全阀，当桶内达到一定气体压力时，能自动放气。

对黄磷等易自燃商品的包装，宜将其装入壁厚不少于 1 毫米的铁桶中，桶内壁须涂耐酸保护层，桶内盛水，并使水面浸没商品，桶口严密封闭，每桶净重不超过 50 千克。再如，遇水引起燃烧的物品如碳化钙，遇水即分解并产生易燃乙炔气，对其应用坚固的铁桶包装，桶内充入氮气。如果桶内不充氮气，则应装置放气活塞。

（三）陈列展示性包装技法

随着竞争加剧，市场上的商品令人眼花缭乱，为方便识别商品，促进销售，可借助陈列展示性包装技法。其方法有贴体包装、透明包装、泡罩包装、开窗包装、堆叠式包装、可挂式包装、展开式包装等。其中，泡罩包装是将商品封合在用透明塑料薄片形成的泡罩与底板之间的一种包装方法。贴体包装是将商品放在能透气的、用纸板或塑料薄片制成的底板上,上面覆盖加热软化的塑料薄片,通过底板抽真空,使薄片紧密包贴商品,且四周封合在底板上的一种包装方法。

(四)方便使用的包装技法

包装应便利消费者选择和使用,此种方法主要有配套包装、易开包装、喷雾包装、可食包装、食品蒸煮包装、抽屉式包装等。

(五)礼品式包装技法

随着人们生活水平的提高,礼品包装越来越受到消费者欢迎。礼品包装要求得体,正确运用包装色彩的搭配方法,贵重商品的礼品包装应华丽高雅,并与产品身价一致,利用其特殊的颜色和纹路来达到一定的特殊效果。

第三节 包装装潢设计

包装装潢是依附于包装立体上的平面设计,是包装外表上的视觉形象,包括了文字、摄影、插图、图案等要素或者这些要素的组合。包装装潢主要是对包装物的装饰与美化,其设计在某些方面和广告设计很相似。

一、包装装潢设计要求

(一)包装装潢设计艺术性

随着商品经济的发展,为了促进商品的销售,方便流通,人们一直在研究包装外观与结构的设计,力求在科学合理的基础上加以修饰和美化,使包装造型、装贴、画面、色彩、商标、封签、吊牌等构成一个艺术整体。从商品的形象化、色彩的冲击力、文字的号召力,到整体形态的和谐统一,造成巨大的感染力,激发顾客购买欲望和购买行为,还要充分考虑消费者的消费心理和审美需要。包装装潢设计应顺应时代美学观点,创作出具有现代美、健康美的包装。

(二)包装装潢设计科学合理性

包装装潢设计一方面要体现科学技术为设计服务。新的科技成果的采用,新的设计方法,都能使艺术设计产生新的形象,从而促进审美观点的转化。另一方面,设计本身应具备科学合理的便利性,这是保护消费者利益的要求。包装装潢要突出内装商品,包装画面可以适当夸张,但不可随意夸大,图案要醒目,色彩要明快悦目,文字说明要流畅、简明、易懂,选材得当,造型美观实用。

(三)包装装潢设计独特性

市场上的商品包装琳琅满目,如何使自己的产品从众多同类商品中脱颖而出,这就需要创新,标新立异。装潢设计只有风格独特,不落俗套,才有可能在与同类商品销售竞争中获胜。例如,方便面包装在大众的印象中,颜色不外乎几种:红、黄、绿、橙。除了看品牌的知名度,在包装上几乎没有什么可比性。五谷道场系列方便面的上市颠覆了这一类型产品的用色习惯，它大胆地使用黑白相配，协调的比例分割使之不落俗套，成功地吸引了消费者的眼球。因此五谷道场系列方便面的包装在色彩运用上取得了极大的成功。

（四）包装装潢设计针对性

由于有些食品，专门针对某一范围内的消费群，在包装的表现上需要突出显示。如中老年食品，包装形式比较传统，色彩也会采用深沉稳重的颜色；儿童食品则要求包装活泼可爱，色彩鲜艳并经常有一些附加价值（如可以充当玩具或收集）；针对某一区域的产品，可以在包装上表现出该区域的地方特色，如用方言、文化传统等体现。

（五）包装装潢设计适应性

随着全球经济一体化的发展，各种商品的全球流通已经成为一种趋势，作为促进商品销售的包装装潢设计，国内与国外在适应性设计上还存在着差距，如儿童、老年人使用安全提示，文字编排中普遍缺少中英文对照，对色彩的认识有所偏差等。不同的民族、国家，不同的文化特征和社会背景都会使商品的使用者产生不同的喜好和认识，进而影响到他们的消费心理。为顺应这些需要，商品包装的装潢设计也应当及时转变设计思路，在适应国内消费的同时，还要考虑到适应国外消费者的欣赏习惯，设计出国内外通用的包装。

（六）包装装潢设计协调性

成功的包装装潢应该图、文、形、色彩等方面达到完美统一，在整体上形成抵挡不住的艺术冲击力，无法抗拒的情感亲和力，使消费者在其感染之下，接受内装商品。

（七）包装装潢设计要满足消费者各种心理要求

方便即消费者要求商品携带、开启、使用和保存都要非常便利。为满足这些要求，设计时让包装带上提手、带上简易的开启装置，易碎的玻璃用盒装等；消费者对商品尤其是对需要多次分量消费和自行配制使用的商品，希望其包装都牢固、耐用、安全；对产品内容的介绍，特别是对食品成分或药物疗效的介绍，或标明甜食中有无糖精和其他添加剂，或标明药品有无副作用，让消费者食用或服用时放心，有安全感；商品的包装应有助于消费者对商品和制造厂家产生信任；包装还应有利于显示商品的社会象征作用，消费者经常要通过商品的包装来显示自己的社会地位、身份和经济实力。这些因素都应该是设计者要考虑的。

二、包装装潢设计构思

构思又称为"构想"、"创意"，是企业调动各种艺术手段塑造一个理想的商品形象的设想。这个"商品形象"应包含有关商品的属性、档次、情感、风格等多种特征的整体描述，是在对商品的整体感受和认识基础上进行的创意构思。

设计构思一定要从整体出发，使所有局部形象都围绕主要特征服务，服从整体形象的统一。整体构思应包括以下内容。

（一）表现商品属性

包装装潢设计要与商品属性相适应，能使消费者在短暂的时间内通过包装认识商品。因此，在包装上对商品的本身说明、功能效用、质地属性、产地背景、消费对象等不能夸大其词。

（二）突出品牌

"品牌购物"已成为消费者选择商品的捷径。因此在进行包装装潢设计的整体构思时，应突出该产品的品牌特点，表现该品牌所具有的某种含义。

（三）把握档次

在整体构思时，包装装潢设计还要与商品档次相适应，不同档次的商品设计不同的包装装潢，以满足不同消费者需要。

（四）选择主体形象

主体形象的表现内容包括消费者、产品、品牌三个方面。主体形象的设计构思主要围绕这三方面展开。

（1）以商品内容作为主体形象。多用于自身形象赏心悦目的产品和需要让消费者直接看得见的产品。

（2）以品牌标志为主体形象。多用于名牌产品和品牌标志图形与产品内容有直接关系的产品。

（3）以品牌的文字字体作为主体形象。多用于不宜直接表现具体形象的产品。

（4）以品牌的名称内容为主体形象。多用于通过品牌名称能产生美好联想和品牌名称本身包含美好寓意的产品。

（5）以商品的原料为主体形象。多用于产品原料比产品本身更具有良好的视觉效果和更能吸引消费者注意的产品。

（6）以产品的产地为主体形象。多用于传统产品和以产地而享有盛名的产品。

（7）以产品用途为主体形象。多用于日常生活用品和需要消费者知道具体用途的产品。

（8）以消费者为主体形象。多用于对消费者群体有明确指导的产品。

（9）以消费者喜闻乐见的内容做主题形象。多用于礼品包装和与传统风俗密切相关的产品。

（10）以抽象图案做主体形象。多用于产品内容适合以感受和感觉来领会体验的产品。

（五）表达情感

不同的色彩、不同的形状会引发消费者不同的联想与感受，整体构思要引起消费者情感上的共鸣，吸引消费者。

（六）确立风格

确立风格就是确定包装装潢设计所呈现出的格调与气质。例如，历史上不同时代典型器物的传统风格、不同民族器物的风格、欧美（西方）器物的风格、东方器物的风格、时尚器物的风格、不同装饰风格等，通过器物的形态、装饰展现其独特的风貌，引发人们情感上不同的感受。

三、包装装潢设计表现

设计表现不是设计构思的终结，而是它的深化和发展。独特巧妙的构思必须通过一定的艺术形式才能得以充分体现。

包装装潢设计塑造的是富有强烈艺术感染力的商品形象，它必须具有审美价值，符合消费者对商品的心理感受，适应消费者的审美需求。商品包装的设计表现可以涉及材料、技术、造型、结构、形式及画面构成等各个方面。设计表现关键在于表达商品的特有个性，可通过立体造型和平面图形两个方面去考虑。

包装的立体造型建立在实用功能基础上，在包装装潢设计中，对于包装的造型与结构应给予充分重视，要尽可能有所突破，改变原有商品包装的造型与结构，使人产生耳目一新的感觉。平面图形着重表现的是画面的主体形象，一般有直接表现与间接表现两种表现手法。直接表现常采用对比、特写、夸张、归纳等手法，对消费者进行明确、具体、直观的视觉传达。间接表现是通过主体形象的比喻、象征等方法使消费者由此产生一定的联想和感受。

在包装装潢设计中，形式具有相对的独立性。例如，同样的产品可用铁盒包装也可用纸盒包装；展示产品形象可以用摄影表现，也可以用绘画表现，甚至可以通过透明的材料和包装的开窗表现等。正因为如此，包装装潢设计才得以千变万化、多姿多态。

（一）色彩

色彩在包装装潢设计中具有传达商品的特性和引起消费者感情共鸣的双重作用。色彩是表现商品整体形象中最鲜明、最敏感的视觉要素。包装装潢设计通过色彩来表现商品的各类特性，如轻重、软硬、味觉、嗅觉、冷暖、华丽、高雅等。色彩的表现关键在于色调的确定，它是由色相、明度、纯度三个基本要素构成的，通过这些要素的组合形成了六个最基本的色调。

（1）暖调——以暖色相为主，表现为兴奋、热烈、温暖等。

（2）冷调——以冷色相为主，表现为安稳、平静、清凉等。

（3）鲜调——以高纯度色为主，表现为艳丽、朝气、活跃等。

（4）灰调——以低纯度色为主，表现为细腻、温和、镇静等。

（5）明调——以高明度色为主，表现为柔和、明快、响亮等。

（6）暗调——以低明度色为主，表现为稳健、厚重、朴素等。

通过这六个基本色调的各种组合与变化，便可以产生表现各种情感的不同色调。

（二）图形

图形的主要作用是增加商品形象的感染力，引起消费者的兴趣，加深对商品的认识理解，产生好感，在视觉传达过程中具有迅速、直观、易懂、表现力丰富、感染力强等明显优点，所以在包装装潢设计中被广泛采用。

在包装装潢设计中，图形要为设计主题服务，为塑造商品形象服务，要注意准确传达商品信息和消费者的审美情趣。具体形式表现可分具象图形、抽象图形、装饰图形三种基本类型。这三种图形在设计表现中可以结合应用。

（三）文字

文字在商品包装中起着很重要的作用。

（1）文字对商品内容的说明作用。商品的许多信息内容，只有通过文字才能准确传达，如商品名称、容量、批号、使用方法、生产日期等。文字在包装装潢设计中可以分为主体文字和说明文字两个部分。

（2）文字字体对商品形象的表现作用。文字字体有中文书法字体、印刷体和装饰字体。字体和图形一样同属视觉符号，是人与人情感沟通、信息交流的重要工具，它主要承担着信息传递视觉化的作用，在包装装潢设计中运用最为丰富多变的是装饰字体。在选用时应注意字体格调要体现其内容的商品属性特点，典型、生动、突出地传达商品信息，树立商品形象。字体也要有艺术性，使字体造型以其艺术魅力吸引和感染消费者。对于出口商品的包装，或者外销有包装文字的设计，必然涉及到外国文字的运用。外文字体主要有拉丁文字、英文等，其中拉丁文字形体简炼、规范，便于认读和书写，而使用英文文字应注意二十六个字母的大、小写之分。

（四）编排

编排在塑造商品形象中是不可忽视的形式之一，同样的图形，文字、色彩等形象经过不同的编排设计，可以产生完全不同的风格特点。

编排包括图形编排、文字编排、色彩编排等。

文字编排不仅要注意字与字的关系，还要注意行与行的关系。包装上的字体编排需要从方向、位置、大小上进行整体考虑，使之形成一种趋势或特色，又不会产生支离破碎的零乱的效果，同时要注意同一内容字体、字形应保持一致。包装装潢设计的编排形式同一般的平面设计的差别在于，商品包装是由多个面组成的立体形态，因而除了掌握一般的平面设计的编排原则和形式特点外，关键在于处理好各个面之间的关系。

包装装潢设计从单体设计走向系列化设计，是产品发展的需要，也是消费与市场竞争的需要。

系列化设计的主要对象是同一品牌下的系列产品、成套产品和内容互相有关联的组合产品。它的基本特征是采用一种统一而又变化的规范化包装设计形式，从而使不同品种的产品形成一个具有统一形式特征的群体，达到提高商品形象的视觉冲击力和记忆力，强化视觉识别效果。不同品牌、不同档次、不同类别的产品是不能随意进行系列化设计的，因为产品内容缺乏内在统一的联系。

四、包装装潢设计与环境保护

随着市场经济的发展和人们多层次消费需求的提升，现代包装的功能在内涵与外延方面也发生了很大变化，包装装潢设计在体现包装功能的同时，还应该体现环境保护意识。

（一）合理选用包装材料

根据《绿色食品包装通用准则》中对包装的要求，绿色食品包装表面不得涂蜡、上油；不允许涂塑料等防潮材料；金属类包装、玻璃制品不应使用对人体和环境造成危害的密封材料和内涂料；塑料制品不允许使用发泡聚苯乙烯、聚氨酯等产品；纸箱上的标记必须用水溶性油墨，不允许用油溶性油墨；外包装应有明示材料使用说明及重复使用、回收利用说明及绿色食品标志，印刷外包装的油墨或贴标签的黏着剂应无毒无害，且不应直接接触食品等。

因此，在选用包装材料时应科学、严谨，选择易于重复利用、回收再生、自然降解，不对人体和生态环境造成危害的材料。尽量选用以自然材料如贝壳、竹、藤、木、土、石、棉、麻、棕、草、植物茎叶等为主的传统环保材料，因地制宜、量材施用。

（二）包装装潢造型结构要合理，避免过度包装

合理的造型结构才能使包装在运输和销售上发挥作用。很多包装产品外表华丽，而实际包装物却不符合包装的设计原则，尤其是近年来出现的"过度包装"、"奢华包装"。据有关资料显示，在我国城市的各种废弃物中，由包装引起的废弃物约占总量的 30%。例如，一枚小小的胸针饰件，却要里三层、外三层地进行包装，根本无视包装体积和内空的参数标准；4 只小月饼搭配了 10 余种礼品，却用边长 60 厘米，厚度 20 厘米的大盒子进行包装等。难怪消费者在质疑，到底是在卖商品还是在卖包装？"过度包装"不仅耗费了大量的财富，造成极大的资源浪费、环境污染，而且还严重损害了消费者的利益，败坏了社会风气。因此，在包装造型与结构方面，应从包装功能出发，以人为本，合理设计包装的造型、结构、缓冲，合理计算包装的尺寸、体积容量，减少资源消耗，节省成本。

（三）包装装潢要适量、适度

包装装潢设计应以人类的生存与发展为出发点，在包装设计过程中遵循国家有关包装的法规，不断强化环保意识，倡导"科学、经济、美观、合理、适销"的适度包装，即包装功能完善，包装材料使用得当，符合安全、卫生、节约等要求，有利于环境保护和人体健康，包装体积容量适度，费用成本合理，保障消费者的利益，各种标识、标签、标志符合包装法规。在包装设计过程中，应以"减量、再生、循环"为准则，提高资源的利用率。

第四节　商品包装标签与标志

一、商品包装标签

商品包装标签是指用于标明物品的品名、重量、体积、用途等信息的简要标牌，在包装容器上或附于包装容器上的一切附签、吊牌、文字、图形、符号说明物。标签的基本功能为：标明商品名称、配料表、净含量及固形物含量、厂名、批号、日期标

志等。它是对商品质量特性、安全特性、使用说明的描述。

（一）商品包装标签的作用

（1）可以使消费者更好的了解商品。消费者可以借助商品标签来选购商品。通过观察标签的整个内容，了解商品名称，了解其内容物是什么，是由什么原料和辅料制成的，以及生产厂家和质量情况等。

（2）可以使生产者和经销者更好地宣传商品。生产者和经销者通过标签来扩大宣传，让消费者了解企业和产品；同时，不同生产企业以自己特有的标签标志来维护自己的合法权益，以防其他厂商假冒自己的商品。

（3）标准的标签可以更好地维护消费者利益。

（二）商品包装标签的要求

不同种类的商品由于其包装不一样，所以对其包装标签的要求也不完全一致。一般来说包装标签的要求要符合以下几点。

（1）标签必须真实。包括商品名称、成分、含量、有效日期、生产厂商、生产国等要真实，标签不能给人以商品内容方面的误导。

（2）标签必须有科学性。标签上的语言、文字、图形、符号必须准确、科学，便于消费者使用。

（3）标签必须规范。标签的文字必须是合格规范的文字，不得使用不规范的简化字和淘汰的异体字，对于出口商品还要符合出口国家文字的规定。

对已经获准注册商标及商品条码标识的商品，包装标签上应标上商标和商品条码。

目前世界上常用的码制有 ENA 条形码、UPC 条形码、二五条形码、交叉二五条形码、库德巴条形码、三九条形码和 128 条形码等，最常使用的就是 EAN 商品条形码。

二、商品包装标志

（一）商品包装标志的含义与作用

商品包装标志是指在商品外包装上采用特定的图形、符号和文字刷写的标志。商品包装标志有三方面的作用：一是识别商品，实现商品的收发管理；二是明示运输中应采用的防护措施，防止货损货差；三是识别危险货物，暗示应采用的防护措施，以保证运输安全。

（二）商品包装标志的分类

商品包装标志按其功能及用途大致可分为：销售包装标志和运输包装标志。

1. 销售包装标志

销售包装标志是指在商品销售包装上的一切标签、标牌、文字、符号、图形及其他说明物，它是生产者、销售者传达商品信息，表现商品特色，推销商品的主要手段，是消费者选购商品，正确保存养护商品及科学消费的指南。

销售包装的基本内容包括商品名称、商标、规格、数量、成分、产地、用途、功效、使用方法、保养方法、批号、品级、商品标准代号、条形码等。此外，对已获质量认证或在质量评比中获奖的商品，应标明相应的标志。

2. 运输包装标志

运输包装标志主要用于商品在运输和保管中的辨认识别，防止错发错运，及时、准确地将商品运送到指定的地点或收货单位；明示物流中应采用的防护措施，便于商品装卸、堆码，保证商品质量安全，加速商品周转；识别危险货物，暗示应采用的防护措施，安全实现货物的收发管理。

运输包装标志分为运输标志、指示性标志和警告性标志。

（1）运输标志。运输标志在国际贸易中又称唛头，一般由一些简单的几何图形以及字母、文字、数字等组成，一般刷印在外包装明显的部位。

根据国际标准化组织和国际货物装卸协会制定的推荐使用标准，运输标志包括四个基本要素：a. 收货人或买方名称的英文缩写字母或简称；b. 参考号，如运单号、订单号或发票号；c. 目的地；d. 件号。

例如：

ABC —— 收货人名称

SC6950 —— 参考号

QINGDAO —— 目的港

C/Nos.1-20 —— 件号

参考号可以用合同号、信用证号、发票号等。目的港表明货物最终运达地点，通常为港口。如果该批货物规格型号统一时，件号可以是一个，如 C/Nos.1-20，表示该批货物 20 箱，其中 C 指纸箱 Carton。当该批货物每箱的规格型号不统一时，则可采用顺序编号的方法，如 C/Nos.1-20，C/Nos.2-20，C/Nos.3-20……来表示。

（2）指示性标志。指示性标志是指按商品的特点，对于易碎、怕湿、怕震、怕热等商品，在包装上用醒目图形或文字，标明"小心轻放"、"防潮湿"、"此端向上"等，以起到保护商品的作用。

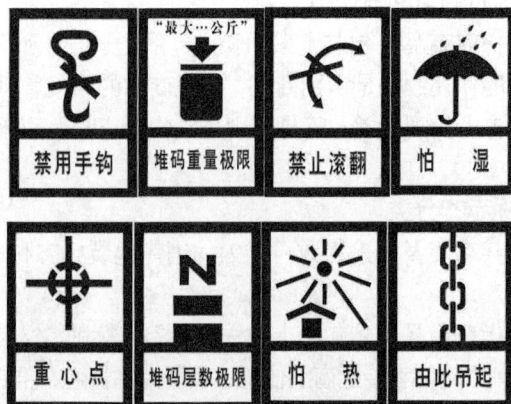

图 5-1 指示性标志

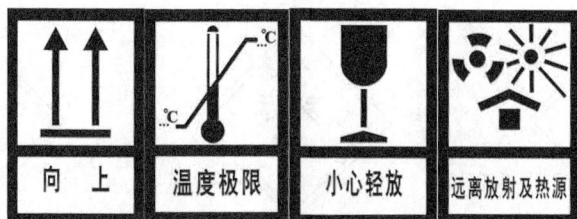

图 5-1　指示性标志（续）

（3）警告性标志。对于危险物品，例如易燃品、有毒品、放射物质或易爆炸物品等，在外包装上必须醒目标明，以示警告，从而起到保护接触物品的人的安全的作用。

（符号:黑色，底色:橙红色）　　（符号:黑色，底色:橙红色）　　（符号:黑色，底色:橙红色）

（符号:黑色，底色:橙红色）　（符号:黑色或白色，底色:绿色）　　（符号:黑色，底色:白色）

（符号:黑色或白色，底色:正红色）（符号:黑色，底色:白色红条）（符号:黑色，底色:上白下红）

（符号:黑色或白色，底色:蓝色）　（符号:黑色，底色:柠檬黄色）　（符号:黑色，底色:柠檬黄色）

图 5-2　警告性标志

（符号:黑色，底色:白色）　　　（符号:黑色，底色:白色）　　　（符号:黑色，底色:白色）

（符号:黑色，底色:白色）　　　（符号:黑色，底色:白色）　　　（符号:黑色，底色:上黄下白，附二条红竖条）

（符号:黑色，底色:上黄　　　　（符号:上黑下白，　　　　　（符号:黑色，底色:白色）
下白，附三条红竖条）　　　　　底色:上白下黑）

图 5-2　警告性标志（续）

第五节　商品包装标准化

一、商品包装标准及商品包装标准化

（一）商品包装标准

商品包装标准是对于商品包装的质量和有关包装质量的各种因素，包括品种、规格、尺寸、参数、工艺、成分、性能等，由一定的权威机构所颁发的统一规定，是包装设计、生产、制造和检验包装产品质量的技术依据。包装标准一经颁布，具有权威性和法律性。它既是衡量包装质量的技术标准，也是商品包装质量纠纷的仲裁依据。

我国的包装标准体系主要包括包装基础标准和相关标准、包装材料及试验方法标准、包装容器及试验方法标准、包装技术标准、产品包装标准等。

（二）商品包装标准化

商品包装标准化是指根据科技的发展，不断完善、补充、提高商品包装标准，在生产、流通、技术、管理各个环节中不断推行商品包装标准，使之定型化、规格化、系列化和最优化的过程。

二、商品包装标准化的作用

商品包装标准化是提高产品包装质量、减少物耗、降低成本的重要手段，其主要作用表现在以下几个方面。

（一）有利于提高生产效率，保证商品安全

商品包装标准化执行"七个统一"，即统一材料、统一规格、统一容量、统一标记、统一结构、统一封装方法和统一捆扎方法。包装标准的统一可以使商品在运转过程中免受损失，保证运输安全。

（二）有利于合理利用资源，降低商品包装成本

商品包装标准的统一，使各厂、各地的包装容器可以互通互用，便于就地组织包装回收复用，节省了回收空包装容器在地区间的往返运费，降低了包装贮存费用。

（三）减少包装规格型号，便于商品识别和计量

标准化包装明确规定了标志与标志书写的部位，便于从事商品流通的工作人员识别和分类。同时，整齐划一的包装，每箱中或者每个容器中的物品重量一样、数量相同，这使得商品计量变得非常方便。

（四）有利于促进包装工业的发展，提高商品在国际市场上的竞争力

由于商品种类繁多，包装形态各异，实施包装标准化体系有利于商品运输、装卸和贮存；有利于各部门、各生产单位有机地联系起来，协调相互关系，促进包装工业的发展。同时，包装标准化已成为发展国际贸易的重要组成部分，实施包装标准化可以提高我国商品在国际市场上的竞争力。

三、商品包装标准化的内容

（一）包装容器标准化

包装容器的外形尺寸与运输车辆的内部尺寸和包装商品所占的有效仓库容积有关。因此应对包装外形尺寸做严格规定。运输包装的内尺寸和商品中包装的外尺寸也有类似的关系，因此对运输包装的内尺寸和商品中包装的外尺寸，也应做严格规定。为了节约包装材料和便于搬运、堆码，一般情况下，包装容器的长与宽之比为 3:2，高与长相等。

（二）包装材料标准化

包装材料主要有纸张、塑料、金属、木材、玻璃、纤维织物等。对这几大类包装材料的强度、伸长、每平方米重量、耐破损程度、水分等技术指标应做标准规定，以保证包装材料制成包装容器后能够承受流通过程中各种可能损害商品的外力和其他条件。企业在包装过程中应尽量选择标准材料，少用或不用非标准材料，以保证材料质量和材料来源的稳定。

（三）包装工艺标准化

凡是包装箱、桶等，必须规定内装商品数量、排列顺序、合适的衬垫材料，并防止包装箱、桶内空隙太大从而导致商品游动。例如，木箱包装箱，必须规定箱板的木质、箱板的厚度、装箱钉子的规格、相邻钉子距离，包角时要求及钉子不得钉在夹缝里等。纸箱必须规定如何封口，腰箍的材料，腰箍的松紧及牢固度等。布包则要规定针距及捆绳的松紧度等。回收复用的木箱、纸箱及其他包装箱也都必须制定标准。

（四）集合包装标准化

集合包装既适合机械化装卸，又能保护商品安全。我国集合包装近几年有较快的发展，并制订了部分国家标准，其中20吨以上的集装箱采用国际标准。托盘的标准应和集装箱的标准规定的尺寸相配套。

（五）装卸作业标准化

在车站、港口、码头、仓库等处装卸货物时，都要制定装卸作业标准，要搞好文明操作。机械化装卸要根据商品包装特点选用合适的机具，如集装袋、托盘等。工业、商业、交通运输部门交接货物时，要实行验收责任制，以做到责任分明。

第六节　商标及其管理

一、商标的概念和作用

（一）商标

商标是商品生产者或经营者为了使自己生产或销售的商品，在市场上与其他商品相区别而使用的一种标记，这种标记通常用文字、图形或文字、图形的组合组成。

（二）商标与其他标记的区别

（1）商标与商品装潢。商品装潢是为了美化商品，说明商品内容和刺激消费者购买欲望的图案或文字说明。装潢的特点在于装饰性，可以随时加以变动和改进，内容一般与商品内容一致。商标一般很少改动，内容绝对不能与商品内容相同。

（2）商标与行业通用符号。行业通用符号具有特定的含义，如三角图案表明光洁度，但不代表商标。

（3）商标与商号：商号是企业的名称，不是商标。

（4）商标与厂牌：厂牌是商业名称符号，商标是商品的标记符号。

（三）商标的作用

（1）商标是商品的标志，在商品交易中起到便利购销的作用。

（2）识别商品的不同生产者或经营者。商标可以代表消费者心目中的商品质量，是商品交换中商品生产者信誉的一种特定象征。

（3）提供平等的市场竞争机会，促进市场经济发展。

二、商标的分类

随着商品经济的发展，商品的品种越来越多，商标的使用也越来越广泛，因而对商标种类的划分标准也是多种多样的。从不同的角度看商标有不同类型。

（一）按商标使用者划分

按商标的使用者是商品经营者还是服务提供者，可将商标分为商品商标与服务商标。

商品商标是指使用于商品上的商标，商标的使用者为商品的经营者，包括商品的生产者（制造商标）和商品的销售者（销售商标）使用的商标。

服务商标又称服务标志，指服务的提供者为了表明自己的服务并区别他人同类服务而使用的商标。它与商品商标的不同在于它表明的对象不是实物商品而是一种服务，所以它无法像商品商标那样直接将商标附于商品上，而是要通过广告、招牌等方式使用商标。

（二）按商标使用者的目的及商标用途划分

按商标使用者的目的及商标用途划分，可将商标分为等级商标、联合商标、备用商标、防御商标和证明商标等。

等级商标是指在商品质量、规格、等级不同的一种商品上使用的同一商标或者不同的商标。

联合商标是指经营者在相同或类似的商品上所注册的若干个与正商标相近似的商标。注册联合商标的目的主要在于保护正商标，防止他人仿冒影射，以维护公平的市场竞争及消费者的利益。

备用商标又称贮藏商标，是指同时或分别在相同商品或类似商品上注册几个商标，注册后不一定马上使用，而是先贮存起来，一旦需要时再使用的商标。

防御商标也称为防护商标，是指经营者在不同类别的商品或者服务上所注册的与其正商标相同的商标。由对某种商品或服务具有检测和监督能力的组织所控制，而由其以外的人使用在商品或服务上。

证明商标是指以证明商品或服务的产地、原料、制造方法、质量、精确度或其他特定品质的商标，又称为保证商标。

（三）按商标的结构组成划分

按商标的结构组成，可将商标分为形象商标和非形象商标。

形象商标又称视觉商标，包括文字商标、图形商标、组合商标和立体商标。

非形象商标指以音响、气味等通过听觉、嗅觉才能感知的商标，我国现行法律不保护非形象商标。

此外，还可按商标是否注册分为注册商标与非注册商标，按商标所有人的国籍划分为国内商标与外国商标。

三、商标管理

（一）商标管理

商标管理是国家商标主管机关为了保护商标权、维护社会经济秩序，根据《中华人民共和国商标法》，对与商标注册和未注册商标的使用等有关的行为进行监督、检查、协调、控制和服务的活动。商标管理包括对商标注册、使用、转让、保护及设计的行政管理。

我国商标管理采取分级管理的办法。国家工商行政管理局负责全国商标的管理工作，各地的工商行政管理部门负责各地商标的管理工作。商标管理的内容主要包括：

（1）商标的使用管理；

（2）商标注册法定程序的管理。主要包括对商标注册申请、转让、变更、续展、注销的管理等；

（3）涉外商标管理，包括出口商标管理和外国商标在我国的注册及使用管理；

（4）商标使用许可管理；

（5）商标印制管理；

（6）商标违法和侵权管理。

（二）商标注册

注册商标是指经过商标主管部门核准，并刊登在商标公告上的商标。商标注册，就是商标使用人将其使用的商标依照《商标法》及《商标法实施细则》规定的注册条件、程序，向商标管理机关提出注册申请，经商标局依法审核批准，在商标注册簿上登记保存，发给商标注册证，并予以公告，授予注册人商标专用权的过程。

商标注册是一种商标法律程序。由商标注册申请人提出申请，经商标局审查后予以初步审定公告，三个月内没有人提出异议或提出异议经裁定不成立的，该商标即注册生效，受法律保护。商标注册人享有该商标的专用权，具有排他性，他人不得侵犯。一个商标从申请到核准注册，大约需一年至一年半的时间。商标注册申请的核准或驳回没有法定期限，目前一般自申请日起 15 个月左右初审公告该商标（驳回时间稍早），初审公告之日起 3 个月内如无对该商标的异议，商标局审定公告该商标，再下发商标注册证，该商标至此获得核准。商标审查的时间段随时会根据商标局内部审查速度的快慢而有所变化。注册商标的有效期限为十年，自核准注册之日起计算，注册商标有效期满，需要继续使用的，可以申请商标续展注册。

🔘 模拟实训

【实训主题】
学会商品包装的方法和技术，掌握商品包装设计策略的重要性。

【实训地点】
教室。

【实训目的】
（1）训练学生对商品包装方法的正确认识，学会商品包装的技术手段，培养学生解决问题的能力。

（2）加深学生对商品包装策略的认识并学会运用这些策略。使学生充分贴近生活，提升学生的综合素质。

【背景材料】

伊利婴幼儿奶粉的包装设计策略

企业产品的竞争是一个动态的过程，其产品策略分为产品的技术研发和终端的产品包装。产品包装是企业营销活动中真正的"终端"，因为它是厂商与消费者"面对面接触"的"地方"，是能诱发消费者"消费"的"地方"。因此，产品的包装设计必须到位，产品才能成功。大部分的国产奶粉在与洋品牌奶粉的比较中，营养成分、技术、卫生、质量等并无太大差别，但在产品包装上却存在着很大的差距。从伊利婴幼儿奶粉的包装设计策略中，我们能真正感受到好的产品包装对销售的促进作用。

当一个购买者（通常是妈妈）走到商场货架前，面对众多的奶粉，这时她心中关心的不是"有没有添加牛磺酸？"或"有没有添加双歧增殖因子？"，也不会抱定"我非买××品牌不可"的想法，她心里最关心的其实是："我的宝宝现在的年龄应该喝哪一阶段的奶粉？"所以包装上一定要给妈妈一个"清楚、直接"的视觉信息，让她在最短的时间内看到"一、二、三"三个阶段，而且识别性要比其他竞争产品更强。

伊利根据国内奶粉包装设计尚无人使用高质感玩具插图的情况，选用了与儿童关联性较强的玩具插图当主视觉，让人一眼便知本产品与"幼儿"、"成长"有关，视觉效果清楚又直接。具体来说，第 1 阶段（0～6 个月的初生婴儿），包装采用了温馨可爱的"小喇叭"；第 2 阶段（6～12 个月的婴幼儿），包装采用了一台"小汽车"，以满足家长想给孩子更高档次生活的愿望；第 3 阶段（1～3 周岁的幼儿），此阶段幼儿活动量增大，包装采用了动感十足的"小足球"。

为了突出产品的独特销售卖点，如添加初乳粉、B-胡萝卜素、牛磺酸等，包装以大而明显的文字标示，并与主视觉相结合，使包装传达出专业性。

伊利婴幼儿奶粉全系列的包装色彩均采用粉色系，以达到传达在"温馨"、"亲切"的视觉感受。

由于奶粉包装是立体展示，一个好的包装除了正面之外，背面更是不容忽视。伊利婴幼儿奶粉在包装的背面，除了把原本密密麻麻的说明文字作最合理、美观的编排外，为了强调伊利奶粉的纯净奶源，还增加了一张"内蒙古大草原"的插图。插图中有辽阔的内蒙古大草原、最纯种的黑白花乳牛和蒙古包，让消费者在翻阅包装背面时，产生"伊利奶粉"等于"纯净奶源"的正面联想。连包装的底部，该企业也再重复了一次企业名及品名，以确保在任何情况下，产品名都会被消费者注意到，从而获得被消费者购买的机会。

伊利婴幼儿奶粉包装正面的产品名添加了英文，所有的插图及细节的设计都力求精致化，以传达国际化的企业和产品形象。

【实训过程设计】

（1）指导教师布置学生课前预习阅读案例。

（2）将全班同学平均分成小组，按每组 5～6 人进行讨论，对案例资料进行讨论。

（3）指导教师对小组讨论过程和发言内容进行评价总结，并讲解本案例的分析结论。

（4）根据"背景材料"讨论并总结伊利婴幼儿奶粉的包装设计策略。

本章要点

● 包装是指为保护产品，方便储运，促进销售，按照一定的技术方法而采用的容器、材料及辅助物等的总体名称；也指为了达到上述目的而采用容器、材料和辅助物的过程中施加的一定技术方法等的操作活动。

● 商品包装的作用：保护功能、提供方便、识别和促销功能、提高商品附加值的功能。

● 商品包装的方法和技术：针对产品不同形态采用的包装技法；针对产品的不同物性而采用的包装技法；陈列展示性包装技法；方便使用的包装技法；礼品式包装技法。

● 商品包装标志按其功能及用途大致可分为：销售包装标志和运输包装标志。

● 商品包装标准化的内容包装容器标准化、包装材料标准化、包装工艺标准化、集合包装标准化、装卸作业标准化。

综合练习

一、名词解释

1. 商品包装 2. 运输包装 3. 销售包装 4. 商品包装标志 5. 商标

二、填空题

1. 现代商品包装观念反映了商品包装的_____、_____、_____等。

2. 一般认为商品包装具有两个基本特征_____和_____。

3. 按照包装在流通中的作用可分为_____、_____、_____。

4. 商品包装具有_____、_____、_____、_____等功能。

5. 销售包装由_____、_____、_____、_____四大因素构成。

6. 运输包装标志根据作用不同分为_____、_____、_____等标志。

7. 商标的重要作用表现在_____、_____、_____等方面。

8. 注册商标由商标注册人使用，享有_____权，具有_____性。

三、单选题

1. 在包装材料的限塑时代，（　　）因其成本低、无污染、可回收而备受青睐。

A. 纸质材料　　　B. PE 材料　　　　　C. 金属材料　　　　　D. 木材原料

2. 商品包装的容纳功能所起的作用主要是（　　）。

A. 保护商品　　　B. 形成商品　　　　C. 促销商品　　　　　D. 消费商品

3. 销售包装已成为商品的无声推销员，体现了商品包装的（　　）。

A. 保护功能　　　B. 容纳功能　　　　C. 便利功能　　　　　D. 促销功能

4. 真空包装和充气包装是商品销售包装的（　　）。

A. 材料要素　　　B. 造型要素　　　　C. 技法要素　　　　　D. 装潢要素

5. 在销售包装造型设计中，方便商品陈列展销的结构设计是（　　）。

A. 堆叠式　　　　B. 易开式　　　　　C. 复用式　　　　　D. 礼品式

6. 标志图 "🏛" 属于（　　　）标志。

A. 收发货　　　　B. 储运图示　　　　C. 危险货物　　　　D. 集合

7. 我国国家标准把危险货物分为（　　　）。

A. 三大类　　　B. 五大类　　　　C. 九大类　　　　D. 十二大类

8. 我国商标法规定，注册商标每次续展的期限是（　　　）

A. 3 年　　　　　B. 5 年　　　　　C. 10 年　　　　　D. 20 年

四、简答题

1. 社会环境对销售包装有哪些要求？

2. 销售包装造型结构怎样分类？各有哪些设计方案？

3. 销售包装标签应包括哪些基本内容？

第六章

商品储运与养护

学习目标

【知识目标】

- 了解商品储存的原则与方式；
- 理解商品储存中品质变化的机理；
- 掌握商品养护的常用方法。

【能力目标】

- 能够合理选择商品运输工具；
- 能恰当管理、控制商品储存的温湿度；
- 会采用恰当的商品养护措施进行仓储管理。

案例导入

夏季稻谷的养护措施

稻谷籽粒具有完整的内外壳，使易于变质的胚乳部分受到保护，因此对虫、霉、湿、热有一定的抵御作用，并且稻谷内外水分较米粒低。这些特点，使得稻谷相对于米粒更易于储藏。但稻谷也具有后熟期短、易沤黄、不耐高温并易产生根面结露等不利于安全储藏的特性。尤其是夏熟粮食丰收，不少农民家中堆满了粮食，由于缺少保管知识，加之夏季气温高、空气潮湿，使稻谷容易生虫、霉变。那么夏季应该怎样做好稻谷的储存呢？

（1）保证入库粮质。水分大、杂质多、不完善粒含量高的稻谷，容易发热霉变，不耐久藏。因此，提高入库稻谷质量，是稻谷安全储藏的关键。稻谷的安全水分标准，应根据品种、季节、地区、气候条件考虑决定，一般籼稻谷在13%以下，粳稻谷在14%以下，杂质和不完善粒越少越好。如入库稻谷水分大，杂质多，应做好分等储存，及时晾晒或烘干，并进行筛选或风选，以清除杂质。

（2）适时通风。新稻谷往往呼吸旺盛，粮温较高或水分较高，所以应适时通风，以降温降水。特别是一到秋季，粮堆内外温差大，这时更应加强通风，结合深翻粮面来散发粮堆湿热，以防结露。有条件的，可以采用机械通风。

启示：粮食储存非常重要，要合理运用各种储存方法。

学习内容

在商品经济条件下，社会生产过程是直接生产过程与流通过程的统一，商品生产者不仅是通过生产过程把物质产品生产出来，形成商品的使用价值，而且还要进入市场，通过流通过程把产品销售出去，转移到消费者手里，商品的使用价值和价值才能实现。商品的这一转移过程称为商品流通，它包括"商流"和"物流"两个基本手段。商流是指商品所有权的转移，即买卖活动。物流是指商品实体在时空上的转移，即商品的储存和运输。商流和物流相辅相成，共同构成了商品流通的有机整体。因此，可以说"物流"是商品流通乃至整个国民经济发展不可缺少的必要条件。

107

第一节　商品储存

一、商品储存的概念

商品储存，是指商品在从生产地向消费地的转移过程中，在一定地点，一定场所，一定时间的停滞。商品在流通领域中暂时的停滞过程，就是商品储存。储存是物流的一种运动状态，是商品流转中的一种作业方式。在这里对商品进行检验、保管、加工、集散、转换运输方式等多种作业。储存是物流的主要职能，又是商品流通不可缺少的环节。在流通领域的商品储存，既包括交通运输部门，为衔接各种运输方式，在车站、码头、港口和机场所建立的物资储存，也包括商业和物资部门为了保证销售和供应而建立的商品和物资储存，还包括生产企业待销待运的成品储存等。

二、商品储存的作用

商品储存是在商品严格检验的前提下，由分散汇集到流通领域，并通过妥善保管，然后投入市场销售的"物流"活动。对于弥合商品产、需在时间上的背离，保证市场供应不中断，促进生产、满足消费、维护消费者的利益有着积极作用。在商品经济条件下，商品生产与商品消费之间，需由商品流通充当媒介，但商品生产与商品消费之间不仅情况复杂，而且两者之间又充满矛盾。首先，由于产、需双方处于不同地位，而存在着利益上的矛盾，前者希望在销售中得到高额利润，后者希望购买到经济实惠、物美价廉的商品。其次，由于生产相对集中，消费分散多样，而存在着产销方式的矛盾。例如，一地生产多地区消费，一种产品多种用途。再次，由于生产的周期性、季节性与消费习惯性，又存着产、销时间上的矛盾。如，季节性生产的商品常年消费，或者常年生产的商品季节性消费等，这些矛盾必须在流通过程中加以解决。商品储存正是适应这种需要而存在的，为了解决协调这些矛盾而发挥了其独特的作用。

商品储存在发展生产、做好收购的基础上，及时地收储商品，成为商品流通的"蓄水池"，通过妥善保管，以完好的商品保证市场供应。商品储存在接纳商品进入流通领域时，通过严格的商品检验，对商品的规格、质量、花色、品种进行监督，使商品保质保量、质价相称，防止伪劣商品混入流通领域，以维护消费者的利益和促进生产工艺的不断改进。在商品储存过程中，储运部门还要对某些产品进行挑选整理、分类编配、拆整分装、集合组装、加工改装等业务活动，改变生产部门所提供的大包装、单花色、待组装、大统货等商品，以适应商品流通和消费者的需要。商品储存正是通过自身的不断循环，充分发挥协调商品产、销矛盾的功能，而成为促进商品流通以至整个社会再生产的不可缺少的重要条件。

三、商品储存的基本要求

商品储存是一项综合性的技术工作。为保证商品的质量，防止商品损耗，在储存管理中应做好以下工作。

（一）严格入库验收

商品入库验收，主要包括数量验收、包装验收和商品质量验收三个方面。必须严格认真、一丝不苟，以保证入库商品数量准确，质量完好，包装符合要求。商品入库验收程序，一是先查大数，后看包装，见异拆验；二是核对单、货，即按照送货单上所列商品的品名、编号、货号、规格、数量等项目，逐项细心核对，保证单货相符；三是认真检验商品质量，质量完好可入库，发现质量或数量问题，应及时分清责任，认真妥善处理。

（二）选择适当场所

商品储存场所主要包括货场、货棚和库房。选择适当的储存场所是商品安全储存的基础。在选择商品储存的场所中，要根据商品的性能和保管要求，安排适宜的存放地点。

（1）怕潮易霉、易潮解和易生锈的商品，应存放在干燥通风的库房里。

（2）怕热和易挥发的商品，应存放在温度较低的阴凉处。

（3）鲜活易腐商品，应存放在低温库内。

（4）各种危险品应专库存放，符合防毒、防爆、防燃、防蚀的要求。

同时要做到分区分类，科学存放，即品种分开，干湿分开，新陈分开，好次分开，尤其是对性质相抵和消防方法不同的商品，不可同库混放，以免互相影响，发生事故。

（三）科学堆码

商品堆码是指商品的堆放形式和方法。堆码应当符合安全、方便、多储的原则。堆码形式要根据商品的种类、性能、数量和包装情况以及库房高度、设备条件、地面负荷和储存期限、储存季节等条件决定，不同的商品，堆码的方法也应有所不同。例如，对含水量高、易霉变，又需要通风的商品，在雨季应堆码通风垛；对小五金、小百货、交电零件等商品可在货架上堆码；对易弯曲变形的商品，应堆成平直交叉式实心垛等。潮湿是引起商品变质的主要原因，因此，存放商品应注意防潮。在堆垛时，一要用枕木、石块、垫板等垫底，并用苇席、油毡纸等物铺垫隔潮；二要对露天货场堆放的商品选择地势高、地下水位低的地方存放，并进行周密苫盖，货堆的四周挖排水沟，以防积水灌入垛下，浸湿商品。商品堆垛存放，要进行分区分类、货位编号、空底堆码、分层标量、零整分存，便于盘点和出入库。同时要留足"五距"，即顶距：平顶房为 50 厘米；灯距：50 厘米；柱距：10～20 厘米；墙距：内墙距为 30 厘米，外墙距为 50 厘米；垛距：库内中间走道 150～200 厘米，货垛间小走道一般不小于 100 厘米。

（四）做好商品在库检查

对在库储存的商品管理，要建立健全定期和不定期、定点和不定点、重点和一般相结合的检查制度。检查方法以感观检查为主，充分利用检测设备，必要时要进行理化检验。对检查中发现的问题，应立即分析原因，采取相应的补救措施，以保证商品的安全。在库检工作中，除检查商品外，还应检查库内各种仪器设备运转情况，确保设备处于良好状态。同时还要认真检查仓库的清洁卫生和消防设备，并做好防虫、防火、防霉等工作。

（五）做好商品出库

商品出库是仓储业务的最后阶段，要求做到以下几点。

（1）必须具有业务部门开出的提货单据，并认真验证核查，手续齐备方能付货。

（2）交付商品的品种、规格、数量要准确，质量要完好，复核要仔细，不错、不漏，单货同行。

（3）商品的包装要完整牢固，标志准确、清楚，符合运输要求。

（4）对预约提货的商品，应及早备货。对出库商品要本着先进先出、易坏先出和接近失效期先出的原则，及时发货，但对变质失效的商品不准出库。

四、商品储存的功能

储存主要是对流通中的商品进行检验、保管、加工、集散和转换运输方式，并解决供需之间和不同运输方式之间的矛盾，提供场所价值和时间效益，使商品的所有权和使用价值得到保护，加速商品流转，提高物流效率和质量，促进社会效益的提高。概括起来，储存的功能可以分为如下几个方面。

（一）调节功能

储存在物流中起着"蓄水池"的作用，一方面储存可以调节生产与消费的关系，如销售与消费的关系，使它们在时间和空间上得到协调，保证社会再生产的顺利进行；另一方面，还可以实现对运输的调节。因为产品从生产地向销售地流转，主要依靠运输完成，但不同的运输方式在运向、运程、运量及运输线路和运输时间上存在着差距，一种运输方式一般不能直达目的地，需要在中途改变运输方式、运输线路、运输规模、运输方法和运输工具以及为协调运输时间和完成产品倒装、转运、分装、集装等物流作业，还需要在产品运输的中途停留，即储存。

（二）检验功能

在物流过程中，为了保障商品的数量和质量准确无误，分清责任事故，维护各方面的经济利益，要求必须对商品及有关事项进行严格地检验，以满足生产、运输、销售以及用户的要求，储存为组织检验提供了场地和条件。

（三）集散功能

储存把生产单位的产品汇集起来，形成规模，然后根据需要分散发送到消费地去。通过一集一散、衔接产需、均衡运输，提高物流速度。

（四）配送功能

根据用户的需要，对商品进行分拣、组配、包装和配发等作业，并将配好的商品送货上门。储存配送功能是储存保管功能的外延，提高了储存的社会服务效能。

储存就是要确保储存商品的安全，最大限度地在保持商品在储存中的使用价值，减少保管损失。合理储存，就是保证货畅其流，要以满足市场供应不间断为依据，以此确定出恰当的储存定额和商品品种结构，实现储存的合理化。否则，储存过多，就会造成商品的积压，增加资金占用，使储存保管费用增加，造成商品在库损失，造成巨大的浪费。如果储存过少，又会造成市场脱销，影响社会消费，最终也会影响国民经济的发展。因此，储存的合理化，具有很重要的意义。

五、商品储存中的损耗

（一）含义

商品储存中的损耗是指商品在储存过程中，由于外界自然环境因素与商品本身特性的正常作用和非正常的人为原因（如装运不当、保养不妥、管理制度不完善等）而造成的数量损失和消耗。

（二）损耗的形式

商品储存中损耗的形式主要有挥发、溶化、熔化、脆裂、干缩、破碎、散落、渗漏、黏结和丢失等。

1. 挥发

挥发是某些液体商品（如松节油、香水、花露水、白酒等）或经液化的气体商品（如液氮、液态二氧化碳等）在空气中能迅速蒸发的现象。它们的挥发速度取决于气温高低、空气流速、商品中易挥发成分的沸点以及与它们接触的空气表面积。气温高，空气流通快，易挥发成分沸点低，与空气接触表面积大，挥发速度就快。挥发不仅使商品数量减少，质量下降，而且有的挥发蒸气（如乙醚、丙酮等蒸气）影响人体健康，甚至引发爆炸和火灾事故。这类商品应采用密闭性好的包装容器，并置于温度较低的环境中。

2. 溶化

溶化是某些具有较强吸湿性的水溶性晶体、粉末或膏状商品（如化工商品中的明矾、氯化钙，化肥中的氮肥等），吸收潮湿空气中水分至一定程度后溶解的现象。影响溶化的因素，主要是商品吸湿性和水溶性、与空气接触表面积、空气的温度和相对湿度等。气温和相对湿度越高，这类商品越容易溶化。这类商品在储运中应避免其防潮包装受损以及与含水量大的商品混放，宜保持干燥凉爽的环境，同时堆码不宜过高以防止压力过大而加速溶化流失。

3. 熔化

熔化是某些固体商品在温度较高时，发软变形甚至熔融为液体的现象。熔化不仅会造成商品流失，而且还与包装粘连或玷污其他商品。商品成分熔点较低或含某些杂质是熔化的内在因素，而日光直射、气温较高则是导致熔化的外界因素。易熔化的商品有化妆品、蜡烛、食糖、食盐，化工商品中的松香、石蜡、硝酸锌，医药商品中的油膏类等。这类商品在储运中应控制较低的温度，注意密封、隔热，防止日晒。

4. 脆裂、干缩

在干燥空气中，某些吸湿性商品如纸张、皮革及其制品、木制品、糕点、水果、蔬菜等，若严重失水，就会发生脆裂、干缩现象。这类商品，在储运过程中应注意防止日晒风吹，并控制环境的相对湿度，使其含水量保持在合理范围内。

5. 渗漏、粘连

渗漏是液体商品，因包装容器不严，或包装质量不合格，或包装内液体受热，或结冰膨胀等原因，而使包装破裂所发生的外漏现象。它会造成液体商品的流失。因此，液体商品在储运过程中，除了应加强交接验收、定期检查外，还应加强环境温湿度的控制和管理。

粘连是黏稠状流体商品（如桶装黄油、水玻璃、软沥青等）黏着于包装容器表面上很难或不能取出的现象。因此，会造成商品减量。商品发生的这种损耗，尚难避免。

6. 破碎、散落

破碎和散落是商品在储运中由于外力作用而发生的损耗现象。如玻璃、陶瓷制品等在搬运、运输过程中受到碰撞、挤压或抛掷而破碎。粉装商品因包装物强度低或包装不严而造成的脱落散开。上述商品在储运过程中应避免撞击、重压，并保持包装完整。

六、商品储存期间的质变因素

商品在储存期间，商品内不断发生各种各样的运动变化，这些变化都会影响到商品的质量。

（一）温湿度对商品质量的影响

温度是指物体的冷热程度，它标志着物体内部分子热运动的急剧程度。在储存中，温度对商品质量变化起重要作用。库内温度超过商品的安全温度，会引起商品质量的变化，使商品受到损坏。如打字蜡纸、食品、易挥发商品、农药等，当温度超过它的安全储存范围时，就会发生发黏、变质或熔化；某些怕冻的商品，如墨水等流质商品则会因温度过低出现冻结、沉淀、变质、失效等现象。各种商品按其内在的特性，各自要求有一个适当的湿度范围，在这个范围内储存商品，就可以使商品质量不发生或少发生变化，达到安全储存的目的。如果仓库的湿度经常地或长期地超过这个范围，就会引起或加速商品的质量变化，从而降低商品的使用价值。例如，当库内相对湿度过大，长期超过适宜湿度，就会引起纺织品、服装、鞋、帽等生霉，金属制品生锈，硅酸盐制品风化，会使易溶商品结块、膨胀、潮解或溶化等变质现象发生。相反，如湿度过低，造成商品体内水分大量蒸发，也会使某些商品干裂、变形、脆裂等。

（二）日光对商品的影响

日光具有一定的能量，可以蒸发商品中的水分，日光中的紫外线对微生物有杀伤作用。日光的直接照射也会对某些商品起破坏作用，如棉、麻、丝等化纤织品，若长时间与日光接触，织品中的天然纤维会被氧化，使织物变色；漂白粉在温度高、水分大、见光、不密封的情况下，就会分解；某些高分子商品，如塑料、橡胶等受光、热、氧的影响，便发黏、龟裂、强力降低以致发脆、变质；某些商品见光后，会引起变质或变色的现象。

（三）气体对商品的影响

不同的气体对储存的商品质量变化有着不同的影响。

1. 氧气

储存的商品发生化学变化，绝大多数与空气中的氧有关。氧是活泼的气体，能与许多商品进行化学反应，使商品变质；但有生命力的商品也需用氧气来进行呼吸。总之，氧气同商品的锈蚀、霉腐、老化、虫蛀等有直接关系。

2. 氮气

空气中的氮，其化学性质比较稳定，在正常的情况下，不与其他物体反应。氮气能隔断氧气，使一些氧化作用不至过于激烈。商品储存在氮气环境中，能大大降低其变质的速度。

3. 二氧化碳

二氧化碳是光合作用不可缺少的成分，同时能吸收和放出辐射能，影响地面和空气的温度。它还能抑制仓库害虫和某些微生物的繁殖、生长，但会加速金属的锈蚀。

4. 其他气体

臭氧能吸收紫外线，对地面生物有机体有保护作用，但也能引起某些有机商品的老化。含有二氧化硫、硫化氢等的污染空气，能引起或加速商品锈蚀、脆化、变色等质量变化。

（四）虫、鼠对商品的破坏

储存的商品因虫蛀或鼠咬，而造成商品损失或品质下降是经常发生的，特别是纺织品中的棉、毛、麻、丝原料及其织品、皮革制品、农副产品、木制品、纸及其制品、粮食及其制品等。由于这些商品含有蛋白质、淀粉、脂肪、纤维素等，是老鼠、害虫都喜欢食用的成分，因而易遭受仓库虫、鼠的蛀蚀。仓库害虫大都来源于农作物或杂草，由于长期生活在仓库中，其生活习性逐渐改变，能适应仓库环境而继续繁殖。仓库害虫的生活习性主要表现为：能适应恶劣的环境，一般耐热、耐寒、耐干、耐饥，具有一定的抗药性；繁殖力强，繁殖期长，雌虫产卵量大，孵化率高，在适宜的环境中，多数仓库害虫在一年之内能连续不断繁殖；食性广而杂，仓库害虫多数属于杂食性。由于仓库害虫的这些习性特点，一经发生虫害，就会造成极其严重的危害。仓库害虫的种类很多，目前世界上已定名的仓库害虫有 600 多种，我国记载的有 200 多种，其危害严重的有 70 余种，受危害商品有几百种。仓库的老鼠食性杂，且具有咬啮特性，多在夜间活动，反应灵敏，并有较强的繁殖力。

（五）卫生条件对商品的影响

商品本身、商品包装材料以及仓库内的卫生条件对商品质量变化也有影响。卫生条件差，商品容易受微生物的感染而霉腐。此外，仓库内如有垃圾、灰尘、油污、腥臭也会污染商品。

（六）外力对商品的影响

商品受到重力、压力、摩擦力、冲击力等外力作用，会产生一定形变或质变，当外力大小超出商品所能承受的范围时，商品就会降低或失去其使用价值。如怕压商品，堆垛过高，首先造成包装变形，然后使商品受压，产生形变损害；有些商品受撞击而裂成碎片；有些商品受到摩擦后，表面产生划痕或被磨损，影响其质量和外观。

第二节　商品运输

商品运输是商品通过运力在空间的转移。商品运输质量是指商品在运输过程中不发生事故，保证商品、人身及设备安全，防止各种差错，减少商品损耗，保证商品合理运输。商品运输管理的核心是安全运输管理。

一、商品运输的意义

商品运输使商品的产、销、供、需有机地联系起来，把商品从产地或供应地源源不断地运往销售地，对于实现商品的价值和使用价值，促进社会再生产的顺利进行有着重要作用。产品从生产领域运到消费领域，在社会主义市场经济条件下则表现为商品在流通领域的实际流动过程，这就是我们常说的商品运输过程。商品运输从流通的角度上观察，它又为生产、分配、交换、消费四个再生产环节之间提供了一个商品实体运动的通道，以完成商品从生产到消费的运动过程，促使社会再生产畅通无阻。因此，商品运输是国计民生极其重要的组成部分。同时，合理的商品运输，能够起到减少损耗、降低费用、方便市场消费等作用。

二、运输工具的选择

合理选择运输工具，既能提高运输工具的使用效能，也是运输过程中保证商品质量的有效手段。因此，计划发运应根据商品特性和运输量选择适合的运输工具。

（一）石油商品的合理运输工具

石油商品主要是指汽油、煤油、柴油、机械油、润滑油等。分为散装和整装石油运输。装运散装石油商品，必须限于整车整船，并按石油商品的不同品种，选择规定的运输工具，不可相互替用。特别要注意不能用木船、水泥船、客轮和汽车拖挂车装运汽油和煤油。铁路装运整装石油产品，必须用棚车，切不可用全铁底板的棚车装运汽油和煤油。

（二）危险品的合理运输工具

危险品包括化肥、农药、炸药和其他一些易燃易爆、有毒、有腐蚀性和放射性商品。

危险品在发运前，要根据危险商品的危险性、商品流向、运输季节、运输距离等具体条件选择适合的运输方式和运输工具，并按照所要装运商品的特性，对车（船）进行检查。尤其对过去装过危险品的车（船），必须清洗干净，不准残留易引起危险灾害事故的物质，否则不可装运。

（三）鲜活易腐商品的合理运输工具

1. 活禽

活禽是指家禽家畜等，此类商品的运输特性是易掉膘和死亡。运输要考虑到活禽的生存条件，最好使用家禽车。小禽的笼筐内头（只）数不应过密，在保证运输安全的情况下，充分利用车（船）容积，可实行多层装载。在夏冬季节装运时要注意通风、防止降温和防寒保温。

2. 冻结易腐商品

冻结易腐商品主要有冻猪肉，冻牛、羊、兔肉，冻家禽肉，冻鱼，冻鲜虾等。此类商品的基本特性：它的内温保持在-8℃以下，否则，就会腐败变质。在夏季运输或在温度比较高的地区运输都应选用冷藏车，才能保证此种商品的运输质量。

3. 非冻结商品

这类商品主要有鲜水果、鲜蔬菜、鲜蛋、建筑用的各种涂料、工业生产用的液体胶以及其他流质商品，此类产品在运输中对温、湿度要求较严，应选择具有恒温装置的运输工具或采取其他防冻措施，防止运输过程中冻结受损。

对水果中价格比较高的商品，为满足非产区消费，也可选择空运。这样既做到了保鲜，又做到了及时供应。

（四）一般商品运输的工具选择

根据运输商品的性质，在保证商品质量的前提下，选择运量大、能耗小、成本低、投资小的运输工具，宜水则水，宜陆则陆，综合利用。并要充分利用集装箱运输，同时提高铁路运输中整车发运的比例。

三、严格消防

对装载易燃易爆商品的运输工具，装运前，发货单位必须派专人对车船及其消防设备进行严格检查，认为合格方能装货。机动车出入易燃易爆商品库区，必须在排气管上配戴防火帽；使用货轮、驳船整装易燃易爆商品时，船舱需配制通风筒、防火星网板。易燃易爆商品装卸时，要远离火源。不准在装有易燃易爆商品的木船上生火，也不准使用以煤为燃料的货轮装运汽油等易燃品，如发生火灾事故时，应根据危险品不同的特性，采用合适的消防用品和扑救方法，防止危险事态扩大。扑救人员应配备防护用品，在上风扑救，以防中毒。

四、严格装载规定

建立严格的商品装运制度，是商品运输的质量保证。

（一）石油产品在装卸搬运和行车行船过程中，严禁撞击、摩擦和接近明火。散装石油商品按规定装载标准进行，并关严排油阀门。罐车铁链必须拖地，以防止行驶中静电负荷过高，引起爆炸。整装石油商品装载时，不得卧装、倒置，要衬垫稳固，以免行车行船发生移动摩擦引起事故。

（二）危险品不准与普通商品进行拼装，更不准与性质和消防方法相抵的商品拼装。装载要稳固，要与铁器分开，捆塞牢固。危险品装卸时，不准撞、摔、翻、拖、滚、溜，尤其要注意防火、防热。按规定悬挂危险货物信号。对装运爆炸品、一级易燃品、一级氧化剂的车（船），应采取特别防护措施。在市区运输，必须向当地公安部门办理申请手续，按照公安机关指定的时间、路线行驶，不准高速行车、超车及抢行会车。停车时远离建筑物、居民区。押车人员不准离车，并认真做好交接工作。

（三）活禽畜跨地区运输时，应进行检疫，取得检疫合格证后，才能办理托运。同时对车船进行严格的卫生检查，符合运输条件方可装运。运输途中发现疫情，及时与有关部门联系，采取救治措施。押运人员必须做好监视和运输途中喂养工作。必须在货物运单明显处注明"活动物"字样，并在运单"发货人记事"栏内注明货物允许运到期限。

（四）易碎易流失易流质商品运输。易碎商品是指在运输、搬运过程中，受外力撞、摔、压、震等作用易破碎的商品。如玻璃制品、电灯泡、电视机、收录（音）机、照相机、日用瓷器、生铁制品等。

易流失商品是指易散落流失的散装商品，如粮食、油料、煤炭、水泥、砂石等。散装原粮的车（船），必须符合卫生条件和车（船）箱严密，以防污染流失。同时，必须灌包压顶呈龟背形，并严密苫盖。散装煤、砂石、水泥，注意车（船）箱严密，且不可装载过满，以防流失损耗。

易流质商品是指那些包装破损后造成流失的液体商品。如墨水、瓶装饮料和其他液体商品。这类商品包装应符合要求，并在包装明显处注有"请勿倒置""小心轻放"的标记。凡破漏和包装不符合运输要求的商品，应妥善处理后方可装卸。装卸时要轻拿轻放，不准野蛮装卸。同时不准以重压轻，以大压小。不准堆放在易被污染的货物和食品上。

第三节 商品养护的技术和方法

一、商品养护及其重要性

商品养护是商品在储运过程中所进行的保养和维护。从广义来说，商品离开生产领域，未进入消费领域之前，这一段过程的保养与维护都称为商品养护。

商品只能在一定的时期内，一定的条件下，保持其质量的稳定性。商品经过一定的时间，其质量就会向坏的方向转化，这种情况在运输和储存过程中都会发生。因此，根据商品容易破碎、腐烂和爆炸的相对程度不同，在运输上需要采取不同的防治措施，而且商品的不同，使用价值变坏的快慢程度也就不同。由于商品本身和储运条件决定商品质量的变化程度，同时也决定了商品流通的时间界限。商品越容易发生质变，它对储运条件要求得越严格，它的空间流通就越狭窄，它的销售市场就越带有地方性。因此，易发生变质的商品，对它的流动时间限制就越大，就越需要商品养护。商品养护是储运部门不可缺少的重要工作之一，同时商品养护也是一项技术性非常复杂的工作。概括起来说，商品养护就是对商品防与治的问题。在商品养护过程中，应贯彻以防为主，防重于治的方针。防的措施得当，储运商品就不会出问题或少出问题。治是商品出现问题后采取救治的措施，如果商品有问题不治，受害的范围会不断地扩大。防和治是商品养护不可缺少的两个方面。

二、仓库温湿度管理

在商品储存中，绝大多数商品质量的变化是由仓库的温湿度变化引起的。因此，在仓储工作中温湿度的管理十分重要。保持必要的稳定的温度和适宜的湿度，是维护商品质量的重要措施之一。

（一）温湿度的基本概念

1. 空气温度

空气温度是指大气冷热的程度，简称为"气温"。衡量空气温度高低的尺度称为"温标"。常用的温标有摄氏和华氏两种表示方法。在仓库温度管理中，一般都用摄氏温标表示法。摄氏温标是以纯水在标准大气压下的冰点为 0 度，沸点为 100 度，0 度至 100 度之间分为 100 等份，每等份代表 1 度，摄氏温度用℃表示。华氏温标是以纯水在标准大气压下的冰点为 32 度，沸点为 212 度，32 度至 212 度之间分为 180 等份，每等份代表 1 度，华氏温度用℉表示。摄氏温度（℃）和华氏温度（℉）之间换算公式为：$℃ = (℉ - 32) × 5/9$，$℉ = ℃ ÷ 5/9 + 32$。

2. 空气湿度

空气湿度是指空气中水汽含量的多少，即空气的潮湿度。水汽越多，空气湿度越大，反之空气湿度就越小。表示的方法有水汽压、绝对湿度、相对湿度、饱和湿度和露点等。

水汽压就是单位面积上所受的水汽压强。大气中水汽含量越多，水汽压也就越大。气压的单位有毫米、百帕两种。水汽压用产生同等压力的水银柱毫米（mm）高度表示，气象学中用百帕作为水汽压的单位。换算关系是：1 百帕（帕斯卡）= 100 帕斯卡（Pa），760 毫米（mm）汞柱 = 1 013 百帕。

绝对湿度是指单位体积的空气中实际所含的水汽量。单位为克/米 ^{3}(g/m^3)也可用大气压强单位百帕或毫米（mm）来表示。

饱和湿度就是在一定的温度下，单位体积空气中能容纳的最多水汽量。如果超过这个限度，多余的水汽就会凝结，变成液体从空气中析出。当空气达到饱和湿度时，水汽的压力称为饱和水汽压。

相对湿度就是在相同温度下，空气绝对湿度与饱和湿度的百分比。即：相对湿度 = 绝对湿度/饱和湿度×100%。它表示了空气中实际水汽量达到饱和状态的程度。仓库中的湿度管理，也主要是指相对湿度的控制与调节。从相对湿度的计算公式可知，若温度不变，相对湿度与绝对湿度成正比关系；若绝对湿度不变，则相对湿度与温度成反比关系。

露点是指含有水汽的空气，其相对湿度会因温度的降低而增大，当温度降到某一数值时，空气中的水汽达到饱和状态（即相对湿度达到 100%），随之就会液化，附在商品或库房建筑物等与空气接触的表面上，这种现象叫"结露"，俗称出汗。这时的温度叫"露点温度"，简称"露点"。因此，露点是以温度表示湿度的概念。

（二）温湿度的变化规律

1. 大气温湿度的变化规律

大气温湿度的变化规律包括温度变化规律和湿度变化规律两个方面。

（1）温度的变化规律。气温的变化可分为周期性变化与非周期性变化两类。气温的周期性变化包括年变化和日变化。温度的年变化规律是大气的温度，在一个自然年中，以候（5 天为一候）平均温度为标准，呈春（候均温度为 10℃～22℃）、夏（候均温度≥22℃）、秋（候均温度 10℃～22℃）、冬（候均温度≤10℃）四个季节，周而复始地变化着。一年中，气温最低的月份，内陆为 1 月，沿海为 2 月；最热的月份，内陆为 7 月，沿海为 8 月；平均气温均在 4 月底和 10 月底。一年中月平均气温的最高值与最低值之差称为气温的年较差，气温年较差的大小，受地球纬度、日照性质的影响。气温的日变化是指一昼夜内气温的变化。在一昼夜中，最高值在午后 2～3 点，最低值在凌晨日出前，交替出现，形成白天热、夜间冷，中午暖、早晚凉的规律变化趋势。一个昼夜中，最高气温和最低气温的差值，称气温日变幅，气温日变幅的大小，受地域、地形、季节、土壤等因素的影响。

117

（2）湿度变化规律。相对湿度的年变化趋势，与气温年变化相反，一般最高值出现在冬季，最低值出现在夏季，但是，各地相对湿度的年变化也不完全一致。例如，沿海地区和受季风影响的大部分地区，夏季季风从洋面带来大量水汽，相对湿度就高；冬季季风从内陆带来干寒空气，相对湿度就低。湿度的日变化特别是相对湿度的日变化与气温的日变化相反。一般在日出前，相对湿度出现最高值，午后2～3点，相对湿度呈现最低值。但沿海地区由于有从海洋吹来的水汽，在午后温度最高时水汽最重。所以，午后温度最高时，其相对湿度也高。

2. 库房温湿度变化规律

库房内温湿度变化，是服从于大气的温湿度变化的，不论年变化或者日变化，都与库外温、湿度的变化大致相同。但库外气候对库内的影响，在时间上有一过程，且有一定的减弱。所以，库内温湿度变化的时间，总是落后于库外，并且变化的幅度也比库外小。通常是夜间库温高于库外气温，白天库温低于库外气温。由于库房所在地区、方向和库房建筑材料、结构、颜色、空间、垛形等因素的差异，库房的温湿度变化是错综复杂的。

（1）库房温度变化的一般规律。从季节看，一般1～4月和10～12月气温低于库温。6～8月，气温则高于库温。4～5月和9～10月气温和库温大致相当。从库房的建筑材料看，由于材料的比热和导热的系数不同，钢筋水泥建材与砖木建材相比，夏天前者库温比后者高，冬天，后者比前者库温高；从结构看，楼仓，夏天高层库温比低层库温高，顶层最热，冬天则相反，顶层最冷，平房、人字顶的库温高于平顶的库温；从空间看，向阳面和上部库温高于背阴面和下部库温，靠近门、窗、通风口处的库温变化高于其他地方的变化；从垛形看，通风垛，各种间距合理、库内无死角时，库温大致趋于平均。若码实心垛，各种距离欠妥当，库内有死角时，则库温都有差异。

（2）库房湿度变化的一般规律。库房湿度除受季节影响以外，还与库房的结构、商品及商品的堆放方法有直接关系。库房或货垛的高度越高，上部的温度高，湿度小，底部温度低，湿度大；地坪，夏季温度偏低，湿度偏高，冬天受冷空气的影响，较为干燥；向阳面，温度稍高，湿度稍低，背阴面则相反。库内有死角处湿度偏高。另外，库内湿度变化还与商品含水量和密封程度有关，商品含水量大库房密封差的，库内湿度变化较大；商品含水量低，库房密封得好，受外界湿度影响小，库内的湿度变化较稳定。

3. 温湿度的测定

测定温湿度的仪器有多种。测定温度常用普通温度表、最高最低温度表、自记温度计等。测定湿度常用干湿球湿度表、毛发湿度表、自记湿度表。在仓库中，测气温常用普通温度表。普通温度表的显液有酒精和水银两种。其中，水银温度灵敏度高，测定范围为-39℃～357℃，但水银呈白色，不易读数。酒精温度表的液体呈红色，读数时明显易辨，且价格比较便宜。虽然酒精温度表的灵敏度不如水银温度表，但基本能够满足仓库测温的要求，其测定范围为-144℃～78℃。最高最低温度表是用来测定一定时间内空气最高温度与最低温度的温度表。其中，最高温度是一种水银湿度表，最低湿度是一种酒精温度表。还有一种U型最高最低温度表，能同时测定一定时间内空气的最高最低温度。自记温度计简称湿度计，它是连续记录空气温度变化的自记仪器。其特点是能够自动连续记录，从它的自记资料中可以得出库内外温度变化规律，也可以找出一定时间内的最高最低温度和任意时间出现的气温值。在测定空气湿度时，目前仓库用干湿球湿度表。干湿球湿度表是一种由两个平行的湿度表组成的一套测湿装置，其中一支为干球，另一支球部缠有纱布，纱布另一端浸在盛水的玻璃槽里为湿球。使用时必须保持玻璃槽内水适量和清洁。查测的方法是：先把干球和湿球的温度（℃）分别记录下来，然后从温湿度查对表中分别查出空气中的绝对湿度和相对湿度。毛发湿度表是用脱脂人发制成的。它的特点是读数快，通常在气温降到-5℃时代替干湿球湿度表使用。自记湿度表是连续记录空气湿度的自记仪器，其特点与自记温度表相似。

（三）库房温、湿度的控制与调节

为确保库内商品质量完好，库内的温湿度应经常保持在一定范围内。但由于库内温湿度受库外气候及商品本身含水量和库房结构等方面的影响而发生变化。这就需要采取一定的措施来控制库内温湿度的变化，对不适合商品储存的温湿度，要及时进行控制与调节，创造适宜商品储存的环境。控制与调节仓库温湿度的方法很多，有密封、通风、吸潮或加湿、升温或降温等。

1. 密封

密封是利用一些不透气、能隔热防潮的材料，把商品严密地封闭起来，以隔绝空气，降低或减小空气温湿度对商品的影响。如密封合理得当，可以起到防霉、防锈、防冻、防干裂、防虫、防潮、隔热等多种效果。商品密封保管要做到封前认真检查商品质量、商品的含水量，凡是商品质量和商品包装不正常的，不经处理不能封闭。根据储存商品的要求，选择具有隔潮和具有保温性能的材料作密封，同时依据商品性质和气候的特点，科学地选择封闭时间，密封保管的商品要定期和不定期地测定密封的效果。密封的形式有整库密封或库内外密封，按垛密封、按柜橱密封等。在仓库中主要采用前两种形式。整库密封时，地面可采用水泥沥青、油毛毡等制成的防潮层隔潮，墙壁外涂防水沙浆，内涂沥青和油毛毡，库内吊平顶。门窗边缘使用橡胶条密封，在门口可用气帘隔潮。

2. 通风

通风是利用空气流通的规律，有计划、有目的地使库内外的空气交换，借以调整库内外的温湿度，使之适应储存商品的需要。通风的方法有自然通风、机械通风。自然通风是开启库房门窗和风洞，让库内外的空气进行自然对流；机械通风是在库房上部装设排气扇，下部装设送风扇，以加速空气的交换。采用通风的方法调节库内温湿度的关键，是选择和掌握通风时机。通风时机的选择，主要依据商品性质和库内外温湿度的差异，以及库外风向、风力等因素，相机通风才能达到预期的目的。

通风时机的选择，应掌握以下原则：通风时最好能达到既降温又降湿的目的，如不能达到这两个目的，也应在不增加库温的前提下，通风降湿，或在不增加湿度的前提下通风降温。在实际工作中，应把握以下要点。

（1）库外温湿度都低于库内温湿度，或内外温度相同，而库外湿度低，或库内外湿度相同，库外温度低时，都可以通风。但防止温差过大，造成结露。

（2）库内商品水分低于当时温、湿度的条件下的商品平衡水分时，不宜通风。

（3）库外温度高而相对湿度低或库外温度低而相对湿度高时，应比较库内外的绝对湿度，如果库内绝对湿度比库外大时，根据需要可以通风。

（4）合理通风的有利时机，可通过实测库内外温湿度，经查表换算来确定。此外，还要根据储存商品的不同要求进行通风：①怕热不怕湿的商品（如塑料、橡胶制品等）与湿度关系很小，在库外温度低于库内时，就可以通风。②怕湿不怕热的商品（如五金商品等）与库温关系甚小，只要库外绝对湿度低于库内绝对湿度时，就可以通风。如气温低于库内温度，库外相对湿度低于库内相对湿度，也可通风。但气温低于库内空气露点2℃以下时，不能进行通风。③怕湿又不耐高温的商品（如纺织品、化妆品等），通风时应尽可能同时降低库内温湿度为主要目的。怕冻的商品与温度关系较大，在寒冷季节只要库外温度高于库内温度时就应该通风。怕干的商品，通风时增加库内的湿度为主要目的。

通风时，要注意风力不能超过五级，以免带进砂土，影响卫生。同时要注意选择风向。一般情况下，北风、东北风、西北风有利于散湿，南风、东南风、西南风较潮湿。通风还应与吸湿、密封等方法相结合。

3. 吸潮

吸潮是指在雨季，库内外湿度都比较大，不易通风时，在库房密封的条件下利用机械吸潮或吸潮剂来降低库内的湿度。机械吸潮是使用去湿机来排潮，将库内湿空气经去潮机的蒸发器而凝结水滴排出，把冷却干燥的空气送入库内，如此不断循环，排除水分，促使库内降湿。吸潮剂吸潮，是利用其强烈的吸湿性能，迅速吸收空气中的水分，而使库内降湿。吸潮剂有吸附剂和吸收剂两类。吸附剂主要有硅胶、活性炭等，吸收剂主要有氧化钙、氯化钙等。控制与调节温湿度的其他方法还有很多，如将库顶、外墙、门、窗刷白或在其上面搭遮凉棚，在库顶喷水，库内喷雾，搁置冰块等，另外，还可利用地下式、半地下式库房储存某些怕热、怕冻、但对湿度不敏感的商品。对温湿度要求严格的商品，利用专库储存。总之，调节温湿度的方法很多，可根据具体条件大胆革新创造出更好的方法。

三、仓储环节商品的养护措施

商品在储存过程中，由于其本身成分、结构和性质在外界因素作用下会发生变化，产生种种变质和损耗，使商品在质量和数量上受到损失。所以，根据各类商品在储存环境中的变化规律，采取有效的技术措施和科学方法，控制不利条件，创造适宜的仓储条件，从而保证商品质量，减少商品损耗，是商品养护工作的目的和任务。商品发生质量变化有一个从量变到质变的过程。因此商品养护工作必须坚持以防为主，从加强仓储管理入手，同时针对不同商品的不同性质、特点，采取相应的措施，以防变质。对即将和已经发生质量变化的仓储商品，必须从技术上采取正确的养护方法，以挽回或减少商品损失。

（一）鲜活食品保鲜方法

1. 低温储藏法

低温储藏法是利用低温抑制微生物繁殖和酶的活性使生化变化速度降低的一种常用食品保鲜方法。低温储藏按储藏的温度不同又分为冷却储藏和冷冻储藏两种。冷却储藏又叫冷藏，储藏的温度一般在 10℃～0℃，食品不结冰。因设备条件和制冷剂的不同，有天然冰制冷和机械制冷之分。采用冷藏的食品主要有水果、蔬菜、鲜蛋等，由于温度在 0℃以上，某些嗜冷性微生物仍可繁殖，而且食品中酶的活性并未完全被控制，因此，储存期限不宜过长。冷冻储藏又叫冻结储藏。目前我国冷冻储藏主要用于畜、禽、鱼、肉的储藏保鲜。冷冻的温度为-18℃，抑制了微生物的活动和酶的活性，因而冷冻食品可以较长时间储藏。

2. 盐腌和糖渍储藏法

盐腌和糖渍储藏法是利用食盐或食糖溶液高渗透压和降低水分活性的作用，使微生物原生质脱水死亡，从而达到储藏食品的目的。盐腌法广泛用于腊肉、板鸭、咸蛋、咸鱼、腌酱菜等食品的防腐储藏。食品中加食盐量达 10%～15%才有较好的防止微生物活动的作用。但有的嗜盐性微生物在 20%以上的食盐浓度中仍可以发育，因此，盐腌食品储藏期不宜过长，并应控制在较低的温度。糖渍法主要用于蜜饯、果脯和果酱食品，一般加糖在 65%。食糖既防腐、调味，又能增加营养，但糖渍食品要注意防潮，否则，食品受潮后，含水量增加，糖浓度下降，微生物仍可繁殖而导致变质。

3. 气调储藏

气调储藏即调节环境气体成分的储藏方法。其原理是改变仓库或包装中的正常空气组成，降低氧含量，增加二氧化碳含量，以减弱鲜活食品的呼吸强度，抑制微生物生长，控制食品的化学成分变化。气调储藏还须有低温条件配合，才能收到良好效果，因此，气调储藏可以看作是低温储藏的强化手段。自然界的生物，进行呼吸时大都吸收氧气和排出二氧化碳，而氧主要由空气供给。呼吸旺盛和微生物繁殖是鲜活食品容易变质的主要原因。因此，在储藏时，降低空气中氧的含量，增加二氧化碳含量，同时储藏在低温条件下，必然使鲜活食品和微生物的呼吸作用受到抑制，从而增加鲜活食品的储藏性能。具体的方法有两种：其一是普通气调储藏，是利用鲜活食品本身的呼吸作用，消耗空气中的氧和增加二氧化碳的浓度，以达到调节气体成分的目的。其中又有密闭性高的气密库储藏法和塑料薄袋储藏法。其二是机械气调储藏，是利用二氧化碳发生器控制氧的含量，来调节密封库内的空气成分。

4. 辐射储藏保鲜

辐射储藏保鲜是利用射线源放射出穿透力很强的射线来照射食品，使微生物被杀死，酶的活性受到破坏，从而达到商品较长时间储藏的目的。目前用来照射食品的射线源主要是同位素钴 60 和铯 137。这两种射线源都放射出穿透力很强的 γ 射线。辐射保鲜的关键是照射剂量的控制，照射剂量过低起不到彻底消毒杀菌作用，而照射剂量过高，又会导致对鲜活食品的伤害。因此，要根据鲜活食品的特性，科学确定照射剂量。同时，还应特别注意操作人员的防护。

（二）商品防霉腐

商品霉腐是指在微生物作用下，引起的商品霉变和腐烂等变质现象。引起商品霉变、腐烂和腐败发臭等质量变化，是由于霉腐微生物在商品体内生长繁殖的结果。微生物对商品的危害，是在一定条件下进行的。在适宜的条件下，它能迅速地发育繁殖。当环境条件不利时，其生长就受到限制，甚至死亡。因此，要采取下列措施防止储存商品发生霉腐。

1. 化学药剂防霉腐

化学药剂防霉腐是指将化学药剂喷洒在商品体和包装物上，或喷散在仓库内，可达到防霉的目的。防霉剂能使菌体蛋白质变性，破坏其细胞机能；能抑制酶的活性，破坏菌体正常的新陈代谢；降低菌体细胞表面张力，改变细胞膜的通透性，导致细胞的破裂或分解，即可抑制酶体的生长。苯甲酸及其钠盐对人体无害，是国家标准规定的食品防腐剂。托布津对水果、蔬菜有明显的防腐保鲜作用。

2. 气调防腐

气调防腐是在密封的条件下，采用缺氧的方法，抑制霉腐微生物的生命活动，从而达到防腐的目的。气调防霉腐主要有真空充氮防霉腐和二氧化碳防腐两种方法。气调防霉腐对好气性微生物的杀灭具有较理想的效果。真空充氮防霉腐是把商品的货垛或包装用厚度不少于 0.25～0.3 毫米的塑料薄膜进行密封，用气泵先将货垛或包装中的空气抽到一定的真空程度，再将氮气充入。二氧化碳防霉，不必将密封货垛抽成真空或少量抽出一些空气，然后充入二氧化碳，当二氧化碳气体的浓度达到 50%时，即可对霉腐微生物产生强烈的抑制和杀灭作用。

3. 低温冷藏防霉腐

低温冷藏是利用各种制冷剂降低温度，以保持仓库中所需的一定低温，来抑制微生物的生理活动，达到防霉腐的目的。

4. 干燥防霉腐

干燥防霉腐是通过降低仓库环境中的水分和商品本身的水分，达到防霉的目的。干燥法，一方面对仓库进行通风除湿；另一方面可以采用晾晒、烘干等方法降低商品中所含的水分。

商品防霉腐除以上较常用的方法外，还有蒸汽法、自然冷却法、盐渍法。目前在食品防霉腐中采用的射线防霉腐，越来越受到广泛的重视。

（三）金属商品的防锈蚀

商品锈蚀，是金属商品或附有金属件的商品在环境介质的作用下，发生化学或电化学反应所引起的破坏现象。金属锈蚀的原因主要有两种：其一是某些金属制品原材料结构不稳定，化学成分不纯，物理结构不均匀等，是引起金属制品锈蚀的内因。其二，由于空气温湿度的变化，空气中的腐蚀性气体的影响，以及空气中的灰尘都是影响金属制品发生锈蚀的外因。因此，在库房管理中，针对金属锈蚀的原因，采取必要的防锈蚀措施，以确保金属制品的安全。

1. 创造良好的条件，选择适宜的场所，改善储存环境，是进行金属制品养护的最基本措施

在露天货场存放金属材料及其制品，要尽可能远离工矿区，特别是化工企业。地势要高，不积水，地下水位要低，干燥通风，必须做到垫地隔潮，垛底离地面高度为30～50cm。露天堆垛最好一头高，一头低，或垛顶呈龟背形，以防积水。对于长期露天存放的货垛，最好采用整垛密封。货垛四周无杂草，并有排水沟。储存金属制品的仓库，要求通风干燥，门窗严密，便于调节库内温湿度，防止出现较大温差，相对湿度一般不超过 70%。库内严禁与化工商品或含水量比较高的商品同库储存，以免相互影响，引起锈蚀。

2. 涂油防锈

涂油防锈是一种最常用的防锈方法。就是在金属制品表面涂一层油脂薄膜，以起到大气中的氧、水分子以及其他有害气体与金属表面隔离的作用，防止或减缓金属制品的生锈。涂油防锈法，简便易行，一般效果也较好，但随时间的推移，防锈油逐渐消耗，或者由于防锈油的变质，而使金属制品生锈，所以用涂油法防护金属制品生锈要经常检查，发现问题及时采取新的涂油措施，以免造成损失。目前采用的油脂主要有蓖麻油、变压器油、机械油、凡士林、仪器油、黄油等。为提高防锈油的耐热性能，油膜强度以及对制品表面的附着力，常加一些蜡、松香和缓蚀剂。

3. 气相防锈

气相防锈是利用气相缓锈剂来防止金属制品生锈的一种较新的方法。气相缓锈剂是一些挥发性的物质，它是靠挥发出来的气体达到防锈的目的。气体无孔不入，它可慢慢地充满整个包装空间，及至空隙和小缝中。因此，气相防锈具有方便、封存期长、包装干净和适用于结构复杂的金属制品防锈等优点。气相缓蚀剂的使用方法有气相防锈纸法、粉末法、溶液法等。

4. 金属除锈

金属除锈方法主要有手工除锈、机械除锈、化学药剂除锈等。除锈后的金属制品应立即采取有效的防锈措施，以防再次生锈。

（四）危险商品的保管养护

危险品的种类很多，性质也比较复杂，它分别具有不同程度的爆炸性、助燃、易燃、毒害、蚀腐和放射性等危险特征，在储存运输过程中，当它们受到较剧烈的震动、撞击、摩擦或接触火源、热源、日光曝晒、雨淋水浸、温湿度变化的影响，以及与性质相抵触的物品相接触时，会引起爆炸、燃烧、人身中毒、灼伤等灾害事故。

1. 易爆性商品的保管

易爆性商品在储存中遇到高热、触火、日光曝晒、摩擦、冲击和强酸的作用时，都会引起爆炸。因此，对易爆商品要加强保管，除作好防热、防潮、防日光、防火、防鼠等日常工作外，在干燥季节要加强做好安全消防工作。为了确保安全，储存爆炸

物品的仓库应选择在人烟稀少的空旷地带。在山区，最好选择多面环山又没有建筑物的地方；在丘陵地带，最好选择地势低洼不易危及附近建筑物的地方；在平原，要与周围居民建筑有足够安全的距离，其安全距离要根据爆炸物品的数量、建筑条件和地形情况而定。储存爆炸物品最好是地下、半地下库，为防止日光照射，库房门窗安装不透明玻璃或用白色涂料刷染，库内照明要安装防爆式电灯，并注意通风，库外四周应设铁丝网或筑围墙等。爆炸品必须严格按其性能及类别分专库存放，起爆器材与炸药及其他易爆品不得同库存放，库内堆放炸药垛距为 1.3 米，垛长不得长于 5 米，垛宽不得超过两个药箱的长度，一般炸药垛高不得超过 1.8 米。脱脂硝化甘油、雷管等敏感性强的炸药垛不得高于 1.5 米，堆码铺垫平稳牢固。每幢库房的存药量必须严格限制，一般要求硝铵炸药为 240 吨，芳香族类为 120 吨，硝化甘油为 40 吨，导火索和雷管为 120 吨，不可超过以上限量。在库内不得进行分装、开箱检验和装填药包等作业。发放爆炸品等，要在专门房间进行，无关人员免进。操作时防止摩擦、撞击和震动，不得使用铁制工具，可用铜制工具操作。

2. 易燃性商品的保管

易燃性商品在保管时应做到：库房应具有阴凉、干燥、通风的条件，并严格按照各自的特性分类专库存放，严禁将消防灭火方法相抵的商品同库存放。严格库内温湿度管理。要将温度严格控制在其燃烧点以下，遇水易燃烧的物品，如钾、钠、电石、氢化铝等要严格仓库湿度的管理，库内要严密干燥，水溶性商品、与此类商品相抵触的商品不准同库存放。库内易燃品还要防止日光直接照射，并做好定期测试温湿度的工作。严格安全措施。库房之间，库房与其他建筑物之间，要保持一定的消防间距以便于消防作业。库房要安装避雷设备，库内电灯应使用低压电源，并安装防护灯罩。易燃品库区要严禁烟火。柴油车不准驶入库房，其他机动车要装有防火帽。在装卸、搬运易燃物品时，要轻拿轻放，避免震动和互相撞击。

3. 毒害性商品的保管

腐蚀性商品、有毒性商品和放射性商品均称为毒害性商品。对毒害性商品在库保管应注意做到：分门别类专库储存，库房门窗和铁木结构的屋顶架，均应涂刷防护涂料；严格入库验收和在库商品检查。验收时，发现渗漏和破损，不准入库。包装容器应具有较强的耐蚀性，并有严密的封装措施。在充分通风换气后，戴好防护用具，认真做好在库商品检查，发现问题及时救治；库内要清凉干燥，有良好的通风设施；放射性物品库房要坚固严密；装卸搬运要轻拿轻放，不准滚、摔、碰、撞、震动、摩擦和倾斜。

（五）仓库害虫的防治

1. 仓虫的传播途径与生存条件

仓库害虫适应仓库环境快，以仓储物为主要危害对象。其传播途径一是自然传播，二是人为传播。其生存条件主要取决于温度。仓库害虫是变温动物，能使其生长、发育、繁殖的温度是 15℃～35℃，最适宜的温度是 25℃～35℃，停育的温度是 0℃～15℃及 35℃～40℃，低于 0℃高于 40℃就达到了仓库害虫致死温度。仓库害虫体内的水分，主要来源于商品所含水分。一般仓库害虫可在商品含水分 13%以上和相对湿度在 70%以上的条件下生活。干燥的环境会使害虫休眠以致死亡。

2. 仓虫的防治措施与方法

仓库害虫的防治要以"以防为主""防重于治"为原则，早发现早防治，消灭害虫于发生初期。防治的具体方法有。

（1）卫生防治，是杜绝仓虫来源和预防仓虫感染的基本方法，以制造不利仓虫生长发育的条件为手段，使仓虫不适宜生存的一种限制性措施。清洁卫生就是彻底清除仓库内外容易隐藏害虫或不清洁的地方；彻底清理仓具和密封库房缝隙、孔洞等，严格进行消毒；严格检查入库商品，防止害虫带入库内，并做好在库商品的经常性检查，发现害虫及时处理，以防蔓延。

（2）物理机械防治一般有两种方法，一是以自然或人为的调节库房温度，使库内最低温度和最高温度超过仓虫不能生存的界限，达到使仓虫致死的目的，例如，粮食、油料可采用日光曝晒；竹木制品可利用蒸汽、热水烫杀。低温杀虫是利用其适宜温度界限以下的低温，使仓虫致死，主要是冷冻方法。二是利用人工机械清除的方法，将仓虫排除。这种方法，不仅能杀死或清除害虫，而且还能降低商品水分和杂质，从而破坏害虫正常的生活条件，抑制害虫的发育和繁殖。人工机械清理，利用风车、筛子等人工器械进行清理，将害虫排除。一般在晒后进行效果好，注意把清理出的害虫及杂质聚集烧毁。

（3）化学药剂防治，是利用杀虫剂杀灭仓虫的方法，具有彻底、快速、效率高的优点，兼有防与治的作用。但也有对人有害、污染环境、易损商品的缺点，因此，在粮食及其他食品中应限制使用。使用化学药剂防治必须贯彻下列原则：对仓虫要有足够的杀灭能力，但对人体要安全可靠，药品不能影响商品质量；对库房、仓具、包装材料较安全，使用方便，经济合理。化学药剂防治方法有：一是驱避法。即利用易挥发并且有特殊气味的毒性固体药剂放入商品包装或密封货垛内，以药剂挥发的气体驱避和杀虫。常用的驱避剂有萘、樟脑精等，一般可用于毛、丝、棉、麻、皮革、竹木、纸张等商品的防虫，不可用于食品和塑料等商品。二是喷液法。即使用杀虫剂进行空仓和实仓喷洒，直接毒杀仓虫。常用的杀虫剂有：敌杀死、敌敌畏、敌百虫等。采用喷雾、挂布条等方法进行，除食品外大多数商品都可以用这种方法来杀虫。三是熏蒸法。即利用液体或固体挥发气体杀死仓虫的防治方法，所用药剂称为熏蒸剂，常用的药剂有氯化苦、溴代甲烷、磷化铝等。一般多用于毛皮库和竹木制品库。

（4）综合防治方法，是根据害虫的生活习性，人为地加以控制和创造对害虫不利的生长、发育和繁殖的外部环境，达到防治仓虫的目的。在综合防治中，需各部门、各环节的协调配合，把防治害虫的基本措施与各种防治方法有机结合起来，因地制宜地全面开展综合防治，才能收到良好的效果。

（六）防止商品老化

防老化是根据高分子材料的性能变化规律，采取各种有效措施，以达到减缓商品老化速度，延长其使用寿命的目的。高分子材料在外界因素的作用下，质量发生变化，出现色变、脆裂、僵硬、发黏等现象，引起各种性能的改变，这些现象就是老化，严重的老化会丧失商品的使用价值。高分子商品的老化原因之一是受外界因素的影响，如光、热、气等对它的作用，使其氧化，分子结构发生变化，由长链分子产生交联或断联。原因之二是高分子商品内的增塑剂挥发，商品也会老化。其基本防治方法是：严格控制高分子制品的储存条件，库房要清洁干燥，避开热源，避免日光直射，控制和调节好库房温湿度，合理堆码，防止重压。也可以采取涂漆、涂蜡、涂油、涂布、防老化剂等方法，以防止外因的作用。

模拟实训

【实训主题】

参观某仓库，直观感受商品养护，形成更多感性认识。

【实训地点】

某仓库。

【实训目的】

（1）增进对商品存库和养护的感性认识。

（2）理论联系实际，使学生认识到商品养护的重要性，掌握商品养护的技术和方法。

（3）请仓库管理人员现场讲解有关问题并进行现场操作演示，使学生加深对商品养护措施的认识，并学会采取恰当的措施对商品进行养护。培养学生理解问题、解决问题的能力，提升学生的综合素质。

【实训过程设计】

（1）教师带队前往某仓库。

（2）严格遵守进入仓库的有关规矩。

（3）分组有序进行，分头参观，由有关人员讲解演示。

（4）返回时，另定时间讨论。在此基础上完成参观报告。

本章要点

● 商品储存，是指商品在从生产地向消费地的转移过程中，在一定地点，一定场所，一定时间的停滞。

● 商品储存的功能包括调节功能、检验功能、集散功能、配送功能。

● 商品运输是商品通过运力在空间的转移。商品养护是商品在储运过程中所进行的保养和维护。

● 控制与调节仓库温湿度的方法有密封、通风、吸潮或加湿、升温或降温等。

● 商品养护工作必须坚持以防为主，从加强仓储管理入手，同时针对不同商品的不同性质、特点，采取相应的措施，以防变质。对即将和已经发生质量变化的仓储商品，必须从技术上采取正确的养护方法，以挽回或减少商品损失。

综合练习

一、名词解释

1. 商品养护　2. 老化　3. 相对湿度　4. 特种商品　5. 电化学锈蚀

二、填空题

1. 在商品养护过程中应贯彻_____、_____、_____的方针。
2. 商品养护的重要性在于从数量上_____，质量上_____。
3. 酒精的挥发速度除本身沸点低，还与_____、_____、_____等有关。
4. 金属锈蚀可分为_____锈蚀和_____锈蚀两种类型。
5. 爆炸的形式可分为_____爆炸、_____爆炸、_____爆炸三类。
6. 大多数的微生物适宜在_____温度范围内生长繁殖。
7. 物理法防治虫害除有高温、低温杀虫外还有_____、_____、_____等。

三、单选题

1. 林教授定期在家中的钢琴琴箱（木制）底部放瓶水，原因是防止琴箱（　　　）。
A. 霉变　　　　　B. 氧化　　　　　C. 干缩　　　　　D. 老化

2. 商品受到外力作用而发生的形变属于（　　　）。
A. 物理变化　　　B. 化学变化　　　C. 机械变化　　　D. 生物变化

3. 双氧水和 84 消毒液等在常温或光照下易发生（　　　）而失效。
A. 氧化　　　　　B. 水解　　　　　C. 分解　　　　　D. 老化

4. 以（　　　）为主要成分的商品易发生老化。
A. 单质　　　　　　　　　　　B. 无机物
C. 有机物　　　　　　　　　　D. 高分子化合物

5. 在酸性溶液中易水解，而在碱性溶液中稳定的纤维是（　　　）。
A. 棉纤维　　　　B. 羊毛纤维　　　C. 蚕丝纤维　　　D. 涤纶纤维

6. 金属制品发生腐蚀虽使其表面变暗但其内部并未起破坏作用的是（　　　）。
A. 物理锈蚀　　　B. 化学锈蚀　　　C. 电化学锈蚀　　　D. 无此现象

7. 家畜肉在（　　　）阶段具有特殊鲜香味且易消化吸收。
A. 僵直　　　　　B. 成熟　　　　　C. 自溶　　　　　D. 腐败

8. 在储运过程中（　　　）环境最易使商品霉腐。
A. 低温低湿　　　B. 高温低湿　　　C. 高温高湿　　　D. 高温低氧

9. 摄氏温标为 15℃时，华氏为（　　　）℉。
A. 47　　　　　　B. 59　　　　　　C. 63　　　　　　D. 77

10. 因为水汽开始液化的温度称露点，所以露点的温度为（　　　）℃。
A. 100　　　　　B. 20　　　　　　C. 0　　　　　　　D. 不确定

11. 苹果储存时发生缺氧呼吸的最终产物是酒精和（　　　），使其腐烂而变质。
A. 二氧化碳　　　B. 乙醛　　　　　C. 水　　　　　　D. 碳水化合物

127

四、简答题

1. 商品霉变的实质是什么？
2. 商品储存的基本要求是什么？
3. 怎样对仓库温湿度进行调节与控制？
4. 特种商品在运输中怎样分类？
5. 简述金属制品的锈蚀原理，分析影响因素及防止措施。

五、综合题

1. 商品在流通期间能发生哪些变化？
2. 商品储存过程中有哪些养护措施？
3. 商品在储存期间的质量变化有哪些？

第七章

食品商品

学习目标

【知识目标】

- 认识食品知识对工作和生活的重要意义；
- 了解食品概念和营养卫生及储藏知识，合理膳食；
- 掌握常见食品的品种、品质特征。

【能力目标】

- 会对常见食品进行感官审评；
- 能运用所学知识和方法对食品进行质量评价、储藏管理；
- 能提供食品商品的咨询服务。

案例导入

21世纪的方便食品

方便食品的种类大致可分成以下四种：即食食品、速冻食品、干的或粉状方便食品、罐头食品。随着人们生活节奏加快，生活质量提高，方便食品市场前景更加广阔。

方便食品分两大类：一是面向家庭或个人的方便食品和套餐，二是面向餐馆和食堂的批量、成套食品。例如，单人份或多人份的"牛排蔬菜"套餐，可用多种方法加热；牙膏式包装果酱、喷管式食油则为人们外出提供了更多方便。大批量成套方便食品已经走进了著名饭店。它们经过稍加处理即可用于大型宴会和招待会，例如香肠式熟鸡蛋棒，只要打开包装切片就可以配菜。但方便食品的危害也不容忽视；油脂容易积存于血管或其他器官中，加速人的老化速度，引起动脉硬化，导致脑溢血、心脏病、肾脏病的发生。食盐摄入过多易患高血压，且损害肾脏。磷酸盐吸收太多会使体内的钙无法充分吸收、利用，容易诱发骨折、牙齿脱落和骨骼变形等疾病。防氧化剂和其他化学药品因长期储存，受环境影响，已经在慢慢变质，食后对人体也有一定的害处。

从国内情况看：目前以菜肴为主要内容的新型方便食品，运用中华传统美食的"色、香、味、型"四大要素把其延伸，使得方便食品市场已进入一个新的发展阶段，目前，全国市场上方便菜肴品种约有250种之多，方便食品正随着人们的需求变化而不断变化着。

从国际方面看：日本人发明了方便食品，主要是为了节省时间，从繁重的家务中解脱出来。据悉，家庭每食用一次方便食品，便可节约下至少一小时的做家务时间，而这腾出的一小时，就可以从事健身、休闲等活动。日本的方便食品还特别注重营养搭配。如东京地铁推出的营养盒饭，量虽不多，但包含了米饭、馍馍、鱼、菜、水果片等10余种食品，而且还额外补充了多种矿物质。

启示：选用食品要符合营养健康要求。

学习内容

俗话说"民以食为天"，食品类商品是最具特色的商品。它品种繁多，成分复杂，与人们的生活关系最密切。

第一节　食品的营养与卫生

一、食品的营养成分

食品是指供人食用或饮用的成品和原料。

食品的使用价值，是给人体提供营养或满足人们的某种食品嗜好。人体为了维持正常的生命活力，需要的营养成分很多，而这些成分人体不能合成和制造，必须从食物中摄取。所以，了解食品成分的类型、功能、来源等，对维持人体健康和长寿是至关重要的。

食品中主要有6大营养成分，即糖、蛋白质、脂肪、维生素、矿物质和水。

（一）糖类

糖类是人体从食物中取得热量最经济的来源，也是构成食品甜味的主要物质。人体摄入的各种成分，除水以外，以糖类的数量最多。但糖类在体内储存较少，约占人体体重的2%，大多数糖类以能量形式被消耗掉。糖类的分子由 C、H、O 三种元素组成，且 $H:O=2:1$，与水的组成相同，故又称之为碳水化合物。糖类按其化学结构的繁简，及分子的大小和能否被水分解，可分为单糖、双糖和多糖三大类。

1. 单糖

它是分子结构最简单且不能水解的糖类。单糖为结晶物质,一般无色,有甜味和还原性,易溶于水,不经消化过程就可被人体直接吸收利用。其分子式为 $C_6H_{12}O_6$,其中以葡萄糖、果糖和半乳糖最为常见。

2. 双糖

它是由两个分子的单糖缩去了一个水分子后得到的化合物,水解后能生成两个分子的单糖。其多为结晶体而易溶于水,不能被人体直接消化吸收,必须经过酸和酶的作用分解成单糖后才能被人体吸收利用。最常见的有蔗糖、麦芽糖和乳糖,其分子式为 $C_{12}H_{22}O_{11}$。

3. 多糖

它是由若干单糖分子脱去水缩合而成的高分子化合物。一般不溶于水、无甜味。在酸和酶的作用下水解为单糖。多糖有能被人体消化吸收的,如淀粉、糊精、糖元等;也有不能被人体吸收的,如纤维素、半纤维素、果酸等,其分子式为 $(C_6H_{10}O_5)_n$。

医学研究表明,糖类中纤维素,虽然不能被人体吸收,但能促进人体肠胃蠕动和消化腺的分泌,有助于正常的消化和排泄功能。多吃含纤维素丰富的食品(水果、蔬菜等),有利于防治痔疮、阑尾炎、大肠癌症等疾病。纤维素还能以某种方式同饱和脂肪酸结合,从而阻止血浆中血胆固醇的形成。糖类一般存在于粮谷类、薯类等植物类食品中,而动物食品中含量较少。

(二)蛋白质

蛋白质是构成生命的基础物质,"没有蛋白质就没有生命现象"。蛋白质是一种高分子化合物,组成蛋白质的主要元素是 C、H、O、N、S 等。蛋白质水解后的最终产物为氨基酸,通常人体摄入各种植物、动物蛋白质后,先在体内分解为氨基酸,然后这些氨基酸再合成人体所需的蛋白质。

食品中的天然蛋白质由 20 多种氨基酸,其中有 8 种(婴儿 9 种)在人体内无法合成或转化,必须从食物种摄取。若食物中缺乏这些氨基酸,人就得不到全面的营养,就会影响肌体的正常发育,因此这些氨基酸被称为人体必需氨基酸。人体必需氨基酸有色氨酸、赖氨酸、苯丙氨酸、亮氨酸、异亮氨酸、苏氨酸、蛋氨酸、缬氨酸(婴儿外加组氨酸)等。按蛋白质中所含氨基酸的不同,蛋白质可分为以下几种。

1. 完全蛋白质

含有人体所需的全部必需氨基酸,且各种氨基酸的比例适当,符合人体需要的蛋白质。膳食中有了此类蛋白质,就可维持身体健康和促进生长发育。如乳、蛋、大豆、瘦肉、鱼、虾中所含蛋白质。

2. 半完全蛋白质

含有人体所需全部必需氨基酸,其营养价值稍低,若膳食中只有此种蛋白质,则只能维持生命,不能促进人体的正常生长发育,使人体身高、体重、甚至智力都低于正常水平。如麦、米、土豆、干果中所含蛋白质。

3. 不完全蛋白质

所含必需氨基酸种类不全的蛋白质。若只摄入此类蛋白质，则会危及健康。如玉米、豌豆、肉皮、蹄筋、鱼翅等中的蛋白质。

（三）脂肪

脂肪是一种高能量的营养成分，发热量最高，高于糖类和蛋白质近一倍，在人体中发挥着保护肌体和脏器、调节体温、参与代谢、抵御疾病等生理功能。它也是由 C、H、O 三种元素化合而成的高分子物。脂肪不溶于水，在酸、碱或酶的作用下可分解为一个甘油分子和三个脂肪酸分子，故又被称为"三酸甘油酯"或"甘油三酸"。甘油对于人体无营养价值，对人体有用的部分为脂肪酸。在脂肪酸中，有一些不饱和脂肪酸是人体所必需，且人体内不能合成，要直接取之于食物。这些必需脂肪酸是亚麻酸、亚油酸、花生四烯酸。膳食中增加含脂肪酸的植物油，能起到预防动脉硬化的作用。

需要指出的是，脂肪摄入量过多，会抑制胃液分泌和胃蠕动，引起食欲不振和胃部不舒服；肠内脂肪过多会刺激肠壁，妨碍吸收功能而引起腹泻；同时体内脂肪过多易得肥胖病。

脂肪的主要来源是动、植物油脂，肥肉和硬果，如核桃、花生、瓜子。部分油料，如大豆、芝麻也是脂肪的部分来源。脂肪吸湿后或在日光和氧的作用下，会发生酸败现象，使脂肪失去食用价值。

（四）维生素

维生素的英文名称为"Vitamin"，来自拉丁文的"Vita"，即"生命"之意，又音译为"维他命"。维生素是人和动物维持生命和生长发育所必需的一类营养物质，是活细胞维持正常生理功能所必需的天然低分子有机物。

维生素虽不能为人体提供热量，在生理上需要量也很少，但它们对体内营养成分的消化和吸收，对体内能量的转换和正常的生理活动都具有十分重要的作用。人体缺乏维生素，会引起各种"维生素缺乏症"。但摄入量过多，也会引起中毒。绝大多数维生素均存在于天然食物中，在人体内不能自行合成，必须从饮食中摄取。目前，已知人体所需的维生素约 30 种，除某些 B 族维生素和维生素 K 能在体内合成外，大多数必须由食品中摄取。

（五）矿物质

矿物质属无机成分，又称无机盐，食品经高温煅烧而残留的灰分中所含的各种元素，均称为矿物质。矿物质也是人体所需要营养素之一。

矿物质，按其在人体组织中所占的比例大小可分为：常量元素，含量占 0.01% 以上，如钙、镁、钾、钠、磷、氯、硫等；微量元素，含量占 0.01% 以下，如铁、碘、铜、锌等；超微量元素，含量极少，比微量还"微"，如铅、汞、金、镭等。

常量元素，人体需要得最多。某些微量和超微量元素，虽为人体生理所需，但超过一定量却有害于健康。矿物质也可从营养学角度出发分为必需元素、非必需元素和有毒元素。目前已知的必需元素有铁、锌、铜、碘、锰、钼、钴、镉、镍、锡、硅、氟、钙、锡等十四种。矿物质在人体内含量并不多，约占人体重量的 4%～5%，但对人体有重要作用。

（六）水

水是维持人体生命的最重要物质之一。人的一切生理活动均离不开水，体液的 90% 以上是水，人体中如果损失了 20% 的水，便无法维持生命。各种食品，都有其特定的水分含量，因此才显示出他们各自的色、香、味、形等特征。水对食品的新鲜度、硬度、流动性、呈味性、保藏性、加工等方面的均有影响，水也是微生物繁殖的诱因。水的溶解力强，大多数有机物均能溶于水中，即使不能溶于水的物质（如脂肪等）也能在适当条件下分散在水中。

二、食品卫生

据世界卫生组织的定义：食品卫生是指食品从生长、加工、储藏、运输、销售、烹调到最后食用每一个环节均能保持良好、完整和安全状况。作为人类天然的食品，其本身一般不含有或很少含有对人有害的成分，不会对人体造成危害。但从种植、养殖到收获；从生产加工、储运销售到烹调食用的每个环节都可能出现有害物质的污染，而造成食品的安全卫生问题。所谓"病从口入"，保证食品卫生、安全已成为当前世界范围内关注的重要问题。

食品中有害的物质，一般分为两类：一类是有毒物质，另一类是病原微生物。食品中有毒有害物质，有的来源于食品本身，有的来源于各种污染。

绿色食品是指按照特定标准规定的生产方式生产，经专门机构认定，许可使用绿色食品标志，无污染的安全、优质、营养类食品。我国是世界上第一个以国家行为发展绿色食品的。1992 年 11 月正式成立中国绿色食品发展中心。1993 年，中国绿色食品发展中心正式加入有机农业国际联盟。我国目前绿色食品的品种已有两千多个，不少绿色食品出口海外。

三、食品防腐保鲜

食品防腐保鲜是指食品在储藏过程中保持其固有的色、香、味、形及其营养成分。防腐与保鲜是两个既相区别又相联系的概念。防腐是针对有害微生物引起的食品腐烂，通常将蛋白质的变质称为腐败，碳水化合物的变质称为酸败。保鲜则强调保持食品的新鲜程度，目的是延缓食品由于各种因素作用，失去固有的色、香、味、形的进程，实际上，防腐与保鲜是密不可分的，如表 7-1 所示。

表 7-1　　　　　　　　食品防腐保鲜方法及其对微生物的作用

序号	食品防腐保鲜方法	对微生物的作用
1	冷藏（低温运输与储存）	低温以抑制生长
2	冷冻	低温并降低水分活性以抑制生长
3	干制、熏制、糖渍	降低水分活性，明显地降低和抑制微生物的生长

续表

序号	食品防腐保鲜方法	对微生物的作用
4	真空或缺氧"气调"包装	氧分压降低可以抑制需氧菌和使兼性厌氧菌生长缓慢。"气调"包装中二氧化碳对一些微生物有特别的抑制作用
5	加酸	降低 pH，抑制微生物生长
6	酒精发酵	提高酒精的浓度，抑制微生物生长
7	乳化	在乳液中，水被高度分散，与食品的营养成分有明显的界面分开，抑制微生物生长
8	乳酸与醋酸发酵	降低 pH，所产生的乳酸与醋酸均可起到抑菌作用
9	加入防腐剂	抑制特定的菌属
10	巴氏消毒和杀菌	用足够的热量使杀灭的微生物失活，以达到允许的水平
11	辐照	以足够剂量的射线使微生物失活
12	无菌加工	防止二次污染
13	消毒	把包装材料和食物分别用热射线或者化学药品处理，以减少微生物的污染

134

第二节　糖酒类商品

食糖是重要的生活必需品，酒类是内涵丰富的传统食品，对糖酒类食品的分类研究、质量评价以及储藏方法的探索很有意义。

一、糖类

（一）食糖的分类

食糖是蔗糖或甜菜的提取物，食糖除供人们直接消费外，还是食品工业的重要原料和辅料。

食糖的种类较多，按制糖的原料分为甘蔗糖和甜菜糖。我国甘蔗糖产量占糖总产量的 80%，余下的是甜菜糖。甘蔗糖和甜菜糖主要的部分都是蔗糖，两者在口味品质上无太大差异。按商业经营习惯分为白砂糖、赤砂糖、绵白糖、土红糖、冰糖、方糖六种。

（二）食糖常见种类品质特征

1. 白砂糖

白砂糖是食糖中比较纯净的品种，它的特点是色泽洁白明亮，晶粒均匀整齐，糖质坚硬且松散干燥，滋味醇正，水分、杂质及还原糖都很少，是食糖中纯度最高的品种，也便于运输和储藏。根据晶粒大小可分为粗砂、中砂和细砂。按国家标准又可分为优级、一级和二级。白砂糖主要供食品工业做原料，也可供消费者直接食用，供食用的多为细砂糖。

2. 绵白糖

绵白糖简称绵糖。其色泽雪白，颗粒细小，质地绵软，潮润，入水即化，基本不含杂质，是深受消费者喜爱的食糖品种。绵白糖在制作过程中除了控制晶粒大小外还要加入 2%的转化糖浆，所以其成品不仅具有蔗糖的清甜，还具有转化糖的干爽味。绵白糖比白砂糖含水多，还原糖含量也多，因此吸湿性大，易返潮结块，不如白砂糖耐储。

3. 赤砂糖

赤砂糖又称红糖。由于加工中未经洗蜜处理，表面含有较多糖蜜（主要成分是还原糖、水分、色素及其他非糖物质），色泽赤红，有浓甜和焦煳味。因含糖蜜和水分较多，雨季易潮解，但由于它保持了甘蔗的原汁原味，且含有较多铁质、胡萝卜素、核黄素和烟酸等，因此对产妇尤为适宜。

4. 土红糖

土红糖也称红糖、糖粉。土红糖含糖蜜、水分、杂质较多，结晶细而软黏，晶粒大小不匀，色泽深浅不一，有红、黄、紫、黑数种，易受潮溶化和风化结块，难以保存。土红糖以鲜艳、松燥无结块者为佳。由于土红糖不仅带有甘蔗香气和糖蜜的甜味，而且带有诱人的焦香味，所以很受一些消费者欢迎。因此也是一些风味食品、中成药等的重要辅料。

5. 冰糖

冰糖是砂糖的再制品。砂糖先溶化成液体，再经过烧制，除去杂质，蒸发水分于特制容器内进行再结晶，形成透明或半透明块状大颗粒。冰糖杂质低，味醇正，是高档糖类品种。越是透明，杂质越低，味越醇正，品质越好，也越容易保存。冰糖可直接食用，也可烹饪精美的菜肴或滋补品，还能入药。

6. 方糖

方糖也是再加工糖，是将优质砂糖磨细后，经润湿、压制和干燥而成，形状为正方体。方糖纯度高，颜色洁白，表面有晶莹的光泽，在水中溶解速度快，水溶液清澈透明，无杂质，口味清甜不带异味。方糖主要用于饮料。

（三）食糖的储藏

1. 食糖的常见质变现象

（1）吸湿潮解。食糖是一种吸湿性很强的商品，当空气湿度高于食糖吸湿点时，食糖开始吸湿。当吸湿达 6%以上时，食糖的晶粒表面会被水溶解破坏，逐渐融化。吸湿溶化的食糖会失去流散性和光泽，黏结成块，从而降低品质。

（2）结块与干缩。食糖结块的主要原因是因其含有还原糖和水分较多，受潮后，糖晶粒表面因水分聚成一层糖浆膜凝结，使糖晶粒之间结块。还原糖含量越多，越易结块；糖晶粒越小，结块后硬度越大；水分含量越高，结块条件越充分；受压力越重，结块面积和硬度越大；结块时间越久，硬层越厚。含水分和还原糖越少的食糖一般易发生干缩现象，如白砂糖、方糖等。当空气干燥，仓库相对湿度过度降低时，食糖含有的水分被大量吸收，而产生干缩现象。

（3）变味变色。食糖的变味变色主要是由于发生氧化作用和受到微生物污染而引起的。与空气接触易发生氧化作用，产生酒味、酸味，所含非糖有机物内有少量蛋白质，与空气接触后，糖色会变黑发暗；污染微生物后，也易变味。

2. 食糖的保管养护方法

仓库周围无污水与泥洼塘。仓库空气相对湿度力求保持在 70%以下，温度不超过 38℃。绵白糖、赤砂糖、白砂糖分开堆放，其他能影响食糖的物品不能同库堆放。糖包应放在距离墙壁、暖气管或水泥柱 1 米以外，离地面 0.1 米以上的木质垫板或地板上。用 50 千克、100 千克装麻袋内衬以食品塑料袋或 50 千克装布袋、塑料编织袋内衬以食品塑料袋包装时，堆码高度不得超过 25 包。糖堆上需用干净的帆布或塑料膜盖好。入库时应尽量避免骤冷骤热。根据先入仓先出仓的原则调拨运出。

二、酒类

酒是很特别的一类商品，它含有酒精，与人们的生活关系密切。自古以来，人们就以酒作为饮料。酒是我国人民长期以来习惯性的消费品，适量饮酒有益于健康，过度饮酒有害于健康。同时，酒作为高税商品在国民经济中有重要地位。

（一）酒的酿造原理

我国有悠久的酿酒历史，远在五千年前新石器时代的龙山文化时期，就已经开始酿酒。酿酒是用含糖的原料，加水分解后，逐步转化为单糖，然后在不同的酵母所分泌的酶的作用下，引起酒精发酵，从而得到具有色、香、味、形的产品。酒的酿造是极其复杂的生理生化过程。

1. 淀粉糖化

淀粉糖化是指原料中的淀粉转变为可发酵糖的过程。酿酒生产中除果酒、葡萄酒等少数酒品是使用含有大量葡萄糖的原料直接发酵酿酒外，大多数酒品是以淀粉为原料酿造的。因此，要进行工艺处理，使淀粉转化成葡萄糖。淀粉糖化过程一般需要 4～6 小时，糖化后的原料可以用来进行酒精发酵。

2. 酒精发酵

所有酒品的酿造都需要经过酒精发酵过程。发酵是利用酵母菌所分泌的酒化酶系统，将葡萄糖转化为酒精的过程。如白酒入池发酵，黄酒入缸发酵等。

（二）酒的分类

酒的种类很多，常见的分类方法有以下几种。

1. 按酒精含量分类

按酒精含量，可将酒分为高度酒、中度酒和低度酒。酒的度数，简称酒度，指的是在 20℃时酒精与酒体的容积百分比。如 100 毫升的酒，其中含酒精量为 50 毫升，此酒的度数即为 50 度。

（1）高度酒。酒度在 40 度以上者，多为蒸馏酒，如各种白酒、白兰地。

（2）中度酒。酒度在 20～40 度，如药酒等配制酒。

（3）低度酒。酒度在 20 度以下，如黄酒、葡萄酒、啤酒、果酒等各种发酵原酒。

2. 按制作工艺分类

按制作工艺分，可将酒分为蒸馏酒、发酵酒和配制酒。

（1）蒸馏酒的酒度一般在 40 度以上，刺激性强，耐储藏。如白酒、白兰地、威士忌、伏尔加等各种高度酒。

（2）发酵原酒，又称压榨酒和酿造酒，多数为低度酒，如啤酒、葡萄酒、果酒、黄酒等，他们大多保持有原料本身固有的自然香味，营养丰富，酒体醇厚。这类酒不如蒸馏酒耐储藏，除黄酒和部分酒精度较高的葡萄酒之外，不宜久储。如黄酒、啤酒、果酒等。

（3）配制酒，采用成品酒或食用酒精，与糖料、香料、药料等，按一定比例配制而成的酒，一般中度为多。以芳香原料或直接加水果配制、浸泡而成的酒称为露酒，如青梅酒、玫瑰酒等；以中草药配制、浸泡而成的酒一般称为药酒，如竹叶青、五加皮等。

3．按商业经营习惯分类

按商业经营习惯，酒可分为白酒、果酒、色酒。

（三）各类酒的质量特点

1．白酒

（1）白酒的成分。白酒的主要成分是乙醇和水，二者约占总量的98%以上，其余成分为酸、醛、酯及其他微量成分。这些成分含量虽少，却与白酒的品级质量关系密切。白酒中也含有一些有害人体健康的成分，这些成分在食品卫生标准中有限制性指标。

乙醇。即酒精，是白酒及其他各类酒中基本成分，白酒的酒精含量虽都偏高，但也因酒类品种的不同而有区别。国内市场上酒度在 30～40 度的白酒品种逐渐增多。

酸类，发酵过程中产生的有机酸是白酒中的主要呈味物质，它与其他香味物质共同构成了白酒特有的芬香。含酸过少，口味寡淡、余味短；含酸过多，酸味过头，掩盖甜味，酒味粗糙，风味变劣。在白酒储存过程中，有机酸还能与酵类发生脂化反应，形成芳香的脂类物质，提高白酒香气。

醛类。微量的醛类能使白酒气味芬芳，但醛类具有很强的刺激性和辛辣味，饮后引起头晕，有害于人体健康，故含量越少越好。白酒中的醛类主要是乙醛。新酒含醛较多，经过储存后减少。

酯类。酯类是白酒中芳香物质的主要成分，不同的酯有各自特有的香气，优质白酒酯类物质含量较丰，品种也较丰富。人们常以香型来对优质白酒分类。白酒储存中由于酯化反应，酯的含量会提高。这也是优质酒必定要经过陈酿的原因。

杂醇油。杂醇油产生于酿酒原料中的蛋白质成分，为无色油状物质，苦涩味，使人头痛，头晕，在体内氧化慢，停留时间长，是恶醉之本。

甲醇。甲醇为一种无色液体，能在人体内氧化成毒性很大的甲醛，过度饮用甲醇含量高的白酒，会头晕、耳鸣、视力模糊，严重者会导致失明、呼吸困难、昏迷，甚至危及生命。按我国食品卫生标准规定，粮食白酒每百毫升中甲醛含量不得超过 0.04g；薯类代用原料酒不能超过 0.12g。

铅。白酒中的铅主要来自酿造设备容器的污染,对人体有害,一般不能超过 1ppm。

（2）白酒的香型。我国习惯将各地所产优质白酒划分为以下五种类型。

酱香型。酱香型白酒的特点是酱香突出,幽雅细致,酒体醇厚,回味绵长,饮后空杯,香气犹存。酱香型白酒略有焦香,但不过头。酱香型白酒在我国品种并不多,但都很有名,如贵州茅台酒、四川郎酒和湖南常德武陵酒。

浓香型。浓香型白酒种类很多,其共性是窖香浓郁,清冽甘爽,绵柔醇厚,香味协调,余味绵长。民间称之为"香浓郁,入口绵,落口甜"。其香气主体成分是乙酸乙酯和适量的丁酸乙酯。浓香型白酒名品很多,泸州老窖、五粮液、洋河大曲、古井贡酒、孔府家酒、口子酒等深受消费者欢迎的中档白酒均为浓香型。

清香型。清香型酒的风味特点是清香醇正,口味谐调,微甜绵长,余味爽净。该类酒的主要香气成分是乙酸乙酯。清香型白酒的典型代表有山西杏花村汾酒、河南宝丰酒、山西祁县六曲香。

米香型。米香型白酒的风味特点是米香清雅,略有爽口的苦味。其主体香气成分以乳酸乙酯为主。米香型酒的代表有桂林三花酒、广东五华县的长乐烧、湖南浏阳河小曲等。

其他香型。又称兼香型,同时具有两种以上主体香型的白酒,具有一酒多香的风格。代表品种有贵州的董酒、陕西西凤酒。

（3）白酒的质量鉴定。对白酒进行感官鉴定的指标包括色泽、香气和滋味。白酒一般应无色透明,明亮无悬浮物,无浑浊和沉淀。发酵较长、储藏期较长的优质白酒略带微黄是允许的。

优质白酒芳香扑鼻。白酒的香气可分为溢香、喷香和留香三类。品酒时当鼻腔靠近杯口,顿觉芳香就散于杯口附近,这叫溢香（也叫闻香）;酒液进入口腔,香气立即充满口腔叫喷香;酒咽下后,口腔中还留有香气为留香。一般白酒都应有一定的溢香。名优白酒要三香兼有,且香气典雅醇正,不带异味。

白酒滋味要醇正,无强列的刺激性。白酒的滋味与其香气要协调一致。香气较好的滋味也较好。优质酒要求滋味醇厚、味长、回甜,入口各味协调,有愉快舒适的感觉。

2. 啤酒

在我国,啤酒是新兴饮料酒,它以大麦芽为主要原料,经糖化、发酵而酿造成的含有低度酒精和二氧化碳的酒品。其营养丰富,含有人体必需的全部氨基酸及维生素等,发热量大,易消化吸收,有"液体面包"之称。目前其发展速度很快,有与传统白酒一争高下之势。

（1）啤酒的度数与啤酒种类。啤酒的度数与其他酒不同,不是指酒精的含量,而是指原麦汁浓度。啤酒可按如下标准分类。

按原麦汁浓度分,有低浓度、中浓度、高浓度啤酒。低浓度啤酒原麦汁浓度在 8度,酒度为 2 度左右,该类啤酒用料少、成本低、稳定性差,适宜于作清凉饮料;中浓度啤酒原麦汁浓度在 10%～12%,酒度在 2.9～3.7 度,这种啤酒稳定性好,杀菌后可以储存较长时间，是啤酒中的大宗产品；高浓度啤酒原麦汁浓度在 14%～18%，酒度在 4.1～4.5 度，这类啤酒稳定性好，中浓度固形物多，口味醇厚，耐储。按颜色分有淡色、浓色两种啤酒。按杀菌与否有生啤（鲜啤）和熟啤之分。

除按上述方法分类外，也可以容器不同来分类。如今，随消费者口味的改变及人们对健康的追求，满足新市场需求的啤酒品种——问世，如干啤、无醇啤酒、果味啤酒等。

（2）啤酒的感官鉴定和主要成分指标。啤酒均要求酒液透明，无明显悬浮物和沉淀物。

色泽：啤酒的色泽决定于麦芽的颜色。不同种类的啤酒颜色有相应的要求。一般的要求是颜色应鲜明、协调，色度应在标准规定范围之内。

泡沫：酒类中唯有啤酒将泡沫作为一项质量指标。要求啤酒倒入杯中，即时有泡沫升起。泡沫以洁白细腻为好，开始要盖满酒面，并应缓慢消失，持久地挂杯。

香气和滋味：正常淡色啤酒应具有新鲜的酒花香气，饮后口味纯正，浓色啤酒应具有明显的麦芽香，无不愉快气味，饮后口味醇正，浓厚爽口。

酒精：啤酒的酒精成分低，大都在 3～5 度。

二氧化碳：二氧化碳对于啤酒来说是重要成分，它使啤酒具有爽口的特性，含量在 3%略高一点，二氧化碳的含量可用气压计测定。

甘油：甘油是酒精发酵的副产物，适量甘油的存在可使啤酒泡沫更持久，酒味更醇厚。

浸出物：浸出物指糖分、酸类、含氮物、矿物质等，浸出物含量在 3%以下，多数为营养物质。

3. 黄酒

黄酒是我国最古老而富有营养的低度酒，黄酒的甜醇不亚于许多名品洋酒。黄酒酒度不高，营养价值却颇高，是很有发展前途的"健康饮料酒"。黄酒的成分包括糖分、酒精、甘油、有机酸、维生素等。黄酒除了饮用外，还可以制成药酒。在烹调时，黄酒是烹制荤腥类食品的重要佐料。

（1）黄酒的种类。我国黄酒有很多品种，在消费者中影响较大的按产地及风格上的差异可归为以下三类。

南方粳米黄酒。绍兴黄酒为此类酒中的代表。新中国成立后举办的历届全国评酒会中，绍兴黄酒皆获国家级名酒称号。绍兴黄酒酒色褐黄华亮。因久储而香高味浓。根据口味、配制技艺上的差别，绍兴黄酒又可划分为元红酒、加饭酒、善酿酒、香雪酒。元红酒和加饭酒含糖分少，属干型黄酒，酒度两者有区别，前者 15 度，后者 16.5 度。善酿酒为半甜型，酒度为 14 度。香雪酒为浓甜型黄酒，酒度在 20 度左右。

南方红曲黄酒。名品有福建老酒和龙岩沉缸酒，它们在东南沿海地区很有名。福建老酒呈褐黄色，酒香浓郁，口味醇厚，甜度爽适，余味绵长，是半甜型黄酒，酒度在 14～17 度，为福建传统产品。沉缸酒酒度 20 度，糖分高达 22%，酒色褐红，明亮透明，入口有稍稍的黏稠感，似蜂蜜，其甜味与酒的刺激辛辣、酸的爽口味与红曲特有的苦、香配合非常和谐，使人饮之难忘。

北方黄酒。又可分为山东产的黍米黄酒和东北吉林的清酒两类。山东以黍米为原料酿制的著名黄酒品种有即墨老酒。即墨老酒呈黑褐色，清亮透明，酒香浓郁，酒度在 12 度左右，含糖量在 8% 左右，入口醇香，甘爽清口，回味悠长。吉林清酒以大米为原料，以纯种培养的米曲霉和清酒酵母为糖化发酵剂制成，该酒酿造技艺系日本流入。酒度在 16～17 度，酒色淡黄，清澈透明，香气清雅，滋味醇正。

（2）黄酒的储藏。传统的方法是将黄酒密封在陶制酒坛内置于地下窖藏。这样既创造了一个适宜的温度环境，又阻隔了强光照射和杂菌侵袭，很有利于黄酒品性的形成。

4. 葡萄酒、果酒和露酒

葡萄酒种类很多，通常按以下依据分类。

按颜色分类可将葡萄酒分为红、白两类，红葡萄酒用红色或紫色葡萄为原料，采用皮肉混合发酵方法制成，因酒中溶有葡萄的色泽，经氧化而呈红色或深红色。红葡萄酒口味甘美，酸度适中，香气芬芳。酒度一般在 14～18 度。白葡萄酒是用黄绿色葡萄或用红皮白肉的葡萄为原料，采用皮肉分离发酵而制成，酒的色泽多为麦杆黄、淡黄或金黄，酒液澄清透明，口味纯正，酸甜爽口。酒度一般在 12 度左右。

按含糖量分类，可将葡萄酒分为干型、半干型、半甜型和甜型四类。干葡萄酒每升含糖量为 4 克以下，在口中无甜味，只有酸味和清香爽口的感觉，在西方，这种酒是销量很大的佐餐酒。半干葡萄酒每升含糖在 4～12 克，在口中微有甜感或厚实的味道。半甜葡萄酒每升含糖在 12～50 克，口味略甜，醇厚爽顺。甜葡萄酒每升含糖在 50 克以上，有明显甜味，较符合我国消费者的饮酒习惯。

按酒中葡萄原汁含量高低分类有全汁葡萄酒和半汁葡萄酒，全汁酒是用 100% 的葡萄原汁酿造而成，高档葡萄酒一般均为全汁酒，酒的酿制工艺也相对复杂。半汁酒葡萄原汁含量在 50% 以下为中档酒，在 30% 以下为低档酒，这类酒在酿造过程中要加入砂糖、酒精等，故口味欠佳，营养成分偏低。

按酒中二氧化碳压力分类，葡萄酒可分为平静型、起泡型、加气起泡型几类。平静型葡萄酒指在 20℃ 时，酒中二氧化碳的压力小于 0.5MPa 的酒。起泡型葡萄酒是指以原酒经密闭发酵产生二氧化碳，使酒液在 20℃ 时瓶内二氧化碳的压力大于或等于 0.35MPa 的酒。加气起泡型葡萄酒是指瓶内二氧化碳压力在 20℃ 时大于或等于 0.35MPa 的酒，这种葡萄酒的二氧化碳是全部或部分由人工填充，故而得名"加气"葡萄酒。在国际市场上久负盛名的香槟酒即是一类特制的起泡或加气起泡葡萄酒。香槟酒因原产法国香槟省而得名，按瓶内压力及内液品质的区别分为大香槟、中香槟和小香槟。大香槟以特制巨型耐压玻璃瓶盛装，瓶内压力高于 4 个大气压。

果酒是指除葡萄酒以外的以其他各类果实为原料酿制的酒。此类酒的命名以果实名称而定，如在我国就有山楂酒、苹果酒、海棠酒、梨酒、杨梅酒、猕猴桃酒、石榴酒等。露酒中虽也有以果实命名的，但它的制作方法与果酒有所不同。果酒是发酵原酒，而露酒是以成品酒为酒基配制而成，也可以直接浸泡水果、中药而制成。露酒酒度差异大，但多为中度，色泽也不同，因配制酒含糖高，口感好，营养价值较高且色泽诱人，颇受女士及老人的青睐。

第三节 茶叶和水果类商品

一、茶叶

茶叶、咖啡、可可是世界性的 3 大饮料。而茶叶作为饮料，历史最悠久，饮用地区最广，产量最大。

（一）茶叶的主要成分

茶叶的成分不仅决定茶叶的质量，还与饮茶的功效有密切的联系，主要有以下几种。

1. 多酚类化合物

多酚类又名茶多酚、茶单宁、茶鞣质，是以儿茶素为主体的酚类化合物。纯茶多酚为白色粉末，在空气中有酶参加时易氧化为棕色树胶状物，称为根皮鞣红；在无酶时，缓慢氧化成棕黄色，并无光泽（陈茶）。茶水放几天后，表面有一层油状物，也是茶多酚氧化而成。茶多酚溶解度与温度成正比，温度越高，溶解度越大，水浸出物越多，故开水用来泡茶。其略成碱性，并有收敛性涩味（类似于柿子），茶汤是中性的，因其与碱中和所致，茶汤的滋味一般由茶多酚而来。茶多酚遇铁会生成墨绿色沉淀，使茶汤呈淡黑色，故不能用铁制的容器来泡茶，否则使茶水发黑、发暗，失去明亮光泽。茶多酚能与蛋白质结合生成鞣酸蛋白，易被人体消化吸收，因其增加了蛋白质的韧性，如茶蛋，故喝茶能帮助消化。茶多酚能与所有的生物碱结合，形成白色晶体沉淀，饮后随粪便排出体外，故其具有解毒、杀菌作用，喝茶可解除烟毒（尼古丁）。茶多酚含量一般为红茶 16%～17%，绿茶 11%～18%。

2. 咖啡碱

茶叶中生物碱有咖啡碱、可可碱、茶碱等几十种，其中以咖啡碱为主。咖啡碱在 1820 年最早在咖啡中发现，1827 年又在茶叶中发现。它被定名为茶素，因其在咖啡中含量较多，故仍称为咖啡碱。

咖啡碱兴奋神经中枢，解除大脑疲劳，强心利尿，减轻酒精、烟碱等有害物质对人体的伤害。饮茶的愉悦、奇妙感觉主要来源于咖啡碱。

3. 芳香物

芳香物又名香精，为柠檬黄色的油状体。是酯类、酚类、醛类、酸类、酮类、醇类等有机物的混合物，有浓烈的茶香，易挥发。

芳香物在茶中含量不多，但其对茶叶香气起主要作用，是评价茶叶的一个重要指标。鲜叶中芳香物质含量高低受茶树品种、茶叶老嫩、季节、气候等条件影响。一般是嫩叶高于老叶，红茶多于绿茶，高山茶多于平地茶，新茶优于陈茶。芳香油易挥发，温度越高挥发越快，所以泡茶时要加盖，防止芳香油的挥发。

4. 氨基酸

茶叶中氨基酸的含量一般在 2%～5%，因品种不同而异，一般高级茶多于低级茶，绿茶多于红茶。氨基酸具有强心、利尿、扩张血管、松弛支气管和平滑肌肤的作用，同时也为茶叶中的重要呈味物质，与茶叶的香气有直接的关系，能使茶汤更鲜美，滋味更丰满；有的氨基酸在用热水冲泡后，会与糖类物质发生化学反应，发出诱人的香气。

5. 维生素

茶中还含有较多的维生素，如维生素 A、B、C、D、E 等，其中维生素 C 含量最丰富，它能防止坏血病，促进脂肪氧化，排除胆固醇，从而治疗因血压病而引起的动脉硬化。红茶中的维生素 C 含量约 10 毫升/100 克，绿茶大多数在 150～200 毫升/100 克；其次是 B 组维生素，如维生素 B_1，维生素 B_2 等。维生素 B_1 能维持神经、心脏及消化系统的正常功能。

6. 其他成分

茶中还含有糖、色素、矿物质等。糖类物质的存在使茶汤具有甜味，色素的存在使不同类别的茶叶叶底和茶汤呈现出与其品质相符的颜色。

（二）茶叶的种类

从茶树上采摘下来的茶叶，经过不同的方法加工，可以制成各种具色、香、味、形和独特风格的成品茶。根据加工方式的不同，茶叶可分 5 大类，即红茶（全发酵茶）、绿茶（不发酵茶）、青茶（半发酵茶）、花茶和紧压茶（再制茶）等。

1. 红茶

这是一种全发酵的茶叶，是利用茶多酚在酶的作用下氧化变红的原理制作而成的。在制茶过程中，先将鲜叶萎凋，蒸发水分，促进酶的活性；而后揉捻，将叶片卷曲成索状，破坏鲜叶细胞，使茶汁流出；在酶的作用下氧化变红（发酵），去掉苦涩味，且使绿叶变红，形成特有的色、香、味、形；而后烘焙使茶叶停止发酵且干燥。其特点是红叶红汤，干茶色泽乌黑油润，冲泡后汤色红艳明亮，香气浓烈，滋味醇厚。红茶有以下几种。

（1）工夫红茶。它是我国特有传统产品，以做工精细而得名。其一般外形紧结，色泽乌润，香气浓烈，滋味甜润，汤色鲜红明亮，叶底匀嫩鲜红。其中著名的祁红（安徽祁门）、滇红（云南西双版纳）、宜红（湖北宜都）、川红（四川）被称为我国四大红茶。

（2）小种红茶。我国生产最早的红茶，是福建省的特产。主要特点是烘干时用松木烟熏，故茶中含有一股浓厚的松木香味，茶条壮实，叶质肥厚，色泽油润乌黑，汤色红浓，滋味爽口。大多数用来外销，加入牛奶和白糖共饮。

（3）红碎茶。红碎茶在国际市场上很受欢迎。在加工中经充分揉捻、切碎，其外形整齐一致，色泽乌黑，滋味浓厚，汤色红浓。由于质地较碎，故饮用时一次冲泡就能将大部分有效成分浸出，这很符合西方人消费习惯，多用于出口。

2. 绿茶

它是一种不发酵的茶叶，鲜叶经过杀青，酶被破坏，防止了茶多酚的氧化，保持了鲜叶的绿色。

杀青，即在绿茶初制时采取高温处理，制止酶对茶多酚的氧化，从而达到绿茶色绿茶汤青的品质要求。绿茶杀青的方式有蒸杀青和炒杀青两种。蒸杀青是我国的传统杀青方法，其优点是干茶、叶底和汤色较翠绿，但香气欠佳，滋味较涩；炒杀青绿茶香气高锐，滋味鲜爽。我国目前绿茶绝大部分都采用炒杀青。

绿茶色绿汤青，滋味清鲜，香气浓郁，即有"干绿、汤绿、叶底绿"三绿特点，根据干燥方式不同，有以下几种。

（1）炒青绿茶。炒青绿茶是干燥时用铁锅炒制的茶。其火候较高，茶叶条索紧结，汤色和叶底翠绿，香气清锐，滋味醇厚，耐冲泡。炒青的主要品种又可分为圆炒青、扁炒青和长炒青。

圆炒青外形呈圆形颗粒状，如珠茶、白茶、火青茶等。其中珠茶圆珠紧结，形似绿色的珍珠。扁炒青外形扁平光滑，如龙井、旗枪、大方等。其中龙井就以"色绿，香郁，味甘，形美"著称。长炒青是长条形的炒青绿茶，经过精制后称为眉茶，是我国主要的出口绿茶。名品主要有碧螺春、庐山云雾、珍眉等。

（2）烘青绿茶。烘青绿茶是干燥时用烘笼烘干的茶。有普通烘青和特种烘青两种。普通烘青茶色泽黄绿，条索紧结差，用来窨制花茶。特种烘青茶采摘细嫩，做工精细，其外形较为舒展，汤色黄绿明亮，香气清锐，滋味鲜美，叶底细嫩，品质较炒青茶稍次。著名品种有黄山毛峰、太平猴魁、六安瓜片、信阳毛尖、君山银针等。

（3）晒青茶。晒青茶是在阳光下晒干的茶，其品质不及炒青和烘青，一般香气低，汤色和叶底黄色，带有日晒味。这类茶一般多作为紧压茶的原料。特种晒青工艺特殊，不经揉捻及锅炒，萎凋后直接干燥而成。成品茶披满白毫，呈白色，是福建特产，主销海外侨胞。

3. 青茶（乌龙茶）

青茶属于半发酵茶，为我国特有产品，综合的加工技术而成。先取红茶的加工技术，经过"摇青"，叶与叶相碰，互相摩擦，使叶缘细胞破损而发酵变红，后取绿茶的加工方式，高温炒青破坏酶的活性，使叶中心不能发酵保持绿色。其品质介于红、绿茶之间，外形条索粗大松散，色泽青灰有色，汤色清澈，棕黄带红，具有绿茶的清芬香气和红茶的醇厚香气，叶底中央呈绿色，边缘为朱红色，有"绿叶红镶边"之称。

青茶主要产地为我国福建、广东、台湾3省，是一种侨销茶，内销以广东、闽南为主。著名品种有铁观音、水仙茶、岩茶等。

经临床医学研究证明，乌龙茶对高血压、高血脂病有显著疗效。

4. 花茶

花茶又名香片，是我国的特产。用干燥的茶坯，加鲜花窨制而成的再制茶。茶坯原料主要是绿茶中的烘青茶，也有少量的乌龙茶和红茶。主要产地为福建、苏州、广州、广西、安徽等地。

花茶窨制，是利用茶叶有较强吸收异味的特性，使茶坯吸收鲜花的香气，茶香和花香混合，泡饮时清香鲜爽，滋味浓厚，既有茶香又有花香。水色清澈明亮，叶底细嫩匀净。

窨花是使茶叶吸收鲜花香气的过程，是把茶坯和鲜花拌和堆放在一起，促使茶叶吸收鲜花的香气。往往一次窨花不能达到要求，就需多次窨花，最多可达 7 次之多，次数越多香气就越持久，只有品质好的茶坯，才能经得起多次窨花，否则就会失去茶香而只有花香。

花茶品种较多，多以鲜花命名，如茉莉花茶、玫瑰花茶、柚花茶、代代花茶、珠兰花茶、桂花茶等。高级花茶均要求香气鲜灵，浓郁清高，滋味浓厚鲜爽，汤色清澈、清黄、明亮，叶底细嫩、匀净、明亮。

5. 紧压茶

紧压茶即各种块状茶，是一类改变茶叶形态，使其压制成型的再制茶。其目的是压缩体积，便于储运，多供应边疆少数民族地区，也有的作为侨销茶。

紧压茶的原料一般为晒青茶和红茶的毛茶或副茶（红茶末），经蒸茶、装模压制而成。其有各种砖茶（红砖、青砖、茯砖、米砖等）、沱茶、饼茶等，成品硬度高，须用力砍下后捣碎煮制后饮用。著名的有云南普洱沱茶、方茶、饼茶，广西六堡茶，四川的康砖、金具等。

（三）茶叶的储藏

1. 茶叶的特性

茶叶是季节性生产而长年消费的商品，故必须做好储藏工作。茶叶吸湿及吸味性强，很容易吸附空气中水分及异味，若储存方法稍有不当，就会在短期内失去风味，而且越是名贵茶叶，越是难以保存。通常茶叶在储放一段时间后，香气、滋味、颜色会发生变化，原来的新茶滋味消失，陈味渐露，所以必须针对其特性采取相应的储藏措施。

影响茶叶变质、陈化的主要环境条件是温度、水分、氧气、光线和它们之间的相互作用。温度越高，茶叶外观色泽越容易变褐色，所以低温冷藏（冻）可有效减缓茶叶变褐及陈化。茶叶中水分含量超过 5%时会使茶叶品质加速劣变。引起茶叶劣变的各种物质之氧化作用，均与氧气的存在有关。光线照射对茶叶会产生不良的影响，光照会加速茶叶中各种化学反应的进行，叶绿素经光线照射易褪色。

由此可见，降低储存环境温度，阻隔茶叶与氧气之接触，防止光线直射等均可减缓茶叶的变质。

2. 茶叶的储藏方法

茶叶应储存于干燥、通风、避光、清洁之处，不能和有异味的商品同库存放；库内温度一般控制在 30℃以下，相对湿度低于 60%；并尽量缩短其储藏期限。

现代科学技术在防止茶叶陈化方面也得到了应用，如抽氧充氮、避光冷藏法。预先将茶叶干燥至水分含量在 4%～5%，装入不透气的容器中，进行抽氧充氮密封，并储藏在专用的茶叶冷库中。由于茶叶处在无氧、干燥、无光、低温的条件下，茶叶的

144

陈化基本上可以制止。用这种方法储藏的茶叶，经3～5年仍能保持原来的色、香、味。

二、水果

水果是指能够直接供人食用的植物的果实、种子等，如苹果、梨、桃等是植物的果实，松子、核桃等是植物的种子。

（一）水果的成分

水果是日常生活必不可少的营养物质，含有人体所需的各种物质。其主要成分如下。

1. 水分

新鲜的果实中，水分占有很大的比重。水果含水量的多少，因品种不同而异，一般在80%～90%。西瓜、葡萄、草莓含水量高达90%以上；山楂、香蕉含水量在65%～75%；而瓜子、果仁含水量仅在3%～4%。

正常的含水量是衡量水果新鲜程度的一个重要的质量指标。水果越是鲜嫩多汁，其质量也就越高，如失去了正常的含水量，就会使水果萎缩而降低品质。但是水果中水分过多，也给储存带来不便。

2. 维生素

维生素是水果中含量丰富的成分之一。水果中含多种维生素，如维生素A、维生素C及少量的B族维生素，是人们膳食中维生素，特别是维生素C和维生素A的主要来源。

水果中维生素A和维生素C的含量随其种类不同而异。维生素A主要含在动物性食品中，水果中主要含有维生素A原（即胡萝卜素），一般具有绿、黄、橙等色泽的水果中均富含胡萝卜素，如杏、葡萄、柿子、柑橘、黄桃等。含维生素C丰富的水果有鲜枣（270～600毫克/100克）、山楂（89毫克/100克）、猕猴桃（62毫克/100克）、柑橘（40～60毫克/100克）等。

3. 矿物质

矿物质在水果中含量约在0.2%～3.4%之间，如在仁果类中为0.3%～2.8%，核果类中为0.4%～1.8%，浆果类中0.2%～2.9%，柑橘类中为0.3%～0.9%。

矿物质是水果中重要的营养素之一，水果中矿物质大多为钾、钠、钙等成分，此外还有硫、磷、镁等，易被人体吸收，并且生理上是碱性物质，可以中和体内积存的酸性物质，以保持体内的酸碱平衡，调节人体的生理机能。另外，水果中由于喷洒农药，会有一些残留的砷、铅等微量元素，食用时注意清洗。

4. 碳水化合物

碳水化合物是水果中干物质的主要组成部分，包括糖、淀粉、纤维素和半纤维素。

（1）糖类。它是决定水果营养和风味的主要成分。水果中含有的糖主要是葡萄糖、果糖和蔗糖等，对人体最有营养的是葡萄糖和果糖。水果种类不同含糖量也不相同。

水果中含糖量较少的是柠檬（0.5%），含糖较多的是葡萄（可20%以上），而苹果则含6%～10%，西瓜为5.5%～12%。水果的含糖量与其成熟度有关，一般来说，成熟度越高，含糖量越高，甜度也就越大。但果仁类水果则正好相反。

水果中的糖经长期储存，会逐渐降低，甜味也会变淡。因此，常用糖酸比值变化作为鉴别水果新鲜度的指标。

（2）淀粉。在未成熟的果实中一般都含有淀粉。但随着水果的成熟，淀粉就会逐渐分解成糖，有的水果如葡萄和柑橘成熟后不含淀粉，所以储存后甜味不会增加。苹果和梨成熟后仍残存 1%～1.5%的淀粉，经 1～2 个月的储存后淀粉完全转化生成糖，从而使甜味增加。水果中含淀粉较多的是香蕉（18%）、栗子（44%）。

（3）纤维素和半纤维素。在水果中纤维素的含量约 0.2%～4.1%。与其他碳水化合物不同，在植物体内一旦形成，就不再参与物质的代谢过程。纤维素和半纤维素聚合起来，就形成了水果内的石细胞，使果肉粗糙产生砂粒状的物质。因此，纤维素含量少的水果，肉质细嫩，品质好；反之则口感粗糙，品质劣。纤维素和半纤维素对人体无营养价值，但其能促进人体胃肠蠕动，帮助消化，防止便秘。

5. 有机酸

有机酸广泛地存在于水果中，同水果的滋味有密切的关系，与糖形成糖酸混合的特殊风味。水果中的有机酸主要是苹果酸、柠檬酸和酒石酸，通称为果酸。各种水果含酸量不等，如苹果、柑橘、葡萄等含酸较多，而梨、桃、香蕉等含酸较少。同一品种的水果，未成熟的含酸较多，成熟后含酸较少，甜味加浓。

另外，水果中还含有果胶质、鞣质、色素、芳香物质等。

（二）水果的种类

水果一般按果实的构造不同来分类。

（1）仁果类。果实由果皮、果肉和五室子房构成。种子室为薄膜状，内生长有种仁，故称仁果，如苹果、梨、山楂等。

（2）核果类。果实由外果皮、内果皮和种子构成。外果皮较薄，果肉肥厚，是食用的果肉部分。内果皮形成木质硬壳，内包有种子，故称为核果，如桃、杏、枣等。

（3）浆果类。果实形状较小，果肉成熟后呈浆状。如葡萄、草莓、猕猴桃、香蕉、荔枝等。

（4）坚果类。果实的特征是外覆木质或革质硬壳，成熟时干燥而不裂开，是以种仁作为食用的部分，如核桃、板栗、松子等。

（5）柑橘类。果实大多由外果皮、中果皮、柑络、中心柱和种子构成。外果皮呈较坚韧的革样状态，中果皮包括经络，内果成 6～12 个瓤瓣，瓤内由许多肉质化的小瓤囊组成，果汁含水量丰富，是可食用的部分，瓤瓣包裹中心柱，种子在瓤瓣中，如柑、橘、橙、柠檬等。

（6）复果类。果实由整个花序组成，其食用部分是它的花序轴、苞片、花托和子房，如菠萝、菠萝蜜等。

（7）瓜类。果实由花托、外果皮、中果皮、内果皮、胎座和种子构成。主要有西瓜、甜瓜等，其中内果皮、胎座是西瓜的可食部分，而中果皮和内果皮则是甜瓜的可食部分。

（8）其他。一些草本植物和水生作物的果实和根茎也可做果品来食用，如甘蔗、荸荠等。

第四节　食　用　油

食用油脂分为植物油脂和动物油脂。食用植物油脂产品又可分为原油和成品油。原油即指未经精练等工艺处理的油脂（又称毛油），不能直接用于食用只能作为加工成品油的原料。成品油则是经过精练加工达到食用标准的油脂产品。成品油分一级、二级、三级、四级四个质量等级，分别相当于原来的色拉油、高级烹调油、一级油、二级油。规定转基因、压榨、浸出产品和原料原产国必须标明，以维护消费者的知情权和选择权。花生油、大豆油、菜子油、芝麻油（香油）、葵花油属高级食用油，都有包装，色泽透明，无腥辣气味和异味，加温时烟很少。

一、花生油

从花生仁中提取的油脂称为花生油。花生油淡黄透明，芳香味美，是一种优质食用油。

花生油含不饱和脂肪酸 80%以上（其中含油酸 41.2%，亚油酸 37.6%）。另外，还含有软脂酸、硬脂酸和花生酸等饱和脂肪酸 19.9%。花生油的脂肪酸构成比较好，易于人体消化吸收。另外，花生油中还有含有麦坯酚、磷脂、维生素 E、胆碱等对人体有益的物质。经常食用花生油，可防止皮肤皱裂老化，保护血管壁，阻止血栓形成，有助于预防动脉硬化和冠心病，还可以改善人的记忆力，延缓脑功能衰退。

花生油在工业上可用于生产香皂和高级硬化油，因其食用价值高，所以较少用于工业。

二、大豆油

从大豆中提取的油脂称为大豆油。大豆油一直是东北、华北地区消费者的主要食用油。近十几年来，世界大豆生产发展迅速，豆油约占食用植物油总量的 1/3，居各种动植物油脂的首位。

大豆油的脂酸构成较好，含有丰富的亚油酸，还含有大量的维生素 E、维生素 D以及丰富的卵磷脂，对人体健康有益，人体消化吸收率高达 98%，所以大豆油也是一种营养价值很高的食用油。但是，大豆油的色泽较深，有特殊的豆腥味，热稳定性较差，加热时会产生较多的泡沫。

大豆油在工业上，主要用于生产甘油、润滑油、油漆、合成树脂等。

三、菜籽油

菜籽油也称菜油。毛菜油呈深黄色略带绿色，具有令人不快的气味和辣味。精练菜油澄清透明，颜色淡黄，无异味。

菜籽油从营养价值方面看，具有利胆功能。其脂肪酸构成不平衡，亚油酸等人体必须脂肪酸含量不高，含大量芥酸，所以营养价值比一般植物油低。另外，经常吃未精练的毛菜油，对人体健康有一定的影响。如菜油与富含亚油酸的油配合食用，能提高营养价值。

菜油含大量芥酸，含芥酸多的油脂熔点较高，在工业上有特殊的用途，如适合做机械的润滑油、机械制造工业的淬火用油和金属防腐剂等。菜油还是橡胶工业的良好添加剂，是生产尼龙、聚酰胺纤维、醇酸树脂、聚脂、肥皂、药膏等的重要原料。从用途上看，高芥酸菜油的经济价值明显高于低芥酸菜油。

四、芝麻油

芝麻的含油量，居食用油料之首。用压榨法制取的芝麻油称为麻油或大槽油，呈黄色，香味较淡。用水代法制取的芝麻油又称小磨麻油、香油，呈黄棕色，具有特殊的香味。水代法的主要工艺流程有炒芝麻、磨糊、加开水搅拌、震荡出油和油水分离等几个环节。

芝麻油中不含对人体有害的成分，而含有特别丰富的维生素 E 和比较丰富的亚油酸，其消化吸收率达 98%。由于它含有天然抗氧化剂芝麻酚，所以化学性质较稳定，而芝麻的存在更使芝麻油带有诱人的香味，尤其是小磨麻油比大槽油香味更浓，是人们非常喜欢的一种食用植物油，生食、熟食皆可，是上等烹饪油、调味油和凉拌油。因此芝麻油是食用品质好，营养价值高的优良食用油。

芝麻在工业上是生产生漆、肥皂、香精的上等原料。

五、葵花籽油

葵花籽油未精练时呈淡琥珀色，精练后呈清亮透明的淡黄色，滋味醇正，特别是炒制后榨出的油，其香味可与小磨麻油媲美。

葵花籽油的不饱和脂肪酸含量高，人体消化吸收率为 96.5%，熔点低。葵花籽油适用于色拉油、蛋黄酱油的加工制作，含有丰富的亚油酸，有显著降低胆固醇、防止血管硬化和预防冠心病的作用，国外把它称为高级营养油或健康油。

葵花籽油可用于生产人造奶油、优质涂料、油墨、液体肥皂、蜡烛及香料等。

第五节 乳类食品

乳与乳制品含有丰富的蛋白质、脂肪、矿物质和多种维生素，是营养丰富的食品，所含营养价值几乎全能被人体消化吸收，被人们称作完全营养食品。世界卫生组织也把人均乳品摄入量列为衡量一个国家人民生活水平高低的主要指标。

一个人每天喝两杯牛乳，约 500 毫升，能获得优质蛋白 16.5 克，脂肪 17.5 克，糖 22.5 克，钙 600 毫克，还有维生素 A、维生素 D、维生素 B1 等多种营养物质；能满足人体每天所需动物蛋白质的 50%、热能的 30%、钙的 50%左右；以及可满足每天所必需的氨基酸。

乳类食品已经成为哺乳婴幼儿童，补充大众营养的理想补品。随着人民生活水平的不断提高，乳及乳制品的品种和产销量也在不断提高。

一、乳的基本成分及其性质

乳是乳畜生产犊（羔）后由乳腺分泌的一种具有乳胶特性的生物液体，其色泽呈白色或略带黄色，不透明，味微甜并具有特有香味。乳有牛乳、羊乳、马乳等，最常见的是牛乳。

乳主要由水、蛋白质、脂肪、乳糖以及以钙为主的矿物质和一些维生素组成。牛乳含有以下 5 大营养成分。

（一）蛋白质

蛋白质是牛乳的重要营养物质，鲜牛乳蛋白质含量为 3.4%，主要包括酪蛋白、乳清蛋白和脂肪球膜蛋白 3 种。乳蛋白的消化吸收率一般为 97%～98%，属完全蛋白质。牛乳中还含有人体必需的 8 种氨基酸，且比例适当。一个人每天摄入 500 克牛乳，就可以拥有每日推荐量的全部必需氨基酸。它能供给机体营养，执行保护功能，负责机械运行，控制代谢过程，输送氧气，防御病菌的侵袭，传递遗传信息。

（二）乳脂肪

牛乳中脂肪含量约占 3.6%，以极小脂肪球的形式存在，均匀地分布在乳汁中，易被人体消化吸收。摄入人体后可经胃壁直接吸收，这对婴儿的生长特别有利。乳脂肪是一种消化率很高的食用脂肪，能为机体提供能量，保护机体。乳脂肪不仅使牛奶具备特有的奶香味，还含有多种脂肪酸和少量磷脂，脂肪酸中的不饱和脂肪酸和磷脂中的磷脂、脑磷脂、神经磷脂等都具有保健作用。

（三）乳糖

乳糖使牛乳中特有的碳水化合物，含量为 4.9%左右，较人乳（7%左右）少，其他食物中不含乳糖。乳糖具有提供热能和促进金属离子如钙、镁、铁、锌等的吸收的营养功能，以及调节胃肠蠕动和消化腺分泌等作用，尤其对于婴儿智力发育非常重要。另外，钙的吸收程度与乳糖数量成正比，丰富的乳糖含量能起到预防佝偻病的作用。

（四）无机盐

牛乳中含无机盐为 0.7%左右，以钙、磷、镁、钾、钠为主。牛乳中含有丰富的钙，每 100 克牛乳中含 120 毫克钙，且钙磷比例适当，有利于钙的吸收，所以牛奶是钙质的最好来源。如果每天饮用 250 克牛奶，就可以补充 300 毫克左右的钙，达到推荐供给量的 35%，这对解决中国人膳食钙缺乏现状具有重要意义。此外，牛乳对调节体内酸碱平衡也有帮助。

（五）维生素

维生素对维持人体正常生长及调节多种机能具有重要作用。人体是不能自行合成维生素的，必须从食物中摄取。而牛乳中含有几乎已知的所有维生素，如维生素 A、维生素 D、维生素 E、维生素 K、维生素 B_1、维生素 B_2、维生素 B_{12}、泛酸等。

综上所述，牛乳营养成分全面，营养价值高，是一种良好的滋补食品。

二、乳的消毒

生乳可能含有病原体，因此市场上销售的鲜乳都进行了消毒处理，常用的消毒方式有以下 3 种。

（一）煮沸消毒法

此法将乳直接煮沸即可，不需要特殊设备。但对乳的理化性质改变较大，营养成分损失较多。

（二）瓶装蒸汽消毒法

将生乳装瓶加盖后，置蒸笼内加热消毒。加热的时间视设备条件而定。加热至 80℃～85℃，维持 15 分钟，或蒸汽上升时起再加热 10 分钟即可。此法简单可靠，还可避免消毒后再污染。

（三）巴氏消毒法

其操作方法有多种，设备、时间和温度各不相同。用于生乳的消毒一般可分为：一是高温长时间消毒法，是将牛乳置于 62℃～65℃条件下保持 30 分钟；二是超高温短时间消毒法，是将牛乳置于 130℃～150℃条件下加热 3 秒钟。

乳经过消毒一般可使乳中的细菌含量减少到最低程度，但仍残留耐热的微生物，因此不能长时间储存。

三、乳的质量要求

衡量乳的质量指标主要有 3 个方面：一是感官指标；二是理化指标，如表 7-2 所示；三是微生物指标，如表 7-3 所示。

表 7-2　　　　　　　　　　鲜乳的理化指标

项　　目	指　　标
比重（%）	1.032～1.28
脂肪（%）	≥3.00
酸度（°T）	≤16
汞（mg/kg）	≤0.01
六六六（mg/kg）	≤0.10
滴滴涕（mg/kg）	≤0.10

表 7-3　　　　　　　　　　鲜乳的微生物指标

项　　目	指　　标
细菌总数（个/ml）	≤30 000
大肠杆菌（最可能数）（个/100 ml）	≤90
致病菌	不得检出

牛乳质量感官鉴别可从色泽、状态、气味、滋味 4 方面入手。①色泽。正常的新鲜牛乳应呈乳白色或稍带微黄色；如果牛乳色泽灰白发暗，或带有浅粉红色、黄色斑点，则说明牛乳已经变质或掺杂质。②状态。正常的新鲜牛乳是均匀乳浊液，有一定黏度，无上浮物无沉淀，无凝块、杂质；如果发现牛乳呈稠而不匀的溶液状，或上部出现清液，下层有豆腐脑状物质沉淀在瓶（袋）底，说明牛乳已变质。③气味。正常的新鲜牛乳应有一种天然的乳香味，其香味平和、清纯、自然、不强烈。此香来源于乳脂肪，香气的浓淡取决于乳脂肪含量的多少，如果是部分脱乳脂肪的牛乳，其乳香味稍淡薄。④滋味。新鲜的牛乳入口不应有酸味、鱼腥味、饲料味、酸败臭味等异常滋味。

鉴别牛乳的新鲜度，最简易的方法是：往盛清水的碗内滴几滴牛乳，如果乳汁凝固沉淀，说明是新鲜牛乳；如果乳汁浮在水面上且分散开，说明其质量差。鲜牛乳呈乳白色或微黄色的均匀胶态流体，无沉淀、无凝块、无杂质、无淀粉感、无异味；具有新鲜牛奶固有的香味。将牛奶倒入杯中晃动，奶液易挂壁。滴一滴牛奶在玻璃上，乳滴成圆形，不易流散。煮制后，无凝结和絮状物。

生鲜牛乳微生物的来源是牛体污染、外界污染、疾病。牛体污染指挤乳的环境（牛舍空气、垫草、尘埃以及乳牛本身的排泄物）、清洗程度、乳房的污染；外界污染指空气、挤乳用具、盛乳容器、饲料的污染，以及挤乳的手、蚊子、苍蝇带来的污染；疾病主要指乳腺炎。常见的微生物包括细菌、酵母、霉菌等。

四、乳制品

（一）乳粉

乳粉是以牛乳为原料经过杀菌、蒸发水分而后干燥成粉粒状的乳制品。成品呈淡黄色，含有少量的水分，用水冲调后基本上和鲜乳相同。但它比鲜乳耐存放，保存期少者几个月，多者可达几年。它便于携带，运输方便，成品乳粉体积仅为鲜乳的 1/8左右，重量也大大减轻，而且奶粉食用方便，冲调便利。

由于加工方式和原料处理的不同，乳粉可分为下列几种：全脂乳粉，以鲜乳直接加工而成；脱脂乳粉，将鲜乳中的脂肪分离出去，再用脱脂乳加工而成；全脂加糖乳粉，在鲜乳中添加 20%的蔗糖或乳糖加工而成；婴儿乳粉，在鲜乳中添加儿童所需的营养成分而成。

全脂乳粉的感官指标应为淡黄色粉状，颗粒均匀，无结块，无异味。脱脂乳粉的感官指标应为浅白色，色泽均匀，有光泽，干燥粉末无结块，具有脱脂消毒牛乳的纯香味，无其他异味。

（二）炼乳

炼乳是鲜乳的浓缩制品，也叫浓缩乳。在净化的原料牛乳中加入 15%～16%的食糖，然后浓缩至原体积的 1/3 左右，为甜炼乳；浓缩至原体积的 1/2 不加糖者，为淡炼乳。炼乳微带乳汁的色泽，黏度适中，味甜纯正。

（三）奶油

奶油，又叫黄油，是将鲜牛乳经分离后所得的稀奶油进行加工而制得的产品，其脂肪含量在 80%～83%，含水量低于 1.6%。奶油是制作某些糕点和糖果的原料，是西餐中必备的佐餐用料。奶油在西藏、内蒙古和西北牧区也广受欢迎，被当地人称作酥油，人们在烙饼、调茶和制作各种细点时一般都放奶油，是当地人民的主要食品之一。

（四）酸奶

酸奶的原料一般采用脱脂乳，添加适量蔗糖和香料经 90℃ 高温，30 分钟杀菌后，然后冷却、搅动，加入发酵剂发酵而成。酸奶中含有大量的蛋白质、糖类和脂肪，还含有丰富的维生素，故有很高的营养价值。饮用酸奶，能使肠内 pH 值降低，可抑制肠内病原微生物的发育，对于预防和治疗肠胃疾病具有良好的效果。

模拟实训

【实训主题】
掌握食品储存的重要性及储存方法。

【实训地点】
教室。

【实训目的】
（1）理论联系实际使学生意识到食品储存的重要性，能够针对不同的食品选择恰当的储存方法，培养学生解决问题的能力。

（2）加深学生对食品安全、卫生的认识，让学生学会食品储存管理的方法。使学生充分贴近生活，提升学生的综合素质。

【背景材料】

食品储存有条件，保存不当保质期内也变质

天气炎热，很多食品的实际保存期限缩短，食物变质的速度加快，在食品标称保质期内，也可能发生食品变质，对消费者的身体健康造成很大的伤害。大连市中山区消费者协会近一段时间受理了多起食品保质期内食品变质造成身体伤害而引发消费者投诉的案例，下面是几个典型的投诉案例。

消费者夏女士下班后在自己家附近的超市买西瓜解暑，营业员介绍说西瓜都是当天现切的，所以夏女士就放心地买了半个西瓜。可是买回家后，她的儿子吃了一块便告诉她西瓜已经酸了，随后便开始腹泻。经过消协工作人员的调查了解确定，西瓜确实是当天切开的，可是标签上的时间却是早上 8:00，而超市将西瓜切开后并没有作相应的冷藏、保鲜处理。从早上 8:00 到下午 6:00 十个小时，在酷暑中放置，食品怎能不变质？

消费者刘女士早上习惯在自家楼下的早餐店买几个炸糕做早餐。一天她早上买回炸糕发现不仅没有了往日的香甜，却有一股放久了的酸腻味。原来刘女士买的那几个炸糕是早餐店前天早上没卖掉剩下的，早餐店以为炸糕只暴露了一早上，然后就被放到冰箱里，应该不会变质。可是他们忽略了这段时间大连的酷暑高温使食物很容易变质。

　　消费者郭小姐每天下班都在自己家楼下的超市买两瓶酸奶。可是一天郭小姐买的酸奶味道却与往日不同——变质了。消协工作人员调查发现，该超市无冷藏设施，酸奶、豆浆、香肠等食品都未按食品标称的保存条件保存，而是在室内自然温度条件下存放，造成部分食品在标称保质期内发生变质，很多人购买使用后出现腹泻等不良反应。

　　对于消费者投诉，尽管经大连市中山区消协调解后消费者得到了赔偿，但已经对消费者造成了伤害。这是事实。

　　虽然炎炎夏日已过，气温对食品保存期的影响有所减轻，但部分食品对存放条件有明确要求。随着"十一"和中秋节的临近，月饼、鱼肉、速食水饺等节日食品和应季食品消费又将会迎来"黄金时节"，大连市消协提醒广大消费者，"食品储存有条件，保存不当保质期内也变质"，而变质食品会对消费者的身体健康造成很大的伤害。所以消费者在购买、食用食品时应该慎重，要"看"、"观"、"查"、"辨"。即：

　　一是看条件。即购买食品时，不仅要注意生产日期和保质期，更要看包装上标称的存放条件，购买时要观察销售场所是否符合要求，回家后也要按要求存放；

　　二是观设施。即查看销售场所是否有保证食品存放条件的设备，如冰柜、冷藏柜等；

　　三是查期限。即对于快到保质期而减价的食品，消费者应注意谨慎购买；

　　四是辨色味。不论购买还是食用食品时，可根据经验通过辨别颜色、味道是否正常，有无霉点、异味等方法，判断食品是否已变质。

　　同时，也提醒商家，销售食品时注意食品的存放条件。不能够为了省电，或节省空间，就将本来应该低温冷藏的食品放置在常温之下，不按食品说明储存食物，造成对消费者健康的损害。建议建立日食品卫生自查制度，保证消费者的安全健康。

【实训过程设计】

　　（1）指导教师布置学生课前预习阅读案例。

　　（2）将全班同学平均分成小组，按每组5～6人分组对案例资料进行讨论。

　　（3）指导教师对小组讨论过程和发言内容进行评价总结，并讲解本案例的分析结论。（先评定小组成绩，在小组成绩中每一个人参与讨论占小组成绩的40%，代表发言内容占小组成绩的60%）。

　　（4）根据"背景材料"讨论食品贮存的方法有哪些，食品的防腐保鲜对生产者、消费者有何益处？

➜ 本章要点

　　● 食品是指供人食用或饮用的成品和原料。食品中主要是6大营养成分，即糖、蛋白质、脂肪、维生素、矿物质和水。

　　● 食品卫生是指食品从生长、加工、储藏、运输、销售、烹调到最后食用每一个环节均能保持良好、完整和安全状况。

　　● 酒的种类有很多，按酒精含量分为高度酒、中度酒、低度酒；按制作工艺可将酒分为蒸馏酒、发酵酒和配制酒；按商业经营习惯，酒可分为白酒、果酒、色酒。

● 根据加工方式的不同，茶叶可分 5 大类，即红茶（全发酵茶）、绿茶（不发酵茶）、青茶（半发酵茶）、花茶和紧压茶（再制茶）等。

● 乳是乳畜生产犊（羔）后由乳腺分泌的一种具有乳胶特性的生物液体，其色泽呈白色或略带黄色，不透明，味微甜并具有特有香味。乳有牛乳、羊乳、马乳等，最常见的是牛乳。

● 生乳可能含有病原体，因此市场上销售的鲜乳都进行了消毒处理，常用的消毒方式有煮沸消毒法、瓶装蒸汽消毒法、巴氏消毒法。

综合练习

一、名词解释

1. 食品卫生　2. 淀粉糖化　3. 蒸馏酒　4. 茶叶陈化

二、填空题

1. 根据酿酒方法不同可将酒分为_____、_____、_____等三类。

2. 甲醇在人体内氧化成_____，对人的_____影响较大，造成中毒。

3. 酒的香气分为_____、_____、_____三种。

4. 鲜啤酒没有经过杀菌，酒中存在_____，一般稳定性差。

5. 世界性三大饮料指_____、_____、_____。

6. 制茶中杀青目的是破坏鲜叶中_____的活性，防止茶多酚氧化和叶绿素分解。

7. 茶叶具有_____、_____、_____三大特性。

8. 储存茶叶的仓库一般要求库房相对湿度_____、温度不超过_____。

三、单选题

1. 酒是用含有（　　）的原料经水解发酵而成。

A. 蛋白质　　　B. 脂肪　　　　　C. 碳水化合物　　　D. 维生素

2. 酒液中固形物含量较多的是（　　）。

A. 白酒　　　　B. 葡萄酒　　　　C. 白兰地　　　　　D. 食用酒精

3. 酿酒用的酒曲是一种（　　）。

A. 添加剂　　　B. 糖化剂　　　　C. 乳化剂　　　　　D. 发酵剂

4. 白兰地是一种（　　）葡萄酒。

A. 低度　　　　B. 蒸馏　　　　　C. 发酵原液　　　　D. 配制

5. 白兰地酒精含量一般在（　　）左右。

A. 10%　　　　B. 20%　　　　　C. 30%　　　　　　D. 40%

6. 白兰地酒标签上显示储存年限最长的是（　　）。

A. V·O　　　　B. S·O　　　　　C. V·S·O·P　　　　D. X·O

7. 新蒸出的酒由于（　　）含量高，使酒性暴，所以新酒需要储存。

A. 乙醇　　　　B. 乙醛　　　　　C. 乙酸　　　　　　D. 乙酸乙酯

8. "酒是陈的香"，这是因为白酒在储存过程中会增加（　　）的含量。

A. 醇类　　　　　B. 酸类　　　　　　C. 酯类　　　　　　D. 醛类

9.（　　）是一种营养食品，有"液体面包"之称。

A. 面包　　　　　B. 白兰地　　　　　C. 茶叶　　　　　　D. 啤酒

10. 常见的 12 度啤酒指（　　）的浓度为 12%。

A. 酒精　　　　　B. 原麦汁　　　　　C. 二氧化碳　　　　D. 氨基酸

11. 我国茶叶按加工特点进行分类，其中（　　）属于不发酵茶。

A. 红茶　　　　　B. 绿茶　　　　　　C. 乌龙茶　　　　　D. 花茶

12.（　　）中茶多酚含量较高，具有明显的杀菌、消炎、强心、降压作用。

A. 龙井　　　　　B. 祁宏　　　　　　C. 普洱茶　　　　　D. 茉莉花茶

13. 各类茶叶中保留天然成分最多的是（　　）茶。

A. 祁红　　　　　B. 碧螺春　　　　　C. 铁观音　　　　　D. 普洱

14. 黄山毛峰是一种（　　）茶。

A. 炒青　　　　　B. 烘青　　　　　　C. 蒸青　　　　　　D. 晒青

15. 具有条索紧结、汤色翠绿、香气鲜锐、收敛性强、耐冲泡特点的是（　　）。

A. 炒青茶　　　　B. 烘青茶　　　　　C. 晒青茶　　　　　D. 蒸青茶

16. 外形粗壮松散，叶底绿叶红镶边的茶叶是（　　）。

A. 祁红　　　　　B. 碧螺春　　　　　C. 铁观音　　　　　D. 普洱茶

155

四、简答题

1. 简述食品的特性与分类。

2. 白酒有哪些香型？各自的典型代表是哪些？

3. 啤酒有哪些感官质量指标？

4. 简述酒类的鉴定方法

5. 茶叶怎样分类？各自有哪些代表品种？

五、综合题

1. 白酒的感官质量有哪些指标？各自的要求是什么？

2. 茶叶的感官质量审评有哪些指标？各自的要求是什么？

3. 怎样鉴别牛奶的新鲜程度？

第八章

纺织品商品

📍 学习目标

【知识目标】

- 认识纺织品商品的种类和性能；
- 了解天然纤维的种类和性质；
- 了解化学纤维的类别和性质；
- 掌握感官鉴别法和燃烧鉴别法。

【能力目标】

- 能够运用所学知识和方法鉴别纺织品的类别和质量；
- 初步具备经营纺织品的有关技能和提供咨询服务的能力。

📍 案例导入

中国纺织业发展概况

中国是纺织品生产和出口的大国。中国纺织行业经过多年的发展，竞争优势日益明显。中国纺织业具备世界上最完整的产业链，最高的加工配套水平，众多发达的产业集群。其应对市场风险的自我调节能力不断增强，给行业稳健发展提供了坚实的保障。

从国际环境看，纺织品国际市场仍有较大拓展空间和机遇。随着2007年底中欧纺织品设限到期、2008年底中美纺织品配额设限结束，约占全球纺织品市场60%以上份额地区全面开放，给中国纺织品贸易带来巨大的发展空间。

从国内经济环境看，国内需求将成为行业增长的重要驱动力。目前，80%左右的中国纺织品在国内消费。随着居民收入稳定提升，将拉动内需市场的进一步发展。

中国纺织企业应克服目前原材料上涨、人民币升值及出口退税调整给行业造成的困难，抓住纺织行业发展的机遇，提高产业的集中度，遏制低效产能的盲目扩张。同时，加大特色产业园区建设，加快自主创新步伐，提升中国纺织行业的品牌影响力，进行产业调整和升级，使中国由纺织大国向纺织强国跨进。

启示：纺织品对人民生活非常重要。关注中国纺织业发展意义重大。

学习内容

纺织品是人们日常生活必需品。随着纺织工业的发展及人们生活水平的提高，纺织品的品种、花色不断增多，性能不断提高。消费者对它们的要求也越来越高，不仅要耐穿、耐用，而且还要舒适、美观、大方。

从狭义上讲，纺织品是指梭织布和针织布两大系列产品。梭织品是指由经纬纱按着一定的沉浮规律，互相交织而成的织品，主要有棉布、麻布、呢绒、丝织品、化纤织品等。针织品是用针织机将纱线编织成线团互相套结而成，如汗衫、背心、棉毛衫裤、绒衣裤、袜子、手套等。另外，还有在纺织机上直接成型不需要再加工的成品，如毛巾、床单、毯子、围巾、手帕等。商业上通常把针织品和棉织品统称为针棉织品。

从广义上讲，纺织品是指从纺纱到织布，直到最终制成品的全程产品，包括：（1）纱、线、天然丝、人造丝、化纤长短丝、弹力丝、金属丝等等纺织原材料。（2）针织布、梭织布、无纺布、天然裘皮面料、塑胶布、工业用布（用于工业领域的纺织品，如篷盖布、枪炮衣、过滤布、筛网、路基布等）、医用纺织品等。（3）服装、服装饰品、家用纺织品、装饰布艺制品、手套、帽子、袜子、箱包、毯子等制成品。（4）其他纺织品，如布艺玩具，灯饰、工艺品、塑胶制品，以及手工钩编物、缂丝、腰带、绳子、带子、缝纫线、绣花线等使用纱线的制品。

157

第一节 天然纤维

一、棉纤维

（一）棉纤维的成分

棉纤维的主要成分是纤维素。成熟的棉纤维在正常状态下含有6%～8%的水分。完全失去水分的棉纤维其成分组成如表8-1所示。

表 8-1　　　　　　　　　　完全失去水分的棉纤维其成分组成

成　　分	含量（%）
纤维素	94.5
蜡质	0.5～0.6
果胶质	1.2
含氮物	1～1.2
矿物质	1.14
其他（糖类、有机酸等）	1.36

由以上成分可以看出，棉纤维是一种近似于纯纤维素的纺织纤维。纤维素的性质决定了棉纤维的理化性质。

（二）棉纤维的性质

（1）吸湿性。棉纤维具有吸湿性，它的吸湿能力随着空气中相对湿度的增长而增长。当空气中相对湿度增大时，其吸湿能力也就加大，其最高含量可达 20%左右。但当温度升高时，其吸湿能力便会减弱，当温度超过 105℃时，棉纤维中含有的水分便全部挥发散失。如将棉纤维置于固定温湿度条件下保持一定时间后，其含水量会保持一定，这种现象即为水分平衡状态。外界环境中湿度的每一个变化都会引起棉纤维含水量的相应变化，最后达到新的水分平衡状态。

棉纤维内含水量的多少常用含水率与回潮率来表示。物质在完全干燥后所损失的总重量与干燥前重量的百分比，即为该物质的含水率。所失水分的总量与干燥物质本身重量的百分比即为该物质的回潮率。

棉纤维具有吸湿性的原因主要取决于纤维素的结构。在纤维素中，各个分子的排列是极不规则的，这就使得棉纤维成为一种多孔性的物质，它不仅具有中腔，而且在纤维素填充层之间也有很多孔隙，由于毛细管的作用，就会使棉纤维具有吸湿性。另外，由于纤维素的分子结构粗壮耐亲水基（羟基-OH），这也是棉纤维具有吸水性的原因之一。

（2）保温。棉纤维是热的不良导体，因而具有良好的保湿性能。同时，棉纤维具有一定的弹性，很容易松散开来，这样就使纤维间能够存有大量的空气，使棉纤维及其制品具有良好的保温性能。

（3）导电性能。棉纤维为电的不良导体，故可作为电线包皮的原料。棉纤维的导电率与其含水量成正比，所以可以通过测定棉花导电率的大小而推测出其含水量。

（4）空气和日光对棉纤维的作用。棉纤维长期在日光照射下会逐渐氧化、变脆，强度降低。实验证明，经过日光照射 940 小时后，其强度会降低 50%左右。这是由于纤维素开始变为氧化纤维，其主要的后果为大分子接替而丧失其机械强度。但应指出，在隔绝空气的环境中，受日光照射时纤维素不损坏。放在暗室里，其氧化作用也非常缓慢，所以在储存织品时，应根据这个原理进行保管。

（5）热对棉纤维的作用。在受到不同程度的长期加热时，纤维即会发生类似于受光作用时所引起的变化。它在加热后的显著特点是吸湿能力减低，吸附能力减弱。棉纤维在110℃以下并不受到破坏，当温度达到150℃时会引起纤维的分解，250℃时开始由棕色变为暗褐色，温度再升高时，则会引起燃烧。

（6）碱对棉纤维的作用。棉纤维对于碱的抵抗力很强，即使在煮沸的碱液中，碱对棉纤维的破坏也很缓慢，所以棉织品可以用碱水来洗涤，这是由于纤维素分子结构中的葡萄糖苷键对碱不活泼的缘故。在常温下，将纤维浸入18%～25%的苛性钠溶液中，则能引起特殊变化。纤维会迅速膨胀，失去弯曲而恢复管状，纤维长度缩短，产生强烈的光泽，强力增大，易于染色漂白，呈现"丝光化"。丝光化的棉纤维在伸张的情况下干燥，具有丝的光泽，极易吸收染料，通称"丝光"工艺。

（7）酸对棉纤维的作用。棉纤维抗无机酸的能力较弱，这是因为纤维分子的葡萄糖苷键对无机酸不稳定，易产生水解，引起分子断裂。棉纤维水解的最终产物是葡萄糖，其反应可用下式表示：$(C_6H_{10}O_5) + nH_2O \rightarrow nC_6H_{12}O_6$

在无机酸的作用下，纤维素水解的速度因无机酸的种类、浓度、温度及作用时间不同而异，70%左右的浓盐酸和硫酸，即使在常温下也可引起纤维素的迅速破坏而溶解；在稀盐酸中，水解缓慢，短时间内纤维素被破坏得并不显著，但时间过长，则产生水解纤维素，使棉纤维强度下降。

159

二、麻纤维

（一）麻纤维的成分

各种麻纤维的化学成分主要是纤维素。存在于麻纤维中的纤维素有胶质和木制纤维素之分。苎麻、亚麻和大麻中的纤维素为胶质纤维素，是胶质与纤维素的结合物。黄麻中的纤维素是由木质与纤维素所构成的木质纤维素。在麻纤维中，除纤维素外，还含有胶质、水分、水可溶物、木质素、脂肪、蜡质等。麻纤维中各种成分的含量由麻的种类和加工程度不同而异。纤维素含量愈多，麻纤维的品质就愈好；胶质含量愈多，则麻纤维既粗糙发硬又易于折断。木质含量多，在日光的照射和受潮时容易变色。因此，麻纤维的结构和成分对于麻纤维的品质和性质有着很大的影响。

（二）麻纤维的性质

（1）强度。在天然纤维中，强度最大的就是麻纤维。在麻纤维中，强度最大的是苎麻，其次为大麻和亚麻，再次为黄麻和苘麻。但每种麻的强度又因其品种、收获期、纤维等级和水分含量不同而有所不同。但总体来看，麻纤维强度是很大的，因而麻织品具有耐磨耐穿的特性。

（2）导电性和耐热性。麻纤维是电的不良导体，具有很好的电绝缘性能。麻纤维散热很快，较棉纤维快25%左右，所以穿着麻织品有凉爽之感。在干热的情况下，以大麻的耐热性最强，苎麻和亚麻等较弱；在湿热的情况下，以苎麻的耐热性为最强。

（3）颜色。各种麻纤维的颜色因其品质的脱胶沤制方法不同而不同。通常，脱胶后的苎麻为青白色，亚麻为淡黄色，大麻和黄麻为黄白色。但脱胶不良的大麻则为灰黄色，黄麻受日光作用后则变为黄褐色，脱胶良好的苘麻为白色，否则为灰白色或灰黑色。

（4）吸湿性。麻纤维具有吸湿性，其吸湿程度的大小由于麻的品种和空气中相对湿度不同而异。当空气中相对湿度高于麻纤维中的湿度时，能吸收水分；当麻纤维中的湿度高于空气中的相对湿度时，会散失水分。但各种麻纤维的吸湿程度并不相同，如相对湿度在88%~89%时，苎麻吸湿率是18%，亚麻吸湿率13.9%，而黄麻则高达23.3%。各种麻纤维的抗水性能都很好，除黄麻外，一般均不易受水的侵蚀而发霉腐烂。

（5）对各种化学试剂的反应。不同的麻纤维对各种化学试剂的反应也不同。有些麻纤维不溶于水及中性溶液，但不耐酸，遇氧化铜的氨溶液则纤维膨胀而不溶解，遇碘液作用呈棕色，遇硫酸作用呈蓝色，如经苛性钠处理，可增加其柔软性和洁白程度，但对染料的亲和力则比棉纤维差。亚麻抗酸性弱，对染料的亲和力也很低，对氧化剂的抵抗能力也很差，所以染色和漂白都较困难。如在碱液中蒸煮，会失去光泽发生膨胀而呈现黄褐色。大麻纤维遇氧化锌溶液呈紫黄色，因其纤维中含胶质较多，故漂白困难，对染料的亲和力也很差。黄麻因是木质纤维，遇碘和硫酸均呈黄色，遇弱氧化剂即分解成为纤维素和一种单宁物。

三、蚕丝

（一）蚕丝的成分

蚕丝的主要成分是丝质。在蚕丝中，丝质含量为72%~80%；其次为丝胶，占18%~25%；此外，还有少量的色素、脂肪和灰分等。丝质与丝胶都是蛋白质，蛋白质水解后最终产物为各种成分的氨基酸。在氨基酸分子中含有氨基（–NH）和羧基（–COOH）。氨基（二者约占76%以上）等简单氨基酸因支链较短，大分子的整列度较高，故某些化学稳定性较角质蛋白质纤维高。

（二）蚕丝的性质

（1）吸湿性。蚕丝的吸湿性是由其结构与成分决定的。因为构成蚕丝主体的丝质在其许多细小纤维排列的中间有很多空隙，因此与其他天然纤维一样，经常会吸收一定量的水分。其次，蚕丝是由氨基酸缩合而成的，氨基酸本身存在着亲水性的氨基和羧基，也能吸收水分。蚕丝在一般情况下能吸收11%~12%的水分，最多可达30%，而手感不觉得潮湿。蚕丝对水分的吸收与散发甚为迅速，故穿着丝绸衣料感觉凉爽。

（2）绝缘性和耐热性。蚕丝是电和热的不良导体，是电气绝缘的良好材料。蚕丝的耐热性随温度的不同而不同。当温度为120℃时，蚕丝只是渐渐失去水分，并不起明显的变化；当温度升至150℃时，便逐渐蒸发出碱性的氨，同时丝胶发生凝固而变色；若加热到235℃时，即会焦化，并发出与燃烧羊毛相似的臭味。

由此可知，过高的温度会使丝胶凝固，丧失其强力和柔软性能，因此，在丝的染制过程热处理中，必须掌握这一特性。

（3）耐酸碱性。蚕丝对酸碱的反应因其浓度和性质的不同而不同。强酸在较长时间的作用下，可以溶解蚕丝，而弱酸对它并不起作用。强碱在低温下即能溶解蚕丝，而弱碱只能在温度较高的情况下才能溶解丝胶和极少的丝质。所以，在丝织工业上常用弱碱作为精炼剂。

四、羊毛纤维

（一）羊毛纤维的成分

羊毛纤维的化学成分是角质蛋白质。角质蛋白质是由碳、氢、氧、氮、硫五种化学元素构成的一种极其复杂的化合物。这种化合物的分子构造至今尚未完全肯定。研究结果已证明，它是由十几种氨基酸所组成的。氨基酸的通式是：

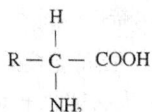

$$R - \overset{\overset{\text{H}}{|}}{\underset{\underset{\text{NH}_2}{|}}{\text{C}}} - \text{COOH}$$

由此可知，羊毛纤维含有酸性的羧基和碱性的氨基，和生丝一样，也是一种由两种两性反应物质组成的纤维材料。

（二）羊毛纤维的性质

1. 物理性质

（1）缩绒性。缩绒性是指羊毛在热碱液和压力的作用下，毛纤维互相发生黏合的现象。缩绒性是毛纤维的重要特征之一，毛纺工业常将半制品经过缩绒处理，处理后的毛织品不仅紧密厚重、坚固耐用，而且也能提高织品的外观。

羊毛纤维之所以具有缩绒性，是因为羊毛纤维表面的鳞片结构受外界因素作用而发生变形的缘故。例如，柔软纤细的毛纤维，鳞片的尖端稍稍突出，当受到热碱溶液处理时，鳞片即扩张起来；受到压力时，即互相结合在一起。同时，又借助毛波的作用使其更紧密地缠结在一起，能进一部促进羊毛的缩绒性能。

（2）弹性。弹性是指外力对羊毛的作用停止后，羊毛仍能恢复其原状的能力。弹性是羊毛的重要特征之一，它对毛织品的美观与耐用性有着很大的意义。用毛料制成的服装，长期穿用时不易发生皱褶或变形，这在很大程度上决定于羊毛的弹性。羊毛的弹性与羊毛的细度有很大的关系，羊毛越细，弹性就越大。

（3）吸湿性。羊毛的吸湿性在各种纤维原料里最强，在一般情况下，含水量约为8%～14%，在非常潮湿的空气中，它能吸收水分达 40%，而手感并不觉潮湿。羊毛之所以有较大的吸湿性能，与其化学成分和结构分不开。一方面，羊毛是一种角质蛋白质化合物，在角质蛋白质的分子中有亲水性的羟基、氨基、羧基，故其吸湿性较强；另一方面，羊毛为一种多孔性纤维物质，由于毛细管的作用，水分也能被吸进纤维的空隙中，或被吸附在纤维的表面。羊毛从空隙中吸收的水分重量与空气的相对湿度有密切的关系。空气的相对湿度越大，羊毛的吸湿性越强；当空气的相对湿度减低时，羊毛所吸收的水分又会散放回周围的空气里。就是说，湿度高时，羊毛吸湿较多；湿度低时，吸湿较少。

由此可见，羊毛的含水量是随空气温湿度的变化而变化的，因此，在商业活动中，为了确定羊毛的重量，便于计算价格，便规定出一定的回潮率（15%～17%）；在保管过程中，对羊毛及其织品仓库的温湿度应特别注意。

2. 化学性质

（1）酸的作用。羊毛对酸类的抵抗力比植物纤维要强，因此，当羊毛含有植物杂质时，常用稀硫酸来处理。当毛织品染色时，为了提高羊毛与某些染料的亲和力，亦多经稀硫酸处理。但硫酸浓度增大（30%）、温度升高时，亦能破坏毛纤维。因此，毛织品染色时必需注意酸的浓度和温度以及处理的时间。

（2）碱的作用。羊毛对碱的抵抗力比植物性纤维弱，但也随碱的浓度、性质、温度以及处理时间的不同而呈现不同特性。例如，将羊毛放入 5%苛性钠液中煮沸 20 分钟即能溶化，若将羊毛放在 38%苛性钠液中，但温度较低（保持 19℃）且时间较短（5 分钟），不仅对羊毛无损伤，反而能增强纤维的强度与光泽（因为鳞片软化而紧密平滑黏合在毛干上，故强度增大，光泽也好）。因此，毛纺工业常利用这种性质处理某一些毛织品，以美化织品的外观。其他如碳酸钠等弱碱液一般对羊毛没有损伤，但是溶液过浓、温度过高或时间过长也会对羊毛品质不利。所以，用弱碱液洗涤毛织品时也应注意碱液的浓度、温度和洗涤时间。

第二节　化学纤维

化学纤维分为纤维素和合成纤维素两种。

一、纤维素纤维

纤维素纤维是利用木材、芦苇、高粱秆、甘蔗渣、棉短绒等原来含有纤维素的物质，经过化学方法处理与机械加工而制得和棉花、羊毛、蚕丝一样能够用来纺织的纤维。

木材、芦苇、甘蔗渣、棉短绒等植物中所含的纤维素，就化学成分来讲，和棉花中所含的纤维素没有什么区别，都是属于天然形成的线型高分子物质，但是，这些物质中的纤维素不像棉花中的纤维素那样质地均匀、排列整齐、柔软可纺，可直接用来纺织，而是表面粗糙、长度短、排列不整齐、质地不均匀，不能直接用来纺织，须通过人工方法，经过化学处理和机械加工以后，才能把这些纤维素重新组合成纤维状态的纤维而用于纺织，所以又有"人造纤维"和"再生纤维"之称。

二、合成纤维

合成纤维是从原来不含纤维素的物质，如煤、石油、天然气、石灰石或蓖麻油等工业或农副产品中提炼出一些简单物质，再经过化学合成与机械加工，制成像棉花、羊毛或蚕丝一样的纤维。市场上的锦纶、涤纶、维纶、腈纶、氯纶、丙纶等织品都属于这一类纤维。

在化学纤维命名中规定：凡国内生产使用的一切化学纤维纯纺、混纺和交纺的纺织品中所有的化学纤维，一律使用商品名称。纤维素短纤维一律命名"纤"，合成纤维一律命名"纶"。长丝则在末尾加一"丝"或将"纶"、"纤"改为"丝"。

目前，国内使用的主要化学纤维有粘纤、富纤、锦纶、涤纶、腈纶、维纶、氯纶和丙纶，人们通称为"两纤六纶"。

（一）粘胶纤维

1. 粘胶纤维的成分

制造粘胶纤维的主要原料有木材（如鱼鳞松、南方杉等）、竹子、棉花绒、甘蔗渣、棉花秆、芦苇、稻草、谷草、高粱秆等，经过化学加工处理，经过纺丝，制成粘胶纤维。其生产技术简单，产量大，成本低。1 立方米木材可以制出 200 千克纤维素，可以制成 160 千克人造丝，织成 1500 米衣料或 4000 双长筒袜，这相当于 325 万条蚕吐的丝，或 7.5 亩棉田一年收获的棉花，或 25～30 头羊一年剪下的羊毛。

2. 粘胶纤维的性质

（1）有良好的吸湿性。粘胶纤维有良好的吸湿性，比其他纤维的吸湿性都大，在相对湿度 65%时（常温下），吸湿可达 13%，其最大含量可达 30%，这是粘胶纤维遇水变硬的原因。

（2）伸长变形。粘胶纤维受拉力的作用后会伸长变形。粘胶纤维的伸长率低于羊毛，湿态的伸长率高于干态，粘胶纤维经过强化处理以后，提高了大分子的整列度，分子排列更加紧密，键合力增加，伸长力下降，塑性变形大，因而耐皱性最差，易发生皱折，严重影响外观。

（3）比重。粘胶纤维比重较大，在 1.51～1.52 之间，故其织物平方米重于同样厚度、同样面积的其他纤维织物。

（4）耐热性。粘胶纤维加热至 150℃时强度下降，在 170℃～205℃时开始分解，不熔融；温度如果继续升高，便炭化，长时间加热，颜色变黄。

（5）耐光性。粘胶纤维对大气和光的稳定性低于棉花，长时间照射，其强度下降，经日光照射 900 小时，其强度下降 50%。

（6）化学稳定性。粘胶纤维耐酸性很弱，浓强酸即使在常温下也能使纤维溶解，稀强酸在常温下经过一定的时间可使纤维脆化，加热至沸腾时也可以使纤维溶解。

粘胶纤维对碱有较强的抵抗力，但不如棉。遇强碱可以使其膨胀，强度降低，在与空气接触条件下加热，可以使纤维氧化变脆，生成氧化纤维素。粘胶纤维不为一般溶剂所溶解，但能被丙酮和某些结合物溶解。

（7）染色性。粘胶纤维有良好的染色性，染色的织物颜色异常鲜艳，富于光泽，如各种人造丝绸。吸色力很强，正因为如此，染色时易颜色不均。

（二）氯纶纤维

1. 氯纶纤维的成分

氯纶纤维的基本原料是氯乙烯，可从石油气中分离出来的乙烯和氯化氢化合物中得到。由于这些原料来源丰富，成本不高，而且纤维的制造过程也比较简单，因此氯纶是目前最便宜的一种合成纤维。

2. 氯纶的性质

（1）比重在 1.38～1.4 之间，小于棉而大于羊毛。其强度接近棉花而大于羊毛。耐磨性较棉、毛好。

（2）保温性强，比棉花高 50%，比羊毛高 10%～20%。其弹性与羊毛相仿，织物不易起皱。

（3）耐酸，耐碱，不霉烂，不受虫蛀。

（4）吸湿性小，趋于零。耐热性差，在 70℃左右时开始收缩，在沸水中收缩率高达 50%。因此，氯织物不能用热水洗烫或接近高温物体，如暖气片等。

（5）国内目前采用氯纶制作毛毯和地毯，无论内销或出口都很受欢迎，主要是因为它有良好的弹性、保暖性和难熔性。

（6）氯纶的耐酸碱和耐各种溶剂的能力很强，其织物在工业上尤其在化工生产中适合用做耐腐蚀的滤布、工作服等。

（三）涤纶

1. 涤纶的成分

涤纶是合成纤维中的一个重要品种，是聚酯纤维的商品名称。它是以精对苯二甲酸（PTA）或对苯二甲酸二甲酯（DMT）和乙二醇（EG）为原料经酯化或酯交换和缩聚反应而制得的成纤高聚物——聚对苯二甲酸乙二醇酯（PET），经纺丝和后处理制成的纤维。

2. 涤纶的性质

涤纶是合成纤维的一种，1953 年才开始工业化生产，由于性能优异，发展迅速，其产量大大超过其他合成纤维。这类纤维大分子结构中含有酯基，因此它的学名叫"聚酯纤维"。

涤纶短纤维有高强低伸型、低强高伸型、高强中伸型及抗起球型之分。高强低伸型强度为 6～7 克力/旦，断裂伸长为 20%以下；低强高伸型涤纶的强度为 4 克力/旦，断裂伸长为 40%以上；抗起球型涤纶的强度一般较低。一般棉型涤纶采用高强低伸型，可纺性能较好，成品强度较好。毛型涤纶采用低强高伸型，强伸度接近羊毛。涤纶长丝的强度较低，纤维。由于涤纶的吸湿性低，干湿状态下的机械性质无多大差异。涤纶的初始模量高，纤维在小的负荷作用下不易变形，变形后回复能力好，因此，涤纶的织物比较硬挺，织物尺寸稳定，易洗快干，保形性好，与天然棉、麻、毛或粘胶纤维混纺后，其织物具有良好的穿用性能。涤纶表面光滑，纤维间摩擦系数大，在纺织加工中易产生静电，不加油剂，纤维间的摩擦系数可达 0.58。故在纤维制造中常加油剂，方便成纱加工。涤纶织物穿着时由于摩擦产生静电，易吸尘弄脏。

涤纶大分子链为刚硬的线性，大分子侧面没有大的基团和支链，因此，分子间易紧密结合在一起，形成结晶度为 60%～65%。内部大分子无亲水性基团，只有大分子链的端基，吸湿能力很小，当湿度增大时，纤维吸湿量无显著变化。由于吸湿性低，染色困难，只能选用分散染料在高温下进行染色。涤纶透气性差。涤纶的玻璃化温度为 67℃～91℃，熔点为 256℃～265℃，230℃开始软化。涤纶的耐热性和热稳定性均很好，在 150℃的热空气中加热 168 小时，强度损伤只有 15%～30%。

涤纶大分子具有酯基，有一定的化学反应能力，而苯环和亚甲基的化学稳定性又好，耐碱，在室温下，不溶于 10%的氢氧化钠溶液，但当浓度增加或温度增高时，涤纶也易遭破坏。

涤纶不霉不蛀，耐日晒与耐气候性能均很好，仅次于腈纶，优于其他合成纤维。涤纶织物经 2800 小时暴晒后，强度损失为 60%～70%。

（四）锦纶

1. 锦纶的品种

锦纶的品种很多，有锦纶 4、锦纶 6、锦纶 7、锦纶 8、锦纶 9、锦纶 11、锦纶 66、锦纶 610、锦纶 1010 等。由于这类纤维大分子链都是由酰胺基连接起来的，纤维的学名叫"聚酰胺纤维"。在聚酰胺类纤维中，用于纺织工业上的主要品种是锦纶 6 和锦纶 66，目前锦纶 66 产量占 60%，锦纶 6 占 30%～35%。锦纶生产以长丝居多，长丝除加工成弹力丝外，大都以单丝、复丝形式用于针织织品。锦纶短纤维也有少量生产，主要用来与其他纤维混纺，制造各种民用织物。

2. 锦纶的性质

锦纶的最大优点为强度高，耐磨性好。锦纶丝的强度一般可达 10 克力/旦以上，并耐冲击，耐磨性在所有纤维中居于首位，弹性回复性能好，耐疲劳性也比其他合成纤维好。锦纶的初始模量很低，在小负荷作用下容易变形，因此做外衣时保形性差。织物容易起毛起球，故锦纶在民用上很少单独用做外衣原料，大多采取混纺来改善织物的穿用性能。

锦纶 6 熔点为 215℃～130℃，锦纶 66 为 260℃。锦纶的玻璃化温度较低，在 45℃～65℃之间，水中玻璃化温度可降至室温以下。锦纶的耐热性与稳定性不如涤纶，在 150℃作用 1 小时后，强度损伤 31%。锦纶不耐日晒，在长期光照下颜色发黄、强度下降，因此不易做户外用织物。锦纶耐碱不耐酸，在 95℃下用 10% 氢氧化钠处理 16 小时后，纤维强度几乎不发生变化，但在各种浓酸中将发生溶解，如锦纶 6 溶解在 16%的盐酸中，锦纶 66 溶解在 20%的硫酸中，热的甲酸乙酸也能使锦纶纤维溶解。

（五）腈纶

1. 腈纶的成分

"腈纶"是聚丙烯腈纤维在我国的商品名，国外则称为"奥纶"、"开司米纶"，通常是指用 85%以上的丙烯腈与第二和第三单体的共聚物，经湿法纺丝或干法纺丝制得的合成纤维。

2. 腈纶的性质

腈纶的吸湿性较低，适用阳离子染料染色。腈纶的内部结构对吸色性影响很大，如果织造工艺不稳定，易使腈纶织物产生色差。

腈纶由于分子中含有腈基，耐日光与耐气候性特别好，纶经日晒 1 000 小时，强度损失不超过 20%，因此，腈纶织物适宜制造户外用品。

腈纶的强度为 2～3.5 克力/旦，断裂伸长 25%～46%，湿强为干强的 85%～95%。腈纶的初始模量低于涤纶而高于锦纶，一般为 40～70 克力/旦，伸长及弹性优于人造纤维、棉、麻，而低于羊毛，多次变形的剩余伸长率较大。因此腈纶针织物的袖口、领口等容易变形。

腈纶具有两个玻璃化温度，第一个为 80℃～100℃，第二个为 140℃～150℃。没有明显的熔点，190℃～240℃开始软化，280℃～300℃时分解。腈纶燃烧时没有明显的熔融粘流态，火星溅在腈纶衣服上不会熔成很大。丙烯腈以 125℃空气处理 32 天，强度不变，但在热空气中长期暴露时，纤维变黄。随着第二、第三单体的加入，腈纶的耐热性下降。腈纶纤维耐酸，对氧化剂及有机溶剂较稳定；耐碱性较差，在稀碱或氨液中会变黄，浓碱中加热后，纤维立即被破坏。

第三节　纺织纤维的鉴别

一、感官鉴别法

感官鉴别法是利用人的感官大致判定纤维的种类。如棉纤维柔软，麻粗硬，粘胶单纤维湿润后手扯易断，羊毛卷曲柔软而有弹性，蚕丝有特殊的光泽，合成纤维光洁、平滑、挺括。鉴别织物，用手攥紧织物，羊毛纤维柔软胀手；涤纶纤维也胀手，但较羊毛硬；松手后，棉和粘胶纤维易留折痕，氯纶回复很快不留折痕，锦纶次之；用手掂量织物的重量，锦纶、腈纶最轻，粘胶纤维最重，涤纶次之。

二、燃烧鉴别法

将纤维用火柴或蜡烛点燃，观察火焰颜色、燃烧方式、燃烧时散发出的气味和燃烧后灰烬的颜色、形状和硬度等，判断纤维种类。几种纤维燃烧特征如下。

棉花：燃烧快，产生黄色火焰，有烧纸的气味；灰烬呈灰色。

麻：燃烧情况与棉花相似，有烧草的气味；灰末细软。

羊毛：遇火不马上燃烧，先卷缩，后冒烟，而且起泡，有烧毛发的臭味；灰烬呈有光泽的黑褐色脆块。

丝：燃烧情况与羊毛基本相似，燃烧时缩成一团，有烧毛发的臭味；灰烬为黑褐色小球，用手指一压即碎。

粘胶纤维：燃烧情况与棉花相似，但燃烧快，有烧纸气味；灰烬少，呈灰白色。

涤纶：燃烧时先卷缩，熔融后燃烧，有黄色火焰，离开火即停止燃烧，有芳香气味；灰烬为黑褐色硬块，用手可捻碎。

锦纶：先卷缩，后熔融成透明胶状物，有气泡，无烟或略有黑烟，有鱼腥臭味；灰烬为黑色圆球状，易碎。

腈纶：先熔融，再缓慢燃烧，火焰小，呈红色，有电石气味；灰烬为灰褐色，呈不空形硬块，可捻碎。

丙纶：先卷缩，熔融成蜡状物，燃烧时有粘状物滴下，火焰明亮，呈蓝色；灰烬为略透明的硬块，能捻碎。

氯纶：难燃，先收缩后缓燃，离火即熄燃，冒黑烟，气味难闻。

氨纶：先卷缩，熔融后燃烧，不起火苗或火苗很小，有臭味；灰烬为黑褐色，呈硬块。

三、显微镜下观察鉴别

用显微镜放大 400～600 倍观察纤维的纵向和横向断面。天然纤维用显微镜观察容易鉴别，化学纤维比较困难。

棉花：纵向有天然捻曲，呈扁平带状，有中腔。

羊毛：有明显的鳞片状。

麻：有横节竖纹。

蚕丝：表面光滑透明。

粘胶纤维：纵向有线条。

涤纶：表面光滑平直。

锦纶、丙纶、氯纶同涤纶。

腈纶：一般表面光滑，或有 1～2 根线条。

维纶：扁平状，纵向有条纹。

模拟实训

【实训主题】
了解家用纺织品的类别及家纺市场的发展现状。

【实训地点】
教室。

【实训目的】
（1）理论联系实际，使学生了解家用纺织品的类别，认识家纺市场的发展现状。
（2）加深学生对纺织品性质的认识，进一步了解纺织品市场的发展现状及前景。

【背景材料】

家用纺织品与家纺市场

家用纺织品主要分为床上用品和装饰用品。家用纺织品在品种结构、织纹图案和配色等方面与其他纺织品相比，有一突出的特点——美观，从这个意义上来讲，家用纺织品也是一种工艺美术品。它可分为室内用品、床上用品和户外用品。室内用品包括家居布和餐厅、浴室用品，如地毯、沙发套、椅子、壁毯、贴布、纺品、窗帘、毛巾、茶巾、台布、手帕等；床上用品包括床罩、床单、被面、被套、毛毯、毛巾被、枕芯、被芯、枕套等；户外用品包括人造草坪等。

中国拥有全球最大的家纺产品消费人群，而且目前国人对家纺产品的消费观念正在逐步变化，随着我国企业的设计和技术水平逐步提高，家纺市场巨大的消费潜能将被释放出来，未来几年，中国家纺市场消费量预计将净增加 2 000 亿元～3 000 亿元。作为纺织业三大最终产品领域之一的家用纺织品，在 2000 年以来取得了突飞猛进的发展，年均增长速度超过 20%。2002 年中国家纺行业的产值约 3 000 亿元人民币，2003 年上升至 3 630 亿元。2004 年的数据则高达 4 356 亿元。由中国家用纺织品行业协会公布的数据显示，2006 年，我国全社会家纺行业产值约为 6 540 亿元，与 2005 年相比增长了 20%。

据中国家纺行业协会调查，中国家用纺织品市场还有巨大的发展空间。根据发达国家的纺织品消费量计算，服装、家用、产业用纺织品各占 1/3，而我国的比例为 65:23:12；按照多数发达国家的标准，衣着消费与家用纺织品消费支出应基本持平，而只要家用纺织品人均消费每增加一个百分点，中国年需求就可增加 300 多亿元。随着人们物质生活水平的提高，现代家纺行业将有更多的增长。

中国有 6 000 多亿家纺市场，但是目前还比较零散，尚没有形成几个真正的领军品牌，号称市场第一位的"罗莱"也只有 10 亿元的销售额；与此类似的是，这种过度分散的市场现状，在枕头市场更加突出。由于市场前景看好，企业蜂拥而上，形成恶性竞争，降低了平均利润率。中国家纺企业目前平均只有 6% 的利润。

【实训过程设计】

（1）指导教师布置学生课前预习阅读案例。

（2）将全班同学平均分成小组，按每组 5～6 人对案例资料进行讨论。

（3）指导教师对小组讨论过程和发言内容进行评价总结，并讲解本案例的分析结论（先评定小组成绩，在小组成绩中，是否每一个人都参与讨论占小组成绩的 40%，代表发言内容占小组成绩的 60%）。

（4）根据"背景材料"讨论中国的家纺市场若想取得更大的市场份额该怎样做？中国的家纺企业该怎样寻求发展机会？

本章要点

● 从狭义上讲，纺织品是指梭织布和针织布两大系列；从广义上讲，纺织品是从纺纱、织布到制成品。

● 天然纤维的分类：棉纤维、麻纤维、蚕丝、羊毛纤维。

● 化学纤维分为纤维素和合成纤维素两种。纤维素纤维是利用木材、芦苇、高粱秆、甘蔗渣、棉短绒等原来含有纤维素的物质，经过化学方法处理与机械加工而制成的和棉花、羊毛、蚕丝一样能够用来纺织的纤维。合成纤维是从原来不含纤维素的物质中提炼出一些简单物质，再经过化学合成与机械加工制成像棉花、羊毛或蚕丝一样的纤维。

● 纺织纤维的鉴别方法有感官鉴别法、燃烧鉴别法、显微镜下观察鉴别。

综合练习

一、名词解释

1. 纺织品　2. 天然纤维　3. 化学纤维　4. 感官鉴别法　5. 燃烧鉴别法

二、填空题

1. 棉纤维的主要成分是_____，棉纤维对碱的抵抗力_____，对酸的抵抗力_____。

3. 在天然纤维中，强度最大的就是_____，各种麻纤维的化学成分主要是_____。

4. 在煮沸的碱液中，碱对棉纤维的破坏液很_____，所以棉织品可以用碱水来洗涤。

5. 化学纤维分为_____和_____两种。

6. 纺织纤维的鉴别方法分为_____、_____、_____三种。

三、简答题

1. 洗涤纯毛面料的服装应注意哪些问题？

2. 简述各类天然纤维的性质。

3. 简述纺织纤维的鉴别方法及特征。

第九章

日用工业品商品

学习目标

【知识目标】

- 了解塑料制品的分类、组成及性能特点；
- 掌握塑料的外观质量要求及鉴别方法；
- 了解皮革制品的特点及外观特征；
- 掌握日化用品的分类及性能特点。

【能力目标】

- 能利用外观鉴别法和燃烧鉴别法对塑料制品进行鉴别；
- 会运用恰当的方法对常见皮革进行保管。

案例导入

皮鞋如何保养

1. 皮鞋保养要做到"三勤"

（1）勤"换岗"。皮革都是有弹性的，烈日下，高温和汗水都会让它变得松弛，只有经过一定时间的休眠，才能充分干燥。为了延长每双鞋的寿命，最好让它们交替"上岗"，每天穿同一双鞋的做法有可能加速其"早衰"。新鞋里通常都会塞满废纸，并用支撑棍顶住鞋头和鞋跟，这些看似无用的"垃圾"，还是以不丢为好，在"休眠期"，您可以把它们重新塞进鞋内，帮助皮鞋回复原来的楦型，使下次穿着更舒适。

（2）勤清洁。夏季阵雨频繁，若是踩了一路的水回家，应尽快用软布或纸巾将受潮严重部分的水分吸干，并拭去溅在表面上的泥点。若有较大泥块附着，则可以借助小刀的刀背将其刮去，再用稍稍蘸湿的棉布擦净痕迹。皮革受潮后往往比平时脆弱，因此，做这些的时候，动作一定要轻柔。

（3）勤"美容"。上光、涂油的频率不宜太高，但也一定不能省。除了同色保养油，其实一些日常食物也有皮革保养功能。例如，吃完香蕉后，您可以用香蕉皮较黏的内侧擦拭皮鞋，待其干燥后，被浸润的皮鞋会重焕光泽。若是皮鞋表面出现了裂纹，您可以用些蜡烛粉末填充到纹内，并用熨斗熨平，再擦上同色鞋油。

皮鞋的保养应从新鞋做起。大部分皮鞋都有一定的防水功能，但如果雨天穿着，还是请先为它涂上护鞋油，并喷上防水雾。鞋油并非涂得越多越好，过量的鞋油不仅不能为皮革吸收，还会适得其反，再次将皮鞋弄湿。

2. 皮鞋保养之道

穿鞋的时候应该先松开鞋带，再使用鞋拔子，很多鞋子的损坏都是从后跟开始的。因此，尽可能地多使用鞋拔子穿鞋。穿鞋时不要硬挤，有鞋带的皮鞋应养成松开鞋带后再穿的习惯。

平时放鞋子的时候应该使用鞋楦，防止鞋子变形。脚形、走法、体温和湿气、雨水等因素均会导致鞋子走样，尤其是出脚汗或遭雨淋时，因此一定要用鞋楦子固定鞋形。由于体温和湿气会让皮革松弛，在鞋内体温尚存时就必须设定好。

皮鞋买回来以后应该立即作保养。因为买回来的新鞋并没有涂鞋油，为保护新鞋，穿前一定要先涂上护鞋油，擦亮，并喷上防水雾。另外，再喜欢的鞋子也不该每日都穿。不同的鞋子交替穿用是防止鞋子老化的方法之一。

保养鞋子的基本用品有鞋刷、清洁油、鞋油、布、防水喷雾等。鞋刷最好使用马毛刷，并应该至少拥有两支鞋刷，一只大的刷鞋子整体，另一只小的刷细部。鞋油要与鞋色相互配合。

穿上一双光可鉴人、样式优美的皮鞋，是交际会客最基本的礼节之一。买到满意的鞋子，需要善加保养，延长它的寿命。

启示：皮革养护方法很多。

学习内容

日用工业品商品是直供人们日常使用的工业产品。日用工业品品种繁多，性能各异，用途广泛，与人的日常生活密切相关。它主要包括日化用品、塑料制品、皮革制品、钟表眼镜、照相器材、文体用品等。

第一节 塑料制品

塑料是以人工合成或天然的有机高分子为主要成分,在一定的温度和压力下可塑成型的一种固体材料。塑料具有质量轻、强度较高、化学稳定性好、绝缘性好、容易着色、具有一定的透明度等特点,但也有易变形,易老化,尺寸稳定性差,导热性、耐热性差等缺点。近些年来,塑料对环境的污染问题也越来越被人们重视。

一、塑料的分类

1. 按塑料的成型性能划分,分为热固性塑料和热塑性塑料

（1）热固性塑料经加热成型后,形成质地坚硬、不溶于任何溶剂的塑料,即使再加热也不能使其软化,只会碳化。它们的大分子为网状结构。常见的热固性塑料有酚醛塑料、脲醛塑料、密胺塑料等。

（2）热塑性塑料是一类加热软化、冷却变硬的塑料,即使成型后,也可通过再次加热使其软化,重新成型。它们的大分子为长链型或支链型结构。常见的热塑性塑料有聚乙烯、聚丙烯、聚氯乙烯、聚苯乙烯、有机玻璃、聚酯、聚酰胺和硝酸纤维素等。

2. 按塑料的应用范围划分,分为通用塑料和工程塑料

3. 按塑料的可燃程度划分,分为易燃性塑料、可燃性塑料和难燃型塑料

4. 按塑料的毒性划分,分为无毒塑料和有毒塑料

5. 按塑料是否有微气孔划分,可分为泡沫塑料和非泡沫塑料

二、塑料的组成及其作用

（一）树脂

构成塑料的主要成分一般是合成树脂。合成树脂是以煤、石油、天然气以及一些农副产品为主要原料,由具有一定条件的低分子化合物,通过化学或物理方法结合而成的高分子化合物。塑料中合成树脂的含量一般可达 40%～100%。树脂不仅是组成塑料的全部黏合剂,也是决定塑料性能特点的内在因素,树脂的成分结构不同,其性质也不同。

（二）塑料助剂

在塑料中加入助剂的目的主要是为了改善加工性能,提高效能和降低成本。不同种类的塑料因成型加工方法以及使用条件不同,所需助剂的种类和用量也不同,常见的助剂有以下几种。

（1）增塑剂,能增加塑料的柔软性、延伸性、可塑性,降低塑料流动温度和硬度,有利于塑料制品的成型,但抗张强度、弹性模量、节电性质则有所降低。

（2）稳定剂,塑料制品在加工、储存和使用过程中,在光、热、氧的作用下易老化,为了延缓和阻止老化现象的发生,须加入稳定剂。稳定剂主要有热稳定剂、光稳定剂和抗氧剂等。

172

（3）阻燃剂，是一类能提高塑料着火温度，延缓燃烧速度或阻止燃烧的物质。

（4）抗静电剂，是一类能消除或防止塑料表面产生静电的物质。

（5）发泡剂，是一类能使塑料产生微孔的物质，这类物质多为随温度变化可气化或产生气体的化合物，前者称为"物理发泡"，后者称为"化学发泡"。

（6）着色剂，能改变塑料固有的颜色，美化塑料制品。

（7）润滑剂，是一类能改善塑料加热成型时的脱模和提高制品表面光洁度的物质。

（8）增强材料和填料，是一种为改善塑料性能降低成本扩大塑料应用范围而加入的物质，常用的有玻璃纤维、石棉、碳酸钙、滑石粉、纤维素等。

三、主要塑料品种的性能特点及制品

（一）聚乙烯塑料

聚乙烯（PE）塑料具有质轻、不易脆化、无臭、无味、无毒、化学稳定性强、绝缘性好、有一定的透气性等特点。聚乙烯按密度不同，可分为高密度、中密度和低密度三种。低密度聚乙烯质地较软，外观呈乳白色半透明状，使用温度在 80℃～100℃，比重为 0.91～0.92，具有较好的柔软性、伸长率和耐冲击性，用于制造较柔软的制品，如奶瓶、杯子、薄膜等。高密度聚乙烯质地坚硬，耐热性、耐寒性较好，外观呈乳白色不透明状，比重一般在 0.9～0.96，使用温度可达 100℃，抗拉强度较高，用来制造较坚硬的制品，如衣钩、管道、饮料周转箱等。中密度聚乙烯性能介于低密度和高密度之间，用于制造热水瓶、水桶、面盆等。

（二）聚氯乙烯塑料

聚氯乙烯（PVC）塑料的主要特点是色泽鲜艳、不易破裂；结构较为紧密，比重可达 1.3 左右；耐腐蚀，气密性好，硬度和刚性比聚乙烯大；耐老化，电绝缘性好，有较大的机械强度，有很好的阻燃性；耐热性差，使用温度最好在 40℃以下，遇冷出现变硬发脆现象；耐光性较差，遇热易变形等。聚氯乙烯塑料在日用品方面主要是制造肥皂盒、鞋底、薄膜等；在工业品方面主要制造管材、板材、建筑材料等。

（三）聚苯乙烯塑料

聚苯乙烯（PS）塑料属硬塑料，硬度高，表面光滑，富有光泽；无毒、无味，透光率仅次于有机玻璃；具有良好的耐水、耐光和耐化学性能，特别优异的电绝缘性和低吸湿性；强度低，脆性大，耐热性低并易于燃烧，长期使用温度只有 70℃左右。适于制造牙刷柄、电器外壳、玩具等。

（四）聚丙烯塑料

聚丙烯（PP）塑料是乳白色半透明状，是最轻的一种塑料，比重为 0.9～0.91；无毒、无味，机械性能比聚乙烯高；耐冲击、耐磨、耐腐蚀、绝缘性好；具有良好的伸拉强度、耐热性和气密性，使用温度可达 110℃，在没有外力作用下，即使温度达到 150℃时，也不会变形；但耐自然老化和耐寒性较差。适于制造各种容器、家电外壳等。

（五）有机玻璃

有机玻璃（PMMA）系聚甲基丙烯酸甲酯塑料，最大的特点是既透明又结实。透光率可达 92%，比普通玻璃还高；质轻、强度好、脆性小、耐气候性好，外观极为美观。加入荧光剂可制成荧光塑料，加入珠光剂可制成珠光塑料，但表面硬度低，耐磨性、耐热性差，使用时超过 100℃即软化变形。适于制造纽扣、文具、眼镜、标牌等。

（六）聚酰胺塑料

聚酰胺（PA）塑料呈白色半透明状，无毒、无味，强度高，最大特点是耐磨性好，而且还可以自行润滑，耐油性也好，但耐酸性和耐光性较差。除用于纺织、机械外，大量用于各类刷子、球网、拉链等。

（七）酚醛塑料

酚醛（PF）塑料有较好的耐热、耐旱性，不易燃烧，表面硬度高，电绝缘性好，耐热，温度可达 110℃；耐腐蚀性也好，不易老化，对各种油类和溶剂具有较强的抵抗力；色泽比较深暗，脆性较大，吸水性也较大。适于制造纽扣、锅盖把手、电器零件等。

（八）脲醛塑料

脲醛（UF）塑料色泽鲜艳，表面硬度高；耐热、耐寒、耐磨性、电绝缘性好；耐油且不受弱碱和有机溶剂的影响，但不耐酸。其耐热性、耐水性和化学稳定性比酚醛塑料差。适于制造纽扣、电器开头插座、贴面板等。

（九）密胺塑料

密胺（MF）塑料无毒、无味，耐酸碱，表面硬度和耐冲击强度都比较高，制品不易破碎；吸水性低，耐热性好，能长期在110℃左右使用；沾上污渍后易清洗，但破损后难以修补。用于制造各种食具、电器的绝缘零件等。

（十）硝酸纤维素塑料

硝酸纤维素（CN）塑料本身无色透明，着色性能好；最大特点是质轻，弹性特别好；最大缺点是易燃。适于制造乒乓球、文具、眼镜架等。

四、塑料的外观质量要求及鉴别

（一）塑料的外观质量要求

塑料品种很多，结构与造型各异，一般要求外形完整且无缺陷，表面光洁平滑，无凹凸现象，无皱纹、裂痕、小孔麻点等。有色制品要求光泽均匀，不可混有杂色或深浅不均。透明制品必须去杂彻底，有一定的透明度和光泽度，无水泡、裂纹。吹塑成型的各类容器制品要求厚薄均匀，塑料薄膜制品则需注意砂眼杂质，装配类塑料品尺寸规格必须符合要求等。

（二）塑料制品的外观鉴别

各种塑料的外观特征如下。

（1）聚酰胺塑料。表面光滑坚韧，色泽淡黄，敲击时无清脆声。

（2）酚醛塑料。表面坚硬，清脆易碎，断面结构松散，多为黑色、棕色的不透明体，敲击时发出木板样的沉闷声，俗称"电木"。

（3）脲醛塑料。表面坚硬，清脆易碎，断面结构紧密，大多为浅色半透明体，并有玉石之感，俗称"电玉"。

（4）密胺塑料。外观手感似瓷器，表面坚硬光滑，断面结构紧密，沸水中不软化。

（5）硝酸纤维素塑料。富有弹性，用柔软物磨擦表面能产生樟脑气味。

（三）塑料的燃烧鉴别

不同塑料燃烧时会产生不同的化学反应，表现出不同的反应状态，有的熔融，有的产生浓烟，有的会产生强烈的气味等。根据不同塑料的燃烧特性，可以进行塑料种类的鉴别。此法具有简单迅速的特点，但须选取小块试样。各种常见塑料的燃烧特征如表 9-1 所示。

用燃烧法进行塑料检验时，必须采用无烟火焰。检验时用镊子夹小块塑料，放在火焰中燃烧，然后离开火源，仔细观察塑料在燃烧过程中的各种状态和气味变化。有的塑料有毒，故鉴别时应注意室内通风。

表 9-1　　　　　　　　　　　塑料的燃烧特征

塑料名称	燃烧难易	离火后是否自熄	火焰的特点	塑料的变化状态	气味
聚氯乙烯	难	离火即灭	黄色、下端绿色，有白烟	软化	刺激性酸味
聚乙烯	易	继续燃烧	上端黄色、下端蓝色	熔融滴落	与燃烧蜡烛的气味相似
聚丙烯	易	继续燃烧	上端黄色、底部蓝色，有少量黑烟	熔融、滴落膨胀	石油味
聚苯乙烯	易	继续燃烧	橙黄色、浓黑烟	融化、起泡	特殊臭味
有机玻璃	易	继续燃烧	浅蓝色、顶端白色	融化、起泡	有水果香味
尼龙	缓慢燃烧	慢慢熄灭	蓝色、顶端黄色	熔融、滴落	特殊羊毛、指甲烧焦味
硝酸纤维素	极易	继续燃烧	黄色	迅速完全燃烧	无味
电木	难	熄灭	黄色火焰	颜色变深有裂纹	木材和酚味
电玉	较难	熄灭	黄色、顶端蓝色	膨胀、有裂纹，燃烧变白	特殊的甲醛刺激气味

第二节　皮革制品

皮革是毛皮和革的总称。两者都是用动物的原料皮经一系列物理与化学的加工处理所制成的一种坚固、耐用的物质。

通常所说的毛皮，是指用动物皮经鞣制加工处理后，并将其毛被部分或全部保留下来所获得的皮。革，是指用动物皮经物理、机械加工和鞣制处理后所获得的变性物质（其毛被部分或全部除掉）。

皮革的种类很多，按原皮种类不同，可分为牛皮革、猪皮革、羊皮革、马皮革、鹿皮革等；按整饰加工不同，可分为正面革、绒面革、修面革、多脂革等；按皮革用途不同，分为鞋面革、服装革、箱包革、沙发革、皮带革，以及工业革、装饰革等。每类中又可细分为小类，如鞋用革又分为鞋面革、鞋底革、鞋里革、内底革、沿条革等。

一、皮革的特点及外观特征

（一）皮革的特点

动物皮经鞣制后所形成的变性物质称之为"皮纤维"。皮纤维从各个不同方向形成连续不断的、纵横交错的皮纤维网，因此皮革具有一定的物理机械性能和良好的化学性能，集中表现在以下几个方面。

（1）热稳定性好，具有良好的耐热性和耐寒性。在 120℃～160℃ 高温下，在零下 50℃～60℃ 的低温时，仍能保持一定的柔软性和坚固性，其形状、硬度等性能无大的改变。

（2）物理机械性能好。同橡胶、塑料相比较，其耐磨性、耐折性、抗张强度、拉伸强度等在一定程度上优于橡胶、塑料；其延伸性和变形性也好于橡胶、塑料。

（3）具有良好的透气性能和透水汽性能。

（4）由于革属于多孔性的胶原纤维变性物质，因此具有良好的保暖性。

（5）革具有很好的着色能力，因此具有鲜艳的颜色和良好的光泽。

（二）皮革的外观特征

（1）猪皮革。表面毛孔圆而粗大，毛孔以倾斜方向深入革内，每三个毛孔组成一组，成"品"字型排列，每组相隔较远；革面比较粗糙；成革机械强度较高。

（2）黄牛皮革。表面毛孔细小而呈圆形，分布均匀而紧密，但排列不规则，好像满天星斗；革面丰满细致，手感坚实而富有弹性，毛孔也比较直地伸向里面。

（3）水牛皮革。表面毛孔比黄牛皮粗大而稀少；革面较松弛，成革粒面比黄牛皮粗糙；成革机械强度大。

（4）山羊皮革。表面毛孔清晰，成椭圆形；革面细致，纤维紧密，粒纹在半圆形的弧上排列 2～4 个毛孔，周围有大量的细绒毛孔，形成有形粒纹；成革坚实，强度较大。

（5）绵羊皮革。革面较松，毛孔细小，成扁圆形，有几个毛孔构成一组，排成长列，似鱼鳞形或锯齿形，分布均匀；手感柔软，但坚牢度不如山羊皮。

（6）马皮革。表面毛孔不明显，仔细观看时能发现椭圆形，比牛皮毛孔略大，有规律的排列成山脉形状；革面较为细致、柔软，但色泽昏暗，不如牛皮光亮。

（7）再生革。再生革是将皮渣、皮纤维磨碎，经高压用黏合剂黏合，形成片状，然后经片机片到需要厚度，再进行涂饰，使它具有一定皮革特性的革。其特征为：粒面经修饰，然后压上花纹，花纹种类为牛、羊、猪皮等，但花纹无毛孔眼，花纹浮在皮表层上；表面光泽亮，塑料感强。

（8）人造革。人造革是在布底基上涂饰聚氯乙烯树脂，经处理而成的革。其特征为：质地柔软，富有弹性；不易燃烧，耐热温度低，透气性差，遇低温发硬；塑料感强，光泽亮，冬天摸有冷凉感。

（9）合成革。合成革是在布底基上涂饰聚氨酯微孔弹性体制成的复合材料。其特征为：表面硬度高，机械强度、耐磨性、弹性等都优于人造革，透气性接近天然皮革，低温下质地同样柔软；塑料感强，光泽亮，各部位纹理规则一致。

二、皮革的保管方法

革制品保管储藏的宗旨是控制霉变、老化、变化现象的产生。因此，革制品在保管时应注意以下事项。

（1）库房温湿度控制在相对湿度在 50%～80%，高温不能超过 25℃，低温不能低于 5℃。

（2）成革堆放应离地面 0.3 米以上，离天花板 1 米以上，垛距 0.5 米以上。

（3）底革或其他重革可放于木板上，皮垛高度不应超过 1.8 米，背革的垛高不应超过 1.5 米；鞋面革与其他革可平放或成捆存放，垛高不应超过 1 米；球革应将粒面对粒面平铺放置。

（4）垛高不应超过 1 米。

（5）成革在库储藏期间，要经常检查，如发现革上有霉斑，必须及时去除或进行防霉处理。

（6）掌握好先进先出的原则。

三、常见的皮革制品

（一）皮鞋

1. 皮鞋的分类

皮鞋花色品种繁多，分类方法很多，常见的有以下几种。按穿用对象不同，可分为小童鞋（13～16 号）、中童鞋（$16\frac{1}{2}$～$19\frac{1}{2}$ 号）、大童鞋（20～23 号），女鞋（$21\frac{1}{2}$～25 号）、男鞋（$23\frac{1}{2}$～30 号）；按用途不同，可分为皮单鞋、皮凉鞋、皮棉鞋、皮单靴、皮棉靴、皮马靴、运动鞋、劳动保护鞋等；按样式不同，可分为高帮鞋、低帮鞋、坡跟鞋、厚底鞋等；按帮面原料不同，可分为牛皮鞋、羊皮鞋、猪皮鞋、合成革鞋等；按加工成型方法不同，可分为粘胶皮鞋、线缝皮鞋等。

2. 皮鞋的品种

（1）牛皮鞋。牛皮鞋是以牛皮为面革做成的各种皮鞋。其特点是鞋面光亮、平滑，质地丰满、细腻、坚实，手感硬而有弹性，毛孔细圆而均匀，外观平坦而柔润。牛皮又有黄牛皮、水牛皮之分，水牛皮不如黄牛皮丰满细致。鞋的大底有成型橡胶底和水牛皮底等多种，成型橡胶底多采用黏合剂粘合而成，水牛革底多采用线缝法成型。

（2）猪皮鞋。猪皮鞋是以猪皮为革面制成的各种皮鞋。猪皮光面鞋外观效果不好，粒面粗糙，耐水性能差，吸水后易膨胀变形。但由于皮纤维粗壮、坚韧，故耐磨强度好，透气性好。为了改变其粒面粗糙的缺点，可进行猪皮粒面的美化处理，以改变其外观效果。现在，成品鞋质量有很大提高，已成为颇受欢迎的皮鞋之品种。

（3）羊皮鞋。羊皮鞋主要以山羊革为主要原料，厚度为0.4～0.6毫米，质地柔软，伸缩性好，穿着舒适方便；可染成各种鲜艳的颜色且不易褪色。但其强度低，牢度差。羊皮有山羊皮和绵羊皮之分，山羊皮质地和粒面不如绵羊皮柔软细致，但成革坚实，强度较高。

3. 皮鞋的号型系列

鞋号和型号是表示鞋子大小和肥瘦的一种标记。

全国统一鞋号以脚型作为制定鞋号的基础，包括号和型两个数据。鞋的长度以"号"来表示，单位为厘米，1厘米为1号，半厘米为半号，如23、$23\frac{1}{2}$、24、$24\frac{1}{2}$等。

鞋的肥瘦以"型"来表示，肥瘦以跖围的大小为标准，分1～5型，表示为（一）、（二）、（三）、（四）、（五）。其中，（一）型最瘦，（五）型最肥。型间距为7毫米，例如，22号（一）型鞋比22号（二）型鞋的跖围小7毫米。

我国成年男女皮鞋系列为：女$21\frac{1}{2}$～25号，男$23\frac{1}{2}$～$27\frac{1}{2}$号，28～30号为特号鞋。童鞋设（一）～（三）型，成人鞋设（一）～（五）型。

4. 皮鞋的质量要求

皮鞋的质量要求须从原材料的加工和制造两个方面来鉴定。鉴定范围一般是从外观来检查，缝结强度、耐压强度等物理机械指标只用于特定的条件。皮鞋的质量应符合穿着舒适、外表美观、坚固耐久三个方面的要求，各级皮鞋应有其适应的质量。

5. 皮鞋的选购

（1）造型优美。皮鞋的跟型和皮鞋的整体造型要好看。随着国内外流行样式的变化，皮鞋样式不断推陈出新，选购时应挑选线条舒展、造型具有立体感、样式新颖、色彩雅致的鞋。皮鞋色泽多样，挑选时要注意与自己的服饰整体协调。例如，粗花呢服装应同印花皮鞋搭配，条绒服装应和绒面革皮鞋搭配，毛料服装和牛皮鞋搭配等。

（2）要适合脚型。皮鞋楦的肥瘦分一型半、二型、二型半、三型、三型半、四型、五型。一般男鞋是肥型的，女鞋是瘦型的。皮鞋跟的具体尺寸很多，常见的有平跟、坡跟、酒杯跟、调羹跟、中跟、中高跟、粗跟、高跟等。选购时，一定要经过试穿，还应注意预防高跟鞋综合征、松糕鞋综合征等。

（3）选择尺码时宜宽不宜紧。如脚长25厘米，则宜选择26厘米的鞋（特别是尖头皮鞋），否则脚趾会轧痛，走路也不方便。

（4）规格质量。皮鞋上一般有五种标记。一是尺码，是标明皮鞋长度的。二是编号，同双编号一致，防止错对。三是型号，是标明鞋楦肥瘦的。四是产品等级和检验工号，一般用同一个戳号。产品等级有一级、二级，也有标正品、副品的，说明产品质量的不同和价格的区别。检验工号是检验员的代号。五是商标，是商品的标记和信誉的象征，也是质量的承诺。这五种标记各有其重要的作用。

6. 皮鞋的养护

（1）防潮湿。皮革含水量为 16%～18%，在正常温度条件下能保持平衡。当湿度增高时，皮革将吸收水分，水分过大就容易发霉，不仅表面会产生难以消除的霉斑，革质强度也会降低。因此，保管皮鞋首先注重防潮，存放和陈列的地方要干燥通风，远离地面和砖墙。

（2）防热。皮革除含有一定量的水分外，还需含有一定量的油脂，以保持其柔软和光泽。若保管环境温度过高，皮革水分蒸发，革面纤维干枯发脆，可能出现裂面和变形的现象；若积热不散，又将引起油脂的分解变质，降低皮革的强度和韧性，同时也引起橡胶和塑料配件的老化。所以，保管和陈列皮鞋，不应受日光照射，不应靠近炉火、暖气管、电热器具等。

（3）防酸碱。皮革接触到带有酸碱性的物质，会由于腐蚀作用而使皮面产生裂纹、断裂，降低韧性和弹性，因此不能和肥皂、碱面、化工原料以及一些副食品等放在一起。

（4）防虫蛀和鼠咬。皮革本身含有动物蛋白质纤维和油脂成分，很容易被虫蛀或鼠咬，保管皮鞋必须注意防虫防鼠。

（5）防尘。尘埃落附在鞋面上能吸去表面层油脂，使革面变得粗糙和僵硬。当油脂含量降低后，皮革表面更易吸潮发霉，保管时必须注意保持皮鞋的洁净。

（6）防挤压。皮鞋不可挤压，以免变形走样。不能受硬物摩擦，堆码时也不能过高，防止在重压下变形。

总之，皮鞋应妥善存放，对库房的要求是阴凉、干燥和密封，库内温度以不超过30℃为宜，相对湿度宜保持在 50%～80%。为防止发霉，可在皮鞋表面喷上防霉剂；为防止生虫，应加放樟脑丸等。

（二）皮革服装

皮革服装指用动物的皮毛为原料制成的成衣。由于动物皮毛具有良好的热稳定性、较高的机械性和透气性，以及柔软、光滑、体轻等特点，所以用其制作的各式服装不但美观大方，而且结实耐用，穿着舒适，既是冬季的御寒保暖佳品，也是华贵的衣着。

1. 皮革服装的分类

（1）按服装面料分类。皮革服装按原材料不同，可分为山羊皮革服装、绵羊皮革服装、牛皮革服装、猪皮革服装和马皮革服装等。

（2）按制革工艺分类。按制革工艺不同，可分为裘皮服装和皮革服装。

2. 皮革服装的质量鉴别

（1）外观鉴定。

按国家标准对服装革的物理化学性能规定，皮衣的直观检验可按下列步骤进行：前身应衣襟平直，左右对称，纽扣位置端正。衣袖长短一致，袖笼圆顺，袖里不扭歪。后身拼接缝制平服。衣里常用丝绸或尼龙绸，整洁平服，里面相适。服装拼接部位缝线多用涤纶或纶线，不允许跳线、短线，天然革服装 30 毫米长接缝针脚数为 8～14

个，间距相等。缝纫针直距越细，接缝强度越高。

（2）皮革鉴定。

脱色检查：选择皮衣次要部位。如衣领后面、衣服里面或衣襟部位，用脱脂棉沾上净水用手挤干，在皮衣上选定一条 10 厘米长的部位，用湿脱脂棉在上面来回擦 20 次，观察脱色情况，如脱色较重，脱脂棉变黑或深灰色，是不合格品。

裂面掉浆检查：选次要部位，用双手揉搓两分钟，绷直以后，观察皮革表面有无裂口、掉不掉渣。如果出现裂口、掉渣现象，是不合格品。

皮革强度检查：有条件的，选皮衣次要部位切一小口，用手轻轻一掰，切口部位如变形，说明撕裂强度不够。

优质皮衣：手感柔软、润滑、有弹性，在皱折处用手压能很快消失，衣服各部分皮革厚薄不能相差悬殊，穿着舒适、平服、挺括。

（3）裘皮服装鉴别。

检验裘皮服装时可参照皮衣的检验方法，先看是否脱色，再看毛是否结实。将皮毛拿起用手折一下，然后用嘴吹，将毛吹开，见到底板看是否掉毛。伸开手指，用食指和中指将毛夹一下，如果大量掉毛，可鉴定为质量不好。用手摸，如皮板僵硬，说明皮子未熟透，如果非常僵硬，折几次，中间就有裂缝，可判为劣质品。

人造裘皮和天然裘皮的主要差别是光泽和花纹。人造裘皮光泽塑料感强，手摸无温暖感觉，而天然裘皮有温暖感。从花纹上看，人造裘皮的颜色、花纹完全一致，而天然裘皮颜色、花纹是不可能完全一致的。

第三节 日化用品

日化用品是指用化学原料制成的日常生活用品，包括肥皂、合成洗涤剂和化妆品等。

一、肥皂

（一）肥皂的成分和性质

1. 肥皂的成分

肥皂是高级脂肪酸的钠、钾盐，具有良好的去污力，是人们日用生活的必需品。

肥皂是由动植物油脂、合成脂肪酸、氢氧化钠和其他辅助材料配制而成的。主要成分是脂肪酸和碱。油脂间发生皂化反应，油脂先水解生成脂肪酸，碱立即与酸作用，生成脂肪酸盐，即肥皂。

肥皂质量的优劣是以油脂和碱的质量以及生产操作技术确定的。肥皂的去污原理是由肥皂本身的性质决定的。

2. 肥皂的性质

肥皂分子是由两个不同的部分即憎水基和亲水基组成。这种结构决定了肥皂分子本身具有两性——亲水性和憎水性，它使肥皂具有如下的性质。

（1）起泡性。由于分子对空气的吸附作用，混入皂液的空气被肥皂分子包围，使皂液产生大量的泡沫，液体表面迅速扩大，污垢被吸附在泡沫表面而脱离织物被带走。因此，起泡性对肥皂的去污性能起到一定的帮助作用。

（2）吸附型。肥皂液能吸附于固体物质表面并浸润入固体物孔隙之间，破坏固体物质如灰尘等分子的吸附力，使之变为能悬浮于水的细小微粒，通过肥皂分子憎水基的作用，经振荡搓洗，污垢就会脱离织物。吸附性是肥皂能洗去憎水性灰尘的主要原因。

（3）乳化性。肥皂分子对憎水液体微珠（如油污）吸附的结果，能使水与不溶与水的液体混合成乳浊液，这种性质称为"乳化性"。乳化性是肥皂洗去油污的主要原因。

（4）表面活性。由于肥皂分子吸附的结果，使皂液的表面张力比纯水降低约一半，增加了皂液的浸润性。这种性质称为"皂液的表面活性"，它使得皂液能很容易浸润并渗透到污垢内部，破坏污垢与织物的结合力，从而达到洗涤的目的。

3. 肥皂的去污原理

日常玷污我们身体和衣物的污垢大多是尘埃、煤烟、矿物油、动植物油和汗液，它们大多数是不溶于水的，因此用清水洗去它们是很困难的。

皂液表面张力低、浸润性好，因此它很容易浸润到污垢与织物之间以及污垢的缝隙中，使污垢软化、松动，在揉搓等机械力作用下，被粉碎成小颗粒。由于肥皂具有两性结构，使这些憎水性的小颗粒被乳化和吸附在水中，通过清水漂洗，就能达到去垢的目的。

（二）肥皂的分类及主要品种

1. 肥皂的分类

肥皂的种类很多，用途各不相同，按其成分和性质不同，可分为碱金属皂和金属皂两大类。这两类肥皂的性质完全不同。碱金属皂能溶于水，一般是做洗衣用皂和卫生用皂，分钠皂和钾皂两种；金属皂不溶于水，没有洗涤作用，只能做工业用皂。

2. 肥皂的主要品种

洗衣皂（统称肥皂）是指用于洗涤衣物的块状肥皂。洗衣皂的形状一般为长方形，淡黄色，无油腥臭味，重量一般为 200～333 克，其中，300 克最为普遍。洗衣皂的规格按总脂物含量不同，通常分为 42、47、53、60 型四个型号。

香皂：香皂成分比洗衣皂纯净，总脂物含量高，一律为 80 型。其特点是组织细腻、紧密、泡沫丰富，去污力强，游离碱少。按加工和加入的香料不同，还有高、中、低档之分。香皂按香型不同，划分为檀香型、茉莉型、玫瑰型、桂花型、百合型、兰花型、葛兰型、水果香型和力士型等。

药皂：药皂是在香皂中加入药物经过碾压制作成型的，主要有苯酸药皂、硫磺药皂等。

过脂皂：过脂皂也叫润肤皂、护肤皂，除含有一般香皂成分外，还含有羊毛脂等过脂剂。

浴皂：浴皂同香皂一样，成分较洗衣皂纯净，专供洗浴之用，有保护皮肤的作用。

儿童香皂：儿童香皂的主要成分是皂片，不加入任何填充材料，含游离碱较少，还含有少量羊毛脂以及儿童喜爱的香料。其特点是性能温和，对皮肤无刺激，适合儿童使用。

（三）肥皂的质量要求

1. 肥皂的外观质量要求

（1）色泽。洗衣皂正常的色泽应为淡黄色，色泽均匀一致。无显著斑点和冒霜现象。

（2）外观。要求形状端正，表面字迹清楚。

（3）硬度。洗衣皂的硬度要求软硬适中，用手指捏一下皂体表面，如果刚好能显示出指印说明软硬合适，否则就是太硬或太软。

（4）气味。洗衣皂应有淡淡的香味，不能有脂酸味及其他恶臭味。

2. 香皂的外观质量要求

（1）色泽。色泽均匀鲜艳，不能有变色、褪色、色泽不均等缺陷。

（2）外观。图案字迹清晰、光洁端正，皂体组织细腻。

（3）硬度。用手摸皂体应有干硬、细腻、不发黏的感觉。

（4）气味。二级和二级以上产品香味须定型，留香持久，无酸败等异味。

二、合成洗涤剂

合成洗涤剂是以合成表面活性剂为主要成分，并配有适量不同作用的助洗剂而制成的一种洗涤用品，有良好的去垢性和耐硬水性，不受水温限制，用途广泛。

（一）合成洗涤剂的组成及作用

合成洗涤剂包括表面活性剂、助洗剂和辅助剂。

1. 表面活性剂

表面活性剂是一种能在低浓度下降低溶剂表面张力的物质。其分子由两个不同部分构成：一端是憎水性的，能溶于油但不能溶于水，因此称为"憎水基"或"亲油基"；另一端能溶于水而不能溶于油，称为"亲水基"。

根据表面活性剂在水溶液中离解出来的表面活性离子电荷不同，分为阴离子型、阳离子型、非离子型和两性离子型四大类。

（1）阴离子型活性剂常见的有烷基磺酸钠、烷基苯磺酸钠、脂肪醇硫钠等。适用于在碱性或中性溶液中洗涤，常用于洗涤棉、麻、化纤制品，在工业上用做润湿剂、乳化剂和金属清洗剂。

（2）阳离子型活性剂常见的有胺盐型、季胺盐型等。适用于在酸性溶液中洗涤，这限制了它在日常生活中的使用，广泛应用于工业中杀菌、消毒等。

（3）非离子型活性剂常见的有脂肪醇氧乙烯醚、烷基酚聚氧乙烯醚等。其水溶液呈中性，在碱性、酸性以及金属盐类溶液中都比较稳定，可与任何类型表面活性物混合使用。

（4）两性离子型表面活性剂常见的有羧酸盐型和甜菜碱型等。其水溶液中在酸性溶液中呈阳离子型，在碱性溶液中呈阴离子型，在中性溶液中成非离子型，是一种性能比较全面的活性物，但成本高，因而限制了它的使用量。

2. 助洗剂和辅助剂

为了提高和改进合成洗涤剂的性能，常加入各种各样的助洗剂和辅助剂，以产生协同效应。助洗剂、辅助剂种类很多，常见的如下。

（1）聚磷酸盐，主要作用是增加洗涤剂的综合性能，是一种良好的助洗剂。

（2）硅酸钠，在洗衣粉中与其他助洗剂同时使用，能起到协同效应的作用。

（3）碳酸钠，在碱性条件下具有良好的助洗作用。

（4）硫酸钠，一般作为一种辅助助洗剂和填料来使用，主要作用是降低成本。

（5）抗再沉淀剂，主要作用是阻碍污垢重新沉积于被洗织物。

（6）过氧酸盐，利用活氧，有除斑、漂白作用。

（7）荧光增白粉，主要作用是增加被洗织物的白度，使有色织物洗后更显鲜艳悦目。

（8）酶制剂，酶在一定温度下对血渍、奶渍、肉汁、牛乳、酱油斑渍等具有分解破坏作用，将酶制剂加入洗衣粉中，可提高洗涤溶液的去污力。

（二）合成洗涤剂的分类

（1）按商品的外观形态不同，可分为粉状、空心颗粒状、液体状、浆状、块状等。

（2）按用途不同，可分为人体用、织物用、厨房用、食品用、住宅用；按活性物含量不同，分为 20 型、25 型、30 型。

（3）按泡沫多少不同，分为无泡型、低泡型、中泡型、高泡型。

（4）按助洗剂特点不同，分为无磷型、加酶型、漂白型、增白型、加香型等。

这些是合成洗涤剂用品的品种。合成洗涤剂为空心颗粒状，具有相对密度小、易溶解、干爽结实、流动性好，便于包装、便于储存等特点。合成洗衣粉一般以一种洗涤剂表面活性剂为主体，也可采用两种以上的复合配方，并加有相当量的助洗剂和辅助剂。洗衣粉的品种很多，各有特点：丝光洗衣粉，具有洗后手感柔软、光泽度好、强度不受损失、去垢力强、易漂洗等优点，适于洗涤丝、毛或混纺等精细织物；杀菌洗衣粉，特点是既洗涤去污，又能消毒、杀菌，是一种双功能高效洗衣粉；浓缩洗衣粉，特点是用量少（是普通洗衣粉的 1/4 左右）、去垢力强、泡沫低、易漂洗，适合洗衣机使用；无磷洗衣粉，用沸石等替代聚磷酸盐，是环保类洗衣粉。

（三）合成洗涤剂的质量要求

评价合成洗涤剂的质量依据不同的指标。

（1）合成洗涤剂的感官品质指标。优质的洗涤剂应色泽均匀、无异味，受一般外界因素影响应无变质情况；液态洗涤剂则要考虑其透明度、稠度、保存性等；固体洗衣粉颗粒的直径应在 0.5～0.8 毫米，颗粒均匀，比重在 0.28～0.36 克/毫升，流动性好，没有发黏结块、受潮结块现象。

（2）合成洗涤剂的理化质量指标。表面活性剂的含量以百分比表示，其含量高低涉及洗涤剂类型和去污力大小，不皂化物含量越少越好；pH 值丝毛型应呈中性，棉麻型则呈碱性，但小于或等于 10.5；去污力、生物降解率越大越好；对人体无害，对皮肤刺激性小等。

三、化妆品

化妆品是施于人体表面不同部位（如表皮、毛发、指甲、口唇等），起到清洁、保养、美化或消除不良气味作用的日常用品。它有令人愉快的香气，能充分表现人体的美，给人以容貌整洁、讲究卫生的好感，有利于人们的身心健康。

（一）化妆品的分类

1. 按化妆品的物理性质分类

（1）膏霜类，有雪花膏、香脂、润肤霜、防晒霜、洗发膏等。

（2）粉质类，有香粉、爽身粉、香粉饼、胭脂等。

（3）液体状类，有香水、花露水、冷烫水、生发水等。

（4）胶状类，有指甲油、清洁面膜等。

（5）笔状类，有眉笔、唇线笔等。

2. 按化妆品的用途分类

（1）护肤类的，有保护皮肤类的雪花膏、香脂、奶液、防冻霜等；营养类的，有人参霜、珍珠霜等；药疗类的，有粉刺霜、祛斑霜等。

（2）发用类的，有保护头发类的发乳、护发素等；营养类的，有营养头水、奎宁等；美发类的，有染发剂、冷烫水等；药用类的，有去屑水、止痒水等。

（3）清洁卫生类的，有洗头类的洗发膏、洗发精等；洗面类的，有清洁霜、清洁奶等；卫生类的，有香水、痱子粉等。

（4）美容类的，有美容皮肤类的修面整容水、香粉等；美化指甲类的，有指甲油、去光水等。另外还有儿童用、男用等类化妆品。

（二）化妆品的主要品种及性能特点

1. 雪花膏

雪花膏是硬脂酸、甘油和水在乳化剂作用下而形成的水包油乳化体，是一种半固体化妆品。它白似雪花，涂在皮肤上遇热融化，像雪花一样消失，故得名"雪花膏"。其特点是：搽在皮肤上不油不腻，使皮肤有滋润、滑爽舒适的感觉；水分蒸发后，在皮肤上留下一层透明薄膜，能隔离外界干燥空气与皮肤接触，防治皮肤中的水分过快挥发，从而调节和保护角质层；有适当的含水量，使皮肤柔软、滋润，适合春、秋季和油性皮肤的人使用。雪花膏的分类如图 9-1 所示。

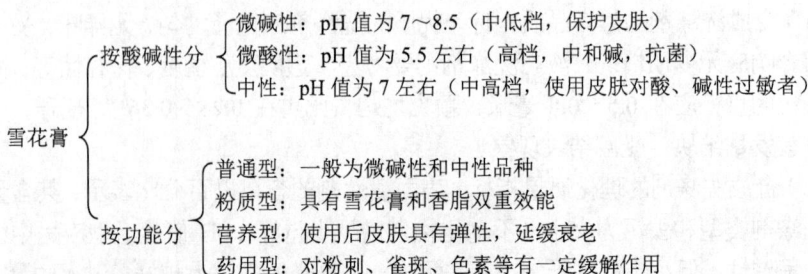

图 9-1　雪花膏的分类

2. 香脂

香脂又名"冷霜"，是油类物质在乳化剂的作用下形成的油包水型乳化体，外观与雪花膏相似，也是半固体膏状化妆品。其含油量多于雪花膏，具有抗寒润肤性能，防治皮肤干燥、冻裂的功能比雪花膏强，适合冬季或干性皮肤的人使用。品种与雪花膏类同。

3. 洗发液

洗发液又名"香波"，是一种以表面活性剂为主体配方而制成的，具有清洁人的头皮和头发，并保持其美观作用的液体洗发用品。其特点是洗涤力温和，无碱性刺激作用，洗后易于梳理和冲洗；可加入营养和药性物质，使洗发、护发、美发融为一体，有去头屑，减少皮脂和治头癣等效果。

4. 香水类

香水类的基本成分是酒精和香精，一般香精含量多（15%～25%）且香精质量高的称为"香水"；香精含量少的（3%左右），香精质量较次，且加的香精中有防蚊虫效果的称为"花露水"。高级香水用天然动植物原料和经陈化酒精配制，香味持久；花露水也是一种卫生用品，洒在身上可以除汗臭，防蚊叮、虫咬。

（三）化妆品的质量要求

185

化妆品的包装应整洁、美观、封口严密，没有泄漏；商标、装饰图案、文字说明等应清晰、美观，色泽典雅，配色协调；使用说明书中应写明商标、品名、生产许可证编号、产品用途、生产日期、保质期、厂家产地、容量或重量、香型、主要原料、使用方法、使用注意事项及安全警告、产品储存条件及方法等。从色泽上讲，无色固状、粉状、膏状、乳状化妆品应洁白有光泽，液状应清澈透明，有色化妆品应色泽均匀一致，无杂色；从组织形态上讲，固状化妆品应软硬适宜，粉状应粉质细腻，膏状、乳状应稠度适当、质地细腻，液状应清澈、均匀、无颗粒杂质；从气味上讲，化妆品必须具有芬芳的香气，香味可根据不同的化妆品选用不同的香型，但必须持久，没有强烈的刺激性；从安全卫生性上讲，要求外观良好，没有异臭，对皮肤和黏膜没有刺激和损伤，无感染性，使用安全等。

化妆品的微生物学质量应符合下列规定：眼部化妆品及口唇等黏膜用化妆品，以及婴儿和儿童用化妆品，菌落总数不得大于 500CFU/毫升或 500CFU/克；其他化妆品菌落总数不得大于 1000 CFU/毫升或 1000CFU/克；每克或每毫升产品中不得检出粪大肠菌落、绿脓杆菌和金黄色葡萄球菌；化妆品中霉菌和酵母菌落总数不得大于 100 CFU/毫升或 100CFU/克。有毒物质限量如表 9-2 所示。

表 9-2　　　　　　　　　　　化妆品中的有毒物质限量

有毒物质	限量（毫升/千克）	备　　注
汞	1	含有机汞防腐剂的眼部化妆品除外
铅	40	含醋酸铅的染发剂除外
砷	10	
甲醇	2000	

（四）化妆品的选用与保管

1. 化妆品的选用

化妆品的选用有不同的标准。

（1）根据各自皮肤、发质选用。皮肤的性质可分为油性、中性、干性、混合性四类，选用护肤性化妆品应根据自己的皮肤性质来确定。如干性皮肤者就选用油质护肤品，油性皮肤者应选用水质护肤品。发用类化妆品使用也应根据自己的发质来确定。

（2）不同季节、不同时间应选用不同化妆品。一般冬天应选用油包水型化妆品，夏季使用水包油型化妆品；白天用日霜，晚上用晚霜等。

（3）药疗类化妆品根据说明书慎用。药物化妆品对皮肤有一定的治疗作用，但因人体皮肤的吸收功能有限，所以药物化妆品的疗效也有限，属防病型。如果患有面部色素沉着或痤疮等，应及时到医院治疗。

（4）新品牌使用应先试用。当买到一种新品牌化妆品时，不妨自己作一个皮肤试验，用少许化妆品涂在耳根等部位，经48小时后，如感皮肤出现不适，则说明皮肤不适合这种化妆品，不宜使用。

（5）香水类化妆品的使用。选用香水类化妆品时应注意性别，男性宜选用男用香型，女性应选用女用香型。香水含酒精和香精较多，不宜用于脸部和皮肤破裂处，花露水则可直接涂抹于皮肤。

（6）防晒霜选择应考虑SPF值。SPF值是指防晒系数，SPF的意思是皮肤抵挡紫外线的时间倍数。一般黄种人皮肤平均能抵挡阳光15分钟而不被灼伤，那么使用SPF值是20的防紫外线光用品，便有约300分钟（15×20）的防晒时间。SPF值过高的防晒霜中掺有过多的紫外线吸收剂，会导致一部分人出现过敏反应，因此日常护理、外出购物、逛街等可选用SPF5～8的防晒用品；外出游玩时可选用SPF10～15的防晒用品；游泳时用SPF20～30的防水型防晒用品。

2. 化妆品的保管

化妆品属于易变质、易损耗商品，储存期一般不宜超过一年。保管中要求库房干燥、阴凉、通风，适宜温度为5℃～30℃，相对湿度不应超过80%；搬运中必须轻装轻卸，堆码不宜过高，且勿倒置，远离热源、电源；经常检查有无破损、变质现象，及时采取补救措施。

模拟实训

【实训主题】

掌握化妆品的选用依据及保管方法。

【实训地点】

教室。

【实训目的】

（1）理论联系实际，使学生了解化妆品的品种，掌握化妆品选用的依据，培养学生解决问题的能力。

（2）加深学生对化妆品性能、特点的理解，掌握化妆品的保管方法。

【背景材料】

一种护肤品全家能共用吗

一种护肤品全家能共用吗？消费者经常被一些产品的宣传广告搞得一头雾水。美国加州大学有关专家认为，即使是一家人，肤质有可能完全不同，所以全家人共用一种护肤品是极不科学的。

使用护肤品，首先应遵循的原则是：干性皮肤要保湿；油性皮肤要注意洁净；混合性皮肤要保持水油平衡；过敏性皮肤要避免刺激。各种肤质的护肤品一定要严格区分开来。

家中肤质不同的兄弟姐妹也应该有属于自己的特殊护肤品。特别需要指出的是，敏感性皮肤的人在选购护肤品时应尽量避免酒精、矿物油和香精等致敏成分。使用化妆品时不要把产品盒子轻易丢掉，因为万一出现过敏，可以根据说明书中的产品成分确定过敏源。由于不同年龄阶段肤质有所不同，所以家里的孩子、老人也应该拥有属于自己的护肤品。

【实训过程设计】

（1）指导教师布置学生课前预习阅读案例。

（2）将全班同学平均分成小组，按每组 5～6 人，分组对案例资料进行讨论。

（3）指导教师对小组讨论过程和发言内容进行评价总结，并讲解本案例的分析结论（先评定小组成绩，在小组成绩中，每一个人是否全部参与讨论占小组成绩的 40%，代表发言内容占小组成绩的 60%）。

（4）根据背景材料讨论：化妆品选用的依据是什么？如何正确保管化妆品？

➔ **本 章 要 点**

- 塑料的分类：按塑料的成型性能不同，分为热固性塑料和热塑性塑料；按塑料的应用范围不同，分为通用塑料和工程塑料；按可燃程度不同，分为易燃性塑料、可燃性塑料和难燃型塑料；按塑料毒性不同，分为无毒塑料和有毒塑料；按塑料是否有微气孔，可分为泡沫塑料和非泡沫塑料。

- 皮革的特点是热稳定性好、物理机械性能好，具有良好的透气性能和透水汽性能，具有良好的保暖性，具有鲜艳的颜色和良好的光泽。

- 皮鞋的养护注意事项：防潮湿、防热、防酸碱、防虫蛀和鼠咬、防尘、防挤压。

- 日化用品是指用化学原料制成的日常生活用品，包括肥皂、合成洗涤剂和化妆品等。

- 化妆品的选用有不同的标准：根据各自皮肤、发质选用；不同季节、不同时间应选用不同化妆品；药疗类化妆品根据说明书慎用；新品牌使用应先试用；香水类化妆品的使用；防晒霜选择应考虑 SPF 值。

- 化妆品属于易变质、易损耗商品，储存期一般不宜超过一年。保管中要求库房干燥、阴凉、通风，适宜温度为 5℃～30℃，相对湿度不应超过 80%；搬运中必须轻装轻卸，堆码不宜过高，且勿倒置，远离热源、电源；经常检查有无破损、变质现象，及时采取补救措施。

综合练习

简答题

1. 简述两种塑料品种的性能、特点、用途及外观鉴别。
2. 在皮鞋的选购与保养中应注意哪些问题？
3. 洗涤用品的分类品种及质量要求是什么？
4. 化妆品按用途分类分为几类？对化妆品的外观质量有什么要求？
5. 使用新品牌化妆品时要注意什么问题？

第十章

家电商品

【知识目标】

- 了解家用电器的种类及特点；
- 理解家用电器的结构及工作原理；
- 掌握家用电器的质量鉴别方法。

【能力目标】

- 会运用所学的知识和技能，对家电商品进行质量鉴别；
- 能够正确选购、调试家电商品。

案例导入

大洋软件——家电售后管理系统成功案例

大洋电器有限公司是以专业经营空调器、家用电器为主的商业企业。经过19年的开拓进取，现已成为拥有多家大型综合家电零售商场和批发业务、大型商用冷气工程、音响及网络工程、电脑软件工程的四大业务的商业企业。其售后部负责家电的安装、维修。

客户问题：由于售后部负责安装和维修的家电品牌、型号众多，所涉及的零配件种类繁多。完全通过人工管理，效率低，而且容易出错，统计数据很难统计出来。

解决方案：家电企业不光要提供客户售前支持，售中、售后服务，包括现场维护维修、退货、退换等，还需要提供给客户充分的沟通渠道，及时分析客户的反馈，以提供客户偏好的产品；或者让服务本身产生盈利。家电企业要重视投资回报的问题，应当在服务成本和服务带来的价值之间进行权衡。大洋家电售后管理系统为家电售后管理提供了一个好帮手，从而提高企业赢利。

大洋家电售后管理系统包括了公用资料管理、用户服务管理、配件综合管理、系统管理等子系统。

采用技术：采用C/S架构，通过目前非常成熟的Delphi技术实现。

客户效益：大洋电器售后部使用大洋售后管理系统将所有家电品牌、型号、零配件管理起来，可即时查询，提高了工作效率，准确性高，而且可以做出各种统计报表，为管理提供依据，同时也提高客户的满意度。

启示： 家电商品的售后服务非常重要。怎样选用和维护家电商品？

学习内容

第一节 家用电器分类

一、家用电器的分类

家用电器主要指在家庭及类似场所中使用的各种电器和电子器具，又称民用电器、日用电器。家用电器使人们从繁重、琐碎、费时的家务劳动中解放出来，为人类创造了更为舒适优美、更有利于身心健康的生活和工作环境，提供了丰富多彩的文化娱乐条件，已成为现代家庭生活的必需品。家用电器问世已有近百年历史，美国被认为是家用电器的发祥地。

家用电器的范围，各国不尽相同，世界上尚未形成统一的家用电器分类法。

（一）按产品的功能、用途划分

在国内，家用电器按产品的功能、用途划分为以下十类。

1. 空调器

主要用于调节室内空气温度、湿度以及过滤空气之用，如电风扇、空调、换气扇、空气清洁器等。

2. 制冷电器

利用所属单位装置产生低温，以冷却和保存食物和饮料，如电冰箱、冷饮机、制冷机、冰淇淋机等。

3. 清洁电器

用于个人衣物、室内环境的清理与清洗，如洗衣机、干衣机、淋浴器、抽烟机、排气扇、吸尘器、地板打蜡机、擦窗机等。

4. 熨烫器具

用于熨烫衣物，如电熨斗、熨衣机、熨压机等。

5. 取暖电器

通过电热元件使电能转换为热能，供人们取暖，如空间加热器、电热服、电热毯等。

6. 保健电器

用于身体保健的家用小型器具，如电动按摩器、按摩靠垫、空气负离子发生器、催眠器、脉冲治疗器等。

7. 整容电器

用于修饰人们面容，如电吹风、电推剪、电动剃须刀、多用整发器、烘发机、修面器等。

8. 声像电器

包括微型投影仪、电视机、收音机、录音机、录像机、摄像机、组合音响等。

9. 厨房电器

用于食物准备、食具清洁、食物制备、烹调等的电器器具，如电饭锅、电火锅、电烤箱、微波炉、电磁灶、开罐器、搅拌器、绞肉机、洗碗机、榨汁机等。

10. 其他电器

如烟火报警器、电铃等。有的国家将照明器具列为家用电器的一类，将声像电器列入文娱器具，而文娱器具还包括电动电子玩具；有的国家将家用煤气器具（包括燃油器具）和太阳能器具也列入家用电器内。

（二）国外常用的划分

在国外，通常把家电分为四类：白色家电、黑色家电、米色家电和新兴的绿色家电。

白色家电指可以减轻人们的劳动强度的产品如洗衣机、部分厨房电器，改善生活环境提高物质生活水平的空调器、电冰箱；黑色家电可提供娱乐、休闲，像彩电、音响等；米色家电指电脑等信息产品；绿色家电是指在质量合格的前提下，高效节能且在使用过程中不对人体和周围环境造成伤害，在报废后还可以回收利用的家电产品。

家电行业早期，根据电器产品的外观划分，有白色家电和黑色家电之分，比如早期空调、洗衣机、冰箱类产品的外观以白色为主，故称为白电；电视机、影碟机、音响之类，早期外观以黑色为主，称之为黑电。

二、空调器

（一）家用空调器的分类

（1）按结构分类：整体式又叫窗式和分体式两种空调器。

（2）按功能分类：单冷式和冷热式空调器。

（3）按操作方式分类：普通式、线控式与遥控式空调器。

（4）其他分类方式：按室内机数量分为一拖二、一拖三式空调器；按气候环境分类为 T1、T2、T3 型空调器，我国一般采用 T1 型空调器。

（二）家用空调器的基本结构

家用空调器由制冷系统、通风系统、电气控制系统和箱体系统四部分组成。

制冷系统是每种空调器最基本的系统，它是实现空调器制冷或制热功能的主要部分。

通风系统是实现热交换的部分，它把制冷系统所产生的冷气送到室内去，并把冷凝器中的热量送到室外去。

电气控制是空调器的操作系统，有机械式控制和电子式控制两种方式，有了它才能使空调器按照人们的意愿去工作。

箱体系统是空调器的支撑基架，各种零部件都安装在它的上面。四个系统按照各自的功能组成一个整体，就成了一台完整的空调器。

（三）空调器的工作原理及主要功能

通过压缩机给氟里昂提供的原动力，使氟在整个系统中沿某个方向流动，通过在系统中某位置加毛细管的方法控制氟里昂的三态转化，从而达到吸热和放热的目的。其吸放的热量通过蒸发器、冷凝器能扩散面积，并通过内外风机吹动使能量迅速扩散而达到散热的目的。

空调的主要功能：降低温度、除湿防潮、滤清空气；新型空调上装有静电空气滤清器，可以有效过虑 0.01 微米的尘埃颗粒。

（四）空调器的规格及型号

1. 空调器的规格

空调器的规格是按制冷量（或制热量）划分的。制冷量是指空调器在制冷运行时，单位时间内从房间内或某个区域内吸收并转移到其他区域的热量。国家标准规定，计算单位是"瓦"或"千瓦"，符号为"W"或"KW"。市场上部分厂家和消费者也有采用"匹"来表示空调规格的。匹是以前所使用的一种功率单位，它和"瓦"的关系是一匹马力约等于 735 瓦。一般 1 匹空调功率约为 2 500W，2 匹功率约为 5 000W，3 匹功率约为 7 100W。

选择空调时，应先测量一下自己的单个居室的使用面积，然后按照 150～200W 每平方乘以您的房间使用面积，即知道您需要的制冷量，一般情况下一匹（2 500W）适合的房间使用面积为 11～15 平方米，一匹半（3 500W）适合房间的使用面积为 18～25 平方米。有些空调的本身的质量决定其制冷量的大小，须视品牌而定。

空调器的连接管路最大允许长度的规定：一匹最长不能超过 8 米，1.5～2 匹最长不能超过 10 米，2 匹以上不能超过 15 米。室内、外机的高度差不超过 5 米。

2. 国产空调符号的含义

如型号：KF（R）-23GW、KC-23、KF-50LW。K 代表空调，F 代表分体，R 代表冷暖，C 代表窗机；横杠后数字代表制冷量，如 23 代表制冷量为 2 300W，L 代表室内落地式，G 代表室内挂机，W 代表室外机。

三、电冰箱

（一）家用电冰箱的分类

（1）按制冷方式分类：电机压缩式、吸收式、电磁振荡式和半导体式电冰箱。

（2）按电冰箱内冷气传递方式分类：直冷式（又称有霜式）和间冷式（又称风冷式或无霜式或空气强制循环冷却式）电冰箱。

（3）按电冰箱的形状结构分类：单门、双门及多门电冰箱。

（4）按电冰箱使用时的气候环境温度分类：亚温带型（SN），气候环境温度为 10～32℃；温带型（N），气候环境温度为 16～32℃；亚热带型（ST），气候环境温度为18～38℃；热带型（T），气候环境温度为 18～34℃。

（二）电冰箱的结构

电冰箱主要由制冷系统、电气控制系统、箱体和附件等部分组成。

并具备其他装置：冷冻装置、送风装置、温控装置、压缩机运转装置、除霜装置、箱体、其他装置。

制冷系统由压缩机、冷凝器、过滤器、毛细管、蒸发器组成。

（三）电冰箱的工作原理

压缩式电冰箱的制冷原理是：当液态制冷剂流入蒸发器，在蒸发器内蒸发汽化时，吸收了箱体内空气和食物的大量热量，使箱内温度迅速下降，而制冷剂变成了低温低压气体，被压缩机吸入后，又压缩成为高温高压气体。该气体进入冷凝器后，并将大量热量散发到箱体外的空间后，凝结成高压常温液体，经干燥过滤器滤除污物和水分，再经毛细管节流降压成为低压液态制冷剂，并再一次进入蒸发器。如此循环，实现连续制冷。

其循环可以概括为压缩——冷凝——节流——蒸发四个过程。

（1）风冷式：是把暗藏于冷冻室内的蒸发器所产生的冷气，用风扇强制循环，从而使冷藏，冷冻室冷却的方式。因此也称为间接冷却式。

（2）直冷式：在冰箱内把蒸发器的冷却管分别贴在冷冻，冷藏室的反面，也有的暴露在冷藏，冷冻室，在利用蒸发器吸热的过程中箱内空气比重发生变化，使箱内空气自然对流，从而达到整体制冷。

（3）间、直冷式冰箱对比：直冷式冰箱结构简单，价格较低，耗电量相对少，食品保鲜度好，但须经常除霜；间冷式冰箱适应环境温度的范围较广，降温速度快，冷冻温度低，无须除霜，使用方便，结构相对复杂且价格较高，耗电量也相对较大，食物易风干。

（四）电冰箱规格、星级及型号的含义

（1）电冰箱规格是按容积来划分的，单位是升（L）。

（2）星级。

星级	冷冻室温度	符号	冷冻食品保存期参考
一星级	不高于-6℃	*	一周

二星级	不高于-12℃	**	一个月
三星级	不高于-18℃	***	三个月
四星级	不高于-18℃	****	六个月

注：大星号是冷冻能力强的标志，也是四星级电冰箱特有的功能。

（3）型号含义。

国家标准规定，国产电冰箱型号用字母和数字表示，分为五个部分。

如国产冰箱型号 BCD-215WD，B 代表冰箱，C 代表冷藏，D 代表冷冻，215 代表有效容积，W 代表无霜（有霜冰箱可略），D 代表改进设计型号。

（五）电冰箱的质量指标

（1）冷却速度：指冷藏室温度由32℃降到5～7℃，冷冻室温度由32度降到-18℃，所需要的时间。对于冷藏箱（250L 以下）不超过 2 小时，对冷藏冷冻箱不超过 3 小时。

（2）冷冻能力：按规定条件测定时，测得的冷藏冷冻箱的冷冻能力不应小于名牌额定值的 85%。冷冻能力最低值为 4.5kg/100L（冷冻室），45L 以下的不得少于 2kg。

（3）噪声：冰箱在国家规定的测试条件下标准噪声的规定 250L 以下应小于或等于 52 分贝，大于 250L 的应小于或等于 55 分贝。带风机的 300L～400L（含 400L）的应小于或等于 60dB，401L～500L 的应小于或等于 63dB。

噪声与震动：将冰箱平稳安放后，通电使压缩机运转，人站在 1 米远处，不应明显听到压缩机的运转声，用手摸箱体的中上部位，不应有明显震动感。

四、洗衣机

（一）家用洗衣机的分类

（1）按洗衣机洗涤方式分为：波轮式、搅拌式、滚筒式、喷流式、振动式、超声波式洗衣机。

（2）按操作方式分为：普通型、半自动型、全自动型洗衣机。

（3）按其他方式划分。

① 按排水方式可分：上排水式、下排水式洗衣机。

② 按水流方式可分：涡卷式水流、新水流及新水流加气泡爆炸式洗衣机。

③ 按箱体结构可分：喷涂钢板、喷涂铝合金板、塑料及上部喷涂钢板下部塑料式洗衣机。

（4）按结构形式可分：单桶型、双桶型洗衣机。

（二）洗衣机的结构

洗衣机是由洗涤、脱水机械系统，进、排水系统，驱动系统，支承系统，控制系统组成。

洗衣机主要部件包括电机、离合器、电脑板、程控系统、电容、定时器等。

（三）洗衣机型号的表示方式

如型号 XQB50—251

X—洗衣机，Q—全自动，B—半自动，P—普通型，B—波轮式，G—滚筒式，J—搅拌式，50—表示洗衣容量为 5.5KG，251—表示洗衣机设计序号。

（四）洗衣机的洗涤方式及特点

（1）洗衣机的使用范围规定。

① 海拔不高于 2500 米；

② 周围环境温度在 0℃～40℃范围内；

③ 空气相对湿度在 95%以下（环境温度为 25℃时）。

（2）波轮洗衣机是通过波轮左右转动产生涡流来达到洗涤效果的。

优点是：洗涤时间短，耗电小，结构简单，操作方便，体积小，易维修，价格低，洗净度高等优点。

缺点是：衣物易缠绕，磨损度大，衣物的洗净均匀度差，耗水多，是我国消费者购买的主流机型。

（3）滚筒式洗衣机是通过内桶上的凸筋，将衣物带至内桶的高处，再由衣物的自身重量将其掉入洗涤液中，由反复地摔打和冲刷来洗净衣物。

优点是：对衣物的磨损率低，洗衣量大，洗涤适用范围大。用水及洗涤液少，可用热水洗涤衣物，不缠绕。洗涤均匀度好。

缺点是：耗电量较大，洗涤时间长，洗净度不高，结构复杂，自身较重，价格较高。

（4）搅拌式洗衣机是使衣物被搅拌的水流冲洗、翻滚来达到洗净效果的。

优点是：对衣物的磨损度小，不缠绕，洗涤均匀度较好。其洗净度高于滚筒机，低于波轮机。

缺点是：结构复杂，洗衣时间长，价格较高。

（5）普通型、半自动型、全自动型洗衣机的自动化程度的关系。

① 普通型是指洗涤、漂洗、脱水各功能的操作均需用手动转换的洗衣机。

② 半自动型是指洗涤、漂洗、脱水各功能之间，有任意两个功能转换不需要手工操作而能自动进行洗涤的洗衣机。

③ 自动型是指洗涤、漂洗、脱水各功能之间的转换全部不需要手动操作而能自动完成洗涤的洗衣机。

（五）洗衣机的注意事项及常见故障分析

（1）存放远离烟火，通风要好，湿度要小的环境。

（2）洗衣时水温不能超过 50℃。

（3）洗涤前，清除口袋里的东西。

（4）不能超负荷运载。

（5）排水管不能堵塞，波轮洗衣机的排水管不能高于地面 15cm。

（6）定时器不能反转。

（7）使用时应安放平稳。

（8）使用完毕应立即拔下插头，切断电源。

（9）洗衣机噪声不得超过 75dB。

（10）洗衣机常见故障原因分析及解决方法，如表 10-1 所示。

表 10-1　　　　　　　　　洗衣机常见故障原因分析及解决方法

故障现象	故障原因	解决方法
洗涤、漂洗、脱水时运行停止	上盖没盖好	检查并盖好
排水异常（不排水或排水过慢）	（1）排水管是否放倒	将水管放下
	（2）排水管是否堵塞	清理异物
	（3）排水管高度应离地 15cm	放低排水管
	（4）延长排水管是否长过 3m 或直径过细	调整或更换排水管
	（5）排水管末端是否浸入水中或排水管末端密封在下水道中	正确放好排水管
	（6）排水管是否低于地面 100cm（滚筒）	放低排水管于 80cm～100cm 的高度
洗衣机不启动	（1）是否停电或熔丝熔断	来电后使用，或修复熔丝
	（2）电源电压是否太低	等待恢复正常
	（3）是否设定"预约"洗	等待设定时间到后自动洗涤
	（4）电源插头是否插好	插紧插头
不进水	（1）是否停电或熔丝熔断	等待来电或修复熔丝
	（2）是否停水或水压太低	等待来水或增大水压
	（3）是否将进水管接好且水龙头打开	接好进水管并打开水龙头
	（4）是否按下电源开关，未按下"启动/暂停"键	按下"启动/暂停"开关
	（5）进水管是否弯折	整理进水管，使其畅通
	（6）进水阀线圈损坏	更换
	（7）机门是否关好（滚筒）	关好门
水龙头漏水	进水管接头螺丝是否松或扭偏	正确紧固接头螺丝
不能脱水	（1）门盖是否关好	关上机门
	（2）衣物是否偏向一边	平整衣物
	（3）洗衣机放置不稳或倾斜	调平洗衣机
	（4）电机皮带过松	紧固或更换皮带
脱水开始时，断断续续脱水	调整平衡，防止衣物放偏	正常
单独脱水时，洗衣机不脱水	洗衣机程序设置排水时间，须经过一段时间后才开始脱水	正常
洗衣机初次使用时排水管内有少量水流出	这是出厂检验性能时残留的水	正常

续表

故障现象	故障原因	解决方法
最终脱水时停止脱水显示变成漂洗并进水	由于洗衣机内衣物偏向一侧，安全开关工作缘故，进行进水，搅拌运转后，消除洗涤物的偏心，以便再次进行脱水	正常
脱水剧烈震动	（1）包装用的固定螺丝是否已全部拆下（滚筒）	全部卸下
	（2）工作平面是否已经调平	调平工作平面
	（3）洗衣机是否超载	不要超载运行
	（4）是否电机的支撑泡沫未取出	取出支撑泡沫

第二节　家电产品与家电行业

一、家电产品基本要求

（一）安全

家用电器使用广泛，且使用者不一定具备电学知识，故其安全性能十分重要，要求电器在发生机械或电气故障时不会造成人身伤害事故。多数国家颁布了家用电器安全管理法规和标准，有些国家还用法律形式强制执行。国际电工委员会（IEC）颁布了家用电器的安全规则。中国规定家用电器的国家标准等同或等效采用 IEC 的安全规则。

（二）实用

实用性是家用电器的基本特征。产品应具有基本的使用功能，结构合理，操作方便，做到使用者不需具有专门技能也能正确使用。

（三）可靠

可靠性是反映家用电器产品质量的综合性指标。平均无故障工作时间是家用电器产品可靠性的一个主要指标。对产品的生产过程需要实行严格的全面质量管理，保证产品质量的一致性和稳定性。

（四）新颖

家用电器具有美化家庭的特点，因此应具有装饰性。产品造型和外观不仅要有鲜明的时代性，反映一定时期的科学技术水平和人们的审美志趣，并且要体现出结构的科学性、选材的合理性及工艺的先进性。

（五）耗能少

提高家用电器的效率指标，降低能耗是家用电器主要生产国长期努力的方向。美国 1975 年 12 月制订的能源政策和保护法对 14 种耗能多的家用电器规定了最低能耗效率标准。

197

二、家电产品质量鉴别

（一）怎样鉴定彩色电视机

（1）色度旋钮旋到最小，调节亮度，对比度，图像清晰柔和，层次分明。

（2）色度旋钮调大，由黑白变为彩色图像过渡期间，不应出现色彩混乱流动现象。

（3）调出最清晰图像后，继续转动频率微调钮，图像会变得粗糙失真，合上频率微调开关，图像应立即恢复清晰。

（4）观察色彩是否自然协调。

（5）除环境干扰外，画面上出现波状、网纹、条带均属不正常现象。

（6）音量适当调大，声音悦耳不失真。

（7）调节量度，对比度旋钮应有明显作用。

（8）依次掀动预选器，画面只轻微闪动。

（9）关下电源开关，屏幕不留光带或光点。

（二）怎样鉴别电冰箱的优劣

鉴定时先看外形，注意造型色彩，漆膜有无剥落和光洁不匀的现象。接上电源，调节温度，宜调至第二挡。让自动控制器做自停、自开多次，检查温控装置是否可靠有效。然后检查压缩机的运转是否正常和噪声大小，这时再将调节旋钮旋至"不停"位置，半小时后蒸发器内即可出现霜水，就此检查蒸发器四壁是否均匀，散热是否一样。最后检查门是否关得严和灵活。

（三）如何鉴别电饭煲的优劣

先把内煲（或称内胆）放进外壳，左右转动数次，检查内煲与外壳底部的发热板是否吻合，吻合的使用效率就高。接上电源后，用手指碰触外壳，不应有发麻的感觉（漏电）。按下煮饭开关五分钟后，内煲底部的温度约为103℃，这时，限温器触点应能自动断开，煮饭开关弹起，转入60℃的保温状态。

（四）快速鉴别冰箱温控器

（1）先将温控开关旋至"强冷"挡（必须在5分钟以后），此时压缩机开始工作。

（2）待5～7分钟，将开关旋至"弱冷"挡，压缩机应停止工作，同时开关会有"滴答"一声。

（3）再等5分钟，将开关拨至原"强冷"挡，压缩机应工作。此时便可认为此温控器正常。

（五）怎样鉴定全自动洗衣机

（1）弄清控制洗衣机程序的控制器是机械凸轮式还是电脑式。

（2）试机，观察其进入、洗涤、排水、甩干应和说明书规定的时间相符。

（3）在指针转到"甩干"程序时，把上盖板打开，洗涤甩干筒应在10秒钟内停止转动。

（六）如何鉴别电风扇的优劣

（1）看样式。

（2）看外观：外形上除了美观大方，还要看喷漆和镀铬是否光滑，平直，有无皱纹等；叶片转动应平稳。

（3）测性能：看开启键是否灵敏，测试摇头和定时器是否，控制准确，风力有无差别；叶片旋转应平稳，无声响；电机不漏电，温度正常。

（七）石英电子表优劣鉴别

看外观良好后，将表柄拉出至拨针位置，秒针应立即停止跳动，针尖刚好对着分点刻度。正反方向拨针时，秒针都应停止不动。推回表柄一秒钟后，秒针应立即恢复跳动，走时，秒针每跳动一次应刚好是一格，秒针与玻璃表面无碰擦现象。

（八）家用电器的放置环境

（1）注意高温环境。高温的环境会使家用电器的绝缘材料加速老化，而绝缘材料一旦损坏，即可引起漏电、短路，从而导致人身触电甚至引发火灾事故。

（2）注意潮湿环境。不应将洗衣机长时间放在卫生间内，也不要把家用电器放在花盆及鱼缸附近，还要注意不要在家用电器上放置装有液体的容器，更不得用湿布带电擦洗或用水冲洗电器设备。

（3）注意腐蚀环境。家电的外壳及绝缘材料受到化学物质的长期侵蚀，会缩短使用寿命。所以电冰箱、洗衣机等家用电器不宜放置在腐蚀性及污染性较严重的厨房内，以免受到煤气、液化石油气或油烟的侵蚀。

199

（4）注意安全环境。家用电器一般都应摆放在安全、平稳的地方，千万不要放置在有振动、易撞击的过道处。若放置的地方不安全，一不小心使家用电器遭到剧烈的震动和猛烈的撞击，会使螺丝松动、焊点脱落、电气及机械等零部件移位。甚至会造成家电外壳凹陷开裂、零部件损坏、导线断裂等事故。

三、家电产品发展趋势

（一）智能化

广泛采用电脑控制，提高家用电器的智能化程度，表现出更富有时代性是家电的发展趋势。装有声音合成和声音识别系统的家用电器，将可以实现真正的人—机对话。家庭机器人的问世将为家电的智能化提供更广阔的发展空间。

（二）自动化

多种自动化的产品如集洗、漂、烘于一体的全自动化的家用洗衣机，能自动烹调的微波炉等已相继问世。将家用电器和计算机相结合的家庭自动化控制系统，可使未来的家庭实现在家工作、在家上学、在家购物、在家医疗。这种家庭生活的高度自动化，有可能从根本上改变人类传统的生活方式，成为人类文明的新标志。

（三）塑料化

家用电器使用塑料具有良好的电气绝缘性能和经济性，适合大批量生产。家用电器塑料化将成为未来家用电器的发展趋势。

（四）节能和多种能源利用

家用电器节能技术研究已取得明显的进展。电冰箱在高效压缩机、低导热的隔热层、改进制冷剂、合理的制冷系统匹配方面不断发展，耗电量大幅度降低。利用多种能源的吸收式冰箱亦有新的发展，产量迅速增加。节电效果最有前景的途径是在家用电器上应用微电子技术和太阳能，如高性能大容量的太阳能电池研制成功，将使太阳能家用电器很快地发展起来。

四、家电行业特点

（一）生产特点为小批量、多品种、装配式，大多从外部厂家采购材料和生产部件进行组装。

（二）产品系列化、多元化，注重技术创新，产品更新换代快，强调产品的序列号管理。

（三）生产与销售职能分离。销售渠道和方式多样化、体系化，销售业务种类较多，使用各种促销方法和价格策略，价格的制订具有地域性，企业对价格、折扣、营销组织管理控制严格。实行客户信用期间、信用额度控制，同时为促进销售，也会有灵活的折让策略。

（四）强调成本管理与成本控制，多采用定额法进行成本计算与控制，强化内部管理、降低耗费。

（五）存货品种多，数量大并且变化快，材料核算复杂，库存管理任务繁重。

（六）设立区域性维修服务机构，强调售后服务和跟踪。

五、现代家用电器工业

（一）特点

1. 产业高度集中

随着世界家用电器工业的发展，逐渐形成了一批产业集团，在行业中居于垄断地位，起着支配作用。世界著名的家电企业有：美国的通用电气、惠普、RCA、胜家、怀特、北美飞利浦、杰尼斯无线电 7 家公司，日本的松下电器、东芝、日立、索尼、夏普、日本电气、三洋电机、三菱电机 8 家公司，荷兰的飞利浦公司，德国的西门子、博世、德律风根 3 家公司，瑞典的丽都公司，意大利的扎努西公司，法国的汤姆逊公司等。

2. 大批量专业化生产

零部件实行专业化生产，总装厂实现生产连续化、自动化，生产规模一般都在年产几十万台，人均生产率高。

3. 技术密集

家用电器是新材料、新工艺、新技术的综合体现，各相关行业的新材料、新工艺、新技术很快在家用电器产品上得到应用。

4. 产品更新快

市场竞争激烈，促进企业不断开发新产品，更新换代，以新取胜。

（二）发展趋势

（1）生产电子化。利用电子技术改造企业的生产手段，普遍推广应用电子计算机、机械手和自动机，进一步提高生产的自动化水平。目前，世界进展最快的是实行计算机辅助设计（CAD）和计算机辅助制造（CAM），实现优化设计，优化生产操作。

（2）采用柔性生产系统或柔性生产线，提高企业的应变能力。有的企业可在很短时间内变更产品品种，有的可在同一生产线上同时生产多种产品。

（3）应用塑料和预涂钢板等新材料，使生产工艺简化，并促进新工艺、新设备的发展。

模拟实训

【实训主题】

了解家用电器的种类，掌握家电产品的发展趋势及行业特点。

【实训地点】

教室。

【实训目的】

（1）理论联系实际使学生了解家用电器的种类，正确认识家电行业的特点。

（2）培养学生分析问题的能力，使学生充分贴近生活，提升学生的综合素质。

【背景材料】

海尔进军"黑色家电"

1997年9月5日，海尔集团在人民大会堂香港厅宣布：从即日起，海尔正式从"白色"家电领域跨进"黑色"家电领域，从轻工产业渗入电子产业。并在会上首次展出了海尔牌"探路者"系列大屏幕彩电。

这一天，在北京的西单、王府井的各大商场的海尔产品专柜上，海尔彩电正式与北京消费者见面。写有"海尔彩电，为您服务"字样的蓝色服务车则正穿梭于北京的大街小巷……

已是中国家电第一品牌的海尔为什么生产彩电？为什么要在最为拥挤，竞争力最为"白热化"或者说产品最为过剩的电子视屏类产品窄道上插上一脚？

海尔作为我国最大的家电企业之一，随着自身的不断发展壮大，提出了要创世界名牌，进入世界500强的目标。但到1997年，海尔的经营领域还都集中在白色家电上，而纵观松下、三星等世界级家电跨国集团，其产品门类无不横跨冰箱、洗衣机、空调、彩电、计算机等"白色"和"黑色"家电领域。海尔集团总裁张瑞敏认为，中国家电要培植世界级大公司，要打出中国家电的国际名牌，适应国际市场竞争，就必须像松下和三星那样，走资产经营多元化、产品开发多元化之路。

此外，海尔家电大量进入市场特别是国际市场后，有的承销商提出，"你们是家电商，为什么只供应"白色"家电，不供应"黑色"家电？"正因为海尔没有视屏系列产品，许多承销商只好一面经营海尔"白色"品牌，一面经营其他厂家的"黑色"品牌。这也不利于海尔宣传品牌，开拓市场。

海尔选择了彩电作为自己进军黑色家电的领域，但这种扩张不能"剃头担子——

一头热"。那么，彩电市场的现状和发展前景又是如何呢？

海尔的定位。

面对竞争如此激烈的彩电市场，张瑞敏很清醒：进入该领域，如果只是定位于普通彩电范畴，那就很难实现占领市场、创建名牌的目的。与其在已被瓜分得所剩无几的蛋糕上去争得一小份，还不如自己新做一个蛋糕来享用。张瑞敏和他的海尔人开始寻找自己的切入点。

当前，以电脑、电视、电信一体化为标志的数字技术时代悄悄来临，以模拟技术为主的彩电等电子产品正面临巨大的危机，并给生产这些产品的中国彩电企业带来了巨大的挑战。但挑战与机遇总是并存的，我国彩电尚未进入数字化时代，这说明彩电产品将因为数字化时代的到来还将拥有巨大的市场和发展潜力。因此，张瑞敏认为海尔进军彩电市场应抢占行业制高点，技术超前。所以，他们打算先推出大屏幕、高清晰度、高附加值的高档彩电，并全力以赴加快数字化家电产品的开发步伐，争取在2000年左右研制出能代表我国最高水平、与世界先进水平接轨的数字化彩电整机。

另外，海尔还重新定义了"家庭影院"的概念，并将其作为自己的另一个切入点。家庭影院是集声、像于一体的高级家电产品的组合，普通的配置为电视系统、音响系统及 VCD、LD 等影碟播放系统。豪华级的家庭影院加入个人电脑为控制中心，DVD、投影设备等高新科技产品，使人们在家庭中欣赏音像产品有身临影院的感觉。

从目前的市场和广告来看，各彩电生产厂都在使用降价和广告等手段进行促销，还没有厂家运用具有连带性的产品进行促销。所谓"连带性"是指某种产品既可整体销售，又可分开销售，相互之间有一定的依赖性。比如家庭影院中的电视机、音响、VCD 机，三者间既可分开来销售，又可组合在一起销售，与从市场上随便把三者拼凑在一起的系统不同，经过完整设计的家庭影院产品具有以下优点：

精简了各设备的冗余功能，有利于降低产品成本。

优化的系统设计，达到拼凑系统所不可能达到的匹配效果。

因此，家庭影院不仅仅是影碟机、音响、电视机的简单组合，它是电视市场由量变走向质变，进入家族时代的标志。从彩色电视机和音响的发展大趋势来看，家庭影院是最具代表性的发展方向之一。尤其是自 VCD 实用化以来，家庭影院所具备的这种媒介性越来越显著。这个新产物把影碟机、电视机、音响有机地结合在一起，使彩电销售进入系统组合销售与单体销售的新格局，从而为生产厂家提供了良好的发展机会。并且城市彩电市场 1 000 万台的容量中，大屏幕、高档次产品的份额约为 600 万台，属于这一层次的消费者是可以接受以家庭影院设计为基础的产品的。

所以，海尔认为在各种新技术的支持下将"家庭影院"各组成部分提高到系统的概念上进行设计、生产、销售，并进一步使生产进入规模化，可为自己开辟一个全新的市场。

【实训过程设计】

（1）指导教师布置学生课前预习阅读案例。

（2）将全班同学平均分成小组，按每组 5～6 人分组对案例资料进行讨论。

（3）指导教师对小组讨论过程和发言内容进行评价总结，并讲解本案例的分析结论。（先评定小组成绩，在小组成绩中每一个人参与讨论占小组成绩的 40%，代表发言内容占小组成绩的 60%）。

（4）根据"背景材料"讨论：海尔集团为什么要进军彩电行业？在 1996 年彩电价格战硝烟未平，全国彩电生产能力大量过剩之时进入，你认为时机的选择是否恰当？

本章要点

● 按产品的功能、用途将家电大致分为十类。空调器、制冷电器、清洁电器、厨房电器、熨烫器具、取暖电器、整容电器、保健电器、声像电器、其他电器。

● 在国外，通常把家电分为四类：白色家电、黑色家电、米色家电和新兴的绿色家电。

● 家电产品基本要求：安全、实用、可靠、新颖、耗能少。

● 家电产品发展趋势：智能化、自动化、塑料化、节能和多种能源利用。

● 现代家用电器工业特点：产业高度集中、大批量专业化生产、技术密集、产品更新快。

● 现代家用电器工业发展趋势：生产电子化；采用柔性生产系统或柔性生产线；应用塑料和预涂钢板等新材料，使生产工艺简化，并促进新工艺、新设备的发展。

综合练习

简答题

1. 简述家用电器的质量要求。
2. 家用电器的主要品种有哪些？
3. 如何鉴别家电产品的质量优劣？
4. 简述现代家用电器工业的特点及发展趋势。

第十一章

环境与商品设计

⊙ 学习目标

【知识目标】

- 认识商品与环境的关系；
- 理解商品生命周期评价的概念及特点；
- 掌握商品生态设计的概念和内容；
- 了解商品清洁生产的内容。

【能力目标】

- 能恰当选择生态包装材料；
- 能利用逆向循环的原理回收利用包装废弃物。

⊙ 案例导入

一杯橙汁的代价

德国是世界上人均橙汁消费量最多的国家，每人年消费21升橙汁。德国消费的橙汁有80%以上来自世界上最主要的橙汁生产国巴西。橙汁从巴西运到德国要经过1.2万公里的长途运输。为了降低运输的成本，橙汁要浓缩成原来8%的量，然后在−18℃的条件下冷藏。这消耗了大量的能源和水，但更主要的消耗发生在橙汁的生产过程中。

橙汁生产需要投入两大原料：水和石油。石油主要用于生产蒸汽，用于橙汁浓缩加工。生产1吨橙汁，需要8.1千克石油，包括运输与冷藏在内，每吨橙汁约需要100千克石油。水的消耗同样不可小视。在德国，每饮用一杯橙汁，需要消耗不少于22杯水，这些水主要用于浓缩过程中产生蒸汽和运到德国后稀释浓缩橙汁。这些消耗还不包括为了取得生产橙汁所需的石油和水而消耗的能源与原料。在德国生产1升橙汁还至少需要25千克的其他物质消耗。如果要作全面的分析，就应把这些也包括进去，同时，也应该把生产杀虫剂所耗用的原料和能源也包括进去，同样也应该包括橙汁运输分销过程中用于适应航空与铁路运输需要的大量的小规格的包装物料以及最终由此产生的大量废料。

能量流和物质流并不是生态效益的唯一尺度，所用的农耕地同样是一个十分重要的因素。就德国而言，每人每年喝掉21升橙汁，生产这21升橙汁相当于需要24平方米的土地。换言之，德国每年消费的橙汁总量，需要巴西的15万公顷良田，超过德国自身用于果园种植面积的3倍多。地球上所有居民都像德国人那样消费橙汁，那么，我们就需要13万平方公里的橙树园，相当于瑞士这样的国家国土面积的3倍以上。

启示：商品与环境直接相关，如何处理商品与环境的关系影响着可持续发展。

学习内容

合理利用资源，满足消费者对商品数量、质量以及审美的追求，降低原材料的消耗，减少和消除商品生产和消费对环境的污染，已成为评价商品质量及相关活动的重要指标，成为当代商品学研究的重要课题。

第一节 商品与环境问题

一、环境问题

（一）环境问题的涵义

环境，是指围绕着人群的空间以及其中可以直接或间接影响人类生存和发展的各种因素的总体。广义的环境包括自然环境和社会环境；人们通常所说的环境，多数情况下指狭义的环境，即自然环境。自然环境一般是指地球上人类以外的其他生命体和非生命物质的总体存在，也称为"生态环境"。自然环境虽然受人类活动的影响，但总的来说，仍按自然规律存在着、发展着、变化着。自然环境有着复杂的组成要素，包括大气环境、水环境、土壤环境、生物环境（如森林环境、草原环境）、地质环境等。这些自然环境要素之间相互作用、相互制约、相互联系，共同决定着自然环境的整体质量。

环境问题是指受人类活动的干扰或自然因素的变异而引起环境质量下降或环境系统结构损毁，以至于对人类及其他生物的生存与发展造成不利影响和破坏的问题。

（二）环境问题的类型

环境问题按照产生的原因不同，可分为原生环境问题和次生环境问题。

1. 原生环境问题

原生环境问题是指由自然因素本身引起的环境问题，如火山喷发造成大气污染、地震造成地质破坏等，也称为第一类环境问题。

2. 次生环境问题

次生环境问题是指由于人类生产和消费活动引起的环境污染或生态破坏问题，也称为"第二类环境问题"或"人为环境问题"。

环境污染是指由于人类在生产和消费过程中向自然环境排放的、超过自然环境容纳和承受能力的有害物质而引起的一些环境问题，如水质污染、固体废物、噪声和气候变化（温室效应）、臭氧层被破坏等。

生态破坏是指人类在开发利用各类自然资源的过程中，不合理地过度开发利用而导致的生态环境质量恶化或自然资源枯竭的一些环境问题，如森林毁灭、水土流失、草原退化、生物多样性减少等。

生态破坏是一种结构性破坏，无法自行恢复，需要在人类的调控下才有可能得到恢复。而人工恢复周期特别长，有时甚至需要上百年的时间。因此，在所有环境问题中，生态破坏给人类造成的威胁最大、最持久。

（三）环境问题的解决

1. 可持续发展战略

1989 年 5 月，联合国环境规划署发表了《联合国环境署第十五届理事会关于"可持续发展"的声明》。该声明指出：可持续发展是指满足当前需要而又不削弱子孙后代满足其需要之能力的发展。可持续的发展还意味维护、合理使用并且提高自然资源基础，这种基础支撑着生态抗压力及经济的增长。

1992 年，联合国召开了环境与发展大会，成立了联合国可持续发展委员会。

1992 年 6 月，联合国环境与发展大会在巴西里约内热卢召开，会议提出并通过了全球的可持续发展战略——《21 世纪议程》，并且要求各国根据本国的情况，制定各自的可持续发展战略、计划和对策。1994 年 7 月 4 日，中国国务院批准了我国的第一个国家级可持续发展战略——《中国 21 世纪人口、环境与发展白皮书》。

2. 绿色革命

商品从开始设计、加工制造、流通、消费、废气处理直至再生利用的全过程都要符合可持续发展战略的要求。环境污染是在经济发展过程中产生的，也只能在经济发展中得到解决。在这种共识下，一场席卷全球的绿色革命出现。企业实施绿色战略管理，从绿色设计、绿色生产、绿色包装、绿色营销，直到实施环境标志，一种绿色文化正在影响着我们的生活。

环境标志不同于一般产品的商标，它是用来标明产品在生产、使用以及回收处置的整个过程中，符合特定的环境保护的要求，对环境危害较小的一种标识。目前，世界上应用较成功的环境标志是德国的"蓝色天使"（Blue Angel，见图 11-1）和日本的"生态标志"（Ecomark，见图 11-2）。

1993 年 8 月，我国环境保护局正式公布了中国环境标识，我国环境标识的图案由青山、绿水、太阳及 10 个环组成，青山、绿水和太阳表示人类赖以生存的环境，外围的 10 个环环环相连，表示公众参与、共同保护。中国环境标识是一种证明性标识，代表国家对环境标志产品实施认证的唯一机构是中国国家环境标志产品委员会（CCEL），如图11-3所示。实施环境标识产品的范围主要包括以下五类产品：节能、节水低耗性产品，可回收、可利用、可再生产品，清洁工艺产品，低污染、低毒产品，可生物降解产品。

图 11-1　　　　　　　　　图 11-2　　　　　　　　　图 11-3

二、商品对环境的影响

商品对环境的影响是指人类所从事的与商品有关的活动可能引起的生态环境系统的任何改变。与商品有关的活动是指商品设计、生产、包装、运输、储存、销售、使用或消费以及废弃处置等活动。

商品对环境的影响是多种多样的，虽然各种影响的性质和程度不同，但具有某些共同的特征。一项商品活动对环境产生的影响可能是十分复杂的。进行环境影响分析时，可以通过影响识别，将该项活动所产生的复杂影响分解成许多单一的环境影响，然后分别进行研究，并考虑彼此之间的联系，在此基础上再进行综合分析。

单一环境影响可以是好的或不好的，可以是明显的或不明显的，也可以是潜在的或可能发生的，有时潜在的影响甚至比明显的影响更为严重。

单一环境影响可以是可逆的或不可逆的，一般而言，可逆影响是可以恢复的，不可逆影响是不可恢复的。各种影响之间是相互联系，可以相互转化的。

我们可以就商品对环境的影响进行评价，或者对某项商品活动方案所产生的环境影响进行识别。这种识别和评价可以分为单一环境影响的评价、几种环境影响的综合评价等。商品对环境的影响评价是商品生命周期评价的一个重要组成部分。

商品对环境的影响如图11-4所示。

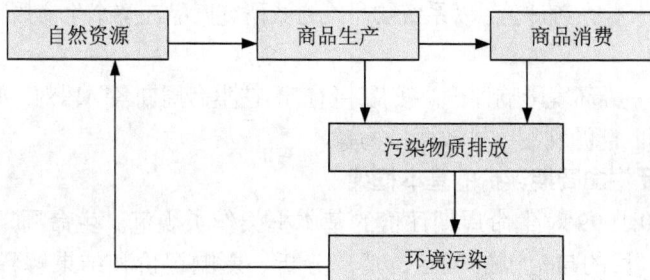

图 11-4　商品对环境的影响

三、商品生命周期评价

（一）商品生命周期评价的涵义

商品生命周期是指商品从原材料采掘与生产、商品制造、使用，直到最后废弃处置的全过程，即商品从摇篮到坟墓的生命全过程。

商品生命周期管理主张从原材料供给过程、商品设计、制造、包装、储运、销售、使用直到废弃处置的全过程，都应该力求对环境和人类健康影响最小。

商品生命周期评价（Life Cycle Assessment，LCA），是对商品生命循环各阶段的环境因素及其潜在影响的研究，包括原材料的采购、生产、使用直至产品使用后的处置，如图 11-5 所示。

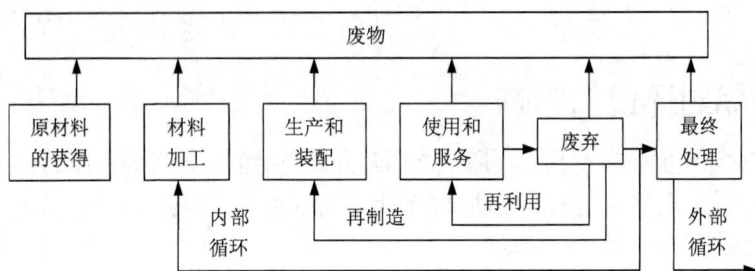

图 11-5　商品生命循环阶段

> **案例 11-1　饮料瓶的选择——复用式玻璃瓶还是一次性金属易拉罐**
>
> 由于人们往往只看到它们被消费后被抛弃的瞬间，于是很容易产生"玻璃瓶一定比易拉罐有利于环境"的判断。其实，消费和抛弃仅仅是这些包装容器整个生命周期中的一个环节，从它们各自的原料被采掘、加工成容器到用来包装食品，再将包装好的食品运输分销至消费者，乃至在消费者家中如何储藏等所有环节，都对环境造成影响。

（二）商品生命周期评价的特点

（1）它是一种全程评价。这一评价过程从原料采购开始，经过原料加工、产品制造、使用消费、回收利用，直到废弃处理的全过程。

（2）它是一种系统评价。以系统的思维方式研究产品在整个生命周期不同阶段中对环境的影响。

（3）它是一种环境影响评价。强调评价产品在生命周期各阶段对环境的影响，包括原材料利用、能源利用、排放污染物等。

（三）商品生命周期评价的基本框架

ISO14040:1999 对生命周期评价的基本框架作了规范。生命周期评价可以包括四个阶段：目的与范围的确定、清单分析、影响评价和结果解释，如图 11-6 所示。

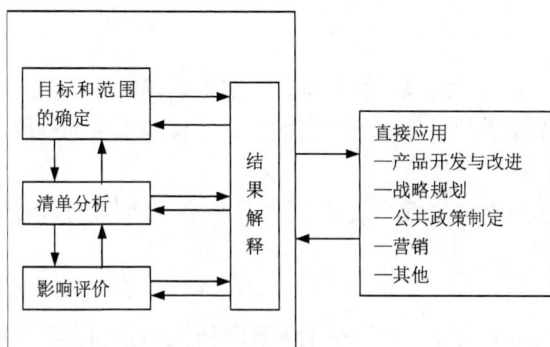

图 11-6　生命周期评价框架

商品生命周期评价的各个阶段是既相互独立又相互联系的。

1．目标和范围的确定

● 明确商品生命周期评价的应用目标，确定研究深度，界定研究范围，选择研究方向，使对所考察的产品有一个全面的认识。

● 明确对原始数据的质量要求以及数据分摊方法。

● 确定最终研究报告的类型和格式。

必须明确规定商品生命周期评价研究的目标与范围，并使之适合于应用意图，这是商品生命周期评价的起始阶段。在商品生命周期评价研究的目的中，要明确陈述其应用意图、开展该项研究的理由及其沟通对象，即研究结果的接受者。这些问题也可以转换为回答以下问题。

为什么要开展这项研究？

谁是研究的委托者或资助者？

谁将应用这些研究成果？将如何被应用？

研究需要仔细具体到什么程度？

具体的目标可以描述为：对某些概念进行比较；对现有某些产品的环境影响进行比较；寻求改进现有产品环境影响的途径；对经过改进后的产品进行环境评估；用于产品的环境标志；用于营销，等等。

在确定商品生命周期评价研究目标的基础上，确定商品生命周期评价研究范围，必须考虑下列内容并予以明确地描述：在商品生命周期评价研究范围中，必须明确规定研究系统的功能。功能单位是对产品系统输出功能的量度。功能单位的基本作用是为有关的输入和输出提供参照，以保证商品生命周期评价结果的可比性。在对不同系统的评估中，商品生命周期评价结果的可比性必不可少，否则无法在相同基础上进行比较。例如，小轿车和自行车的功能不同，对它们的环境影响进行比较是没有意义的。一个系统可能同时具备若干个功能，研究中具体选择哪一种，取决于研究的目的和范围。必须对有关功能单位作出定义，并使之可以测量。例如，某油漆系统的功能单位可定义为：在规定时限内被保护的外表单位面积。

2. 清单分析

搜集数据并通过处理得到该产品系统各种输入和输出要素。输入的资源包括物料和能源，输出的要素除了产品外，还有向大气、水体和土壤的排放。

3. 影响评估

影响评估是指运用清单分析的结果，对产品生命周期各阶段所涉及的所有潜在的重大环境影响进行评估。

4. 结果讨论

这一阶段是将清单分析和影响评估的发现与研究的目的、范围进行综合分析，得出结论或建议的过程。结果讨论这一阶段是和另外三个阶段关联在一起的，另外三个阶段中任何一个阶段完成后即应进行结果讨论，考察原先确定的研究范围是否合适，是否需要作必要的调整，所搜集的数据是否符合研究的目的，哪些数据对结果的影响最灵敏等。

（四）商品生命周期评价的应用

生命周期评价作为一种评价产品或活动的整个生命周期环境后果的分析工具，迄今为止，在私人企业和公共领域都有不少应用。

在私人企业，生命周期评价主要用于产品的比较和改进，典型的案例有布质婴儿尿布和易处理婴儿尿布的比较、塑料杯和纸杯的比较等。

在政府方面，生命周期评价主要用于公共政策的制定，普遍适用于环境标识或生态标准的确定，许多国家和国际组织都要求将生命周期评价作为制定标识标准的方法。

生命周期评价还可以用来制定政策、法规和刺激市场等。例如，美国环保局在《空气清洁法修正案》中，使用生命周期理论评价不同能源方案的环境影响，将生命周期评价用于制定污染防治政策。在欧洲，生命周期评价已被欧盟用于制定《包装和包装法》。比利时政府于 1993 年作出决定，根据环境负荷大小对包装和产品征税，其中确定环境负荷大小的方法就是生命周期评价方法。丹麦政府和企业间有一个约定，其中也特别包含了生命周期评价，并约定用 3 年时间对 10 种产品类型进行生命周期评价。

案例 11-2　商品生命周期评价应用实例

中国是世界上最大的建材生产国。从资源的消耗到环境的损害，建材业一直是污染严重的产业。为考察建材生产过程对环境的影响，运用商品生命周期评价方法，对某建筑瓷砖生产过程对环境的影响进行评价。该瓷砖生产线的年产量为 30 万平方米，采用连续性流水线生产，所需原料有钢渣、黏土、硅藻土、石英粉、釉料及其他添加剂，消耗一定数量的燃料、电力和水，排放出一定数量的废气、废水和废渣。本生产项目的生产工艺如图 11-7 所示。

在商品生命周期评价实施过程中，首先是目标定义。对该生产过程的环境影响评价的目标定义为：只考察其生产过程对环境的影响；范围界定在直接原料消耗和直接废物排放，不考虑原料的生产加工过程以及废水、废渣的再处理过程。

然后是清单分析。对该生产过程的环境影响评价的清单分析，主要按资源和能源消耗、各种废弃物排放及其引起的直接环境影响进行数据分类、编目。例如，能耗可分别按加热、照明、取暖等过程进行编目；资源消耗按原料配比进行数据分类；污染物排放按废气、废水、废渣等进行编目分析。该生产过程排放的有害废气量很小，主要是二氧化碳，故废气排放量可以忽略，而以温室效应指标进行数据编目。另外，在该生产过程中，其他环境影响指标，如人体健康、区域毒性、噪声等也很小，因此，在编目分析中忽略不计。

在环境影响评价过程中采用了输入输出法模型，其输入和输出参数如图 11-8 所示。其中，输入参数有能源和原料，输出参数包括产品、废水、废渣，以及由二氧化碳排放引起的全球温室效应。

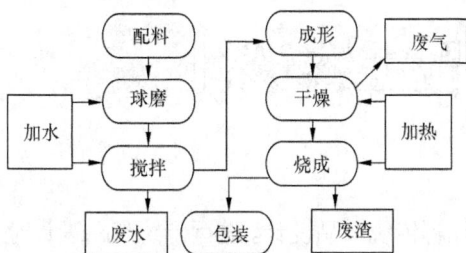

图 11-7 某建筑瓷砖生产工艺示意图　　图 11-8 某瓷砖生产线的输入、输出法评价模型

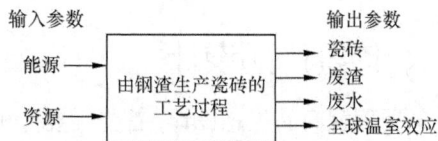

通过输入输出法计算，得到该瓷砖生产过程对环境的影响 LCA 评价结果如图 11-9 和图 11-10 所示。其中，图 11-9 所示为能源和资源的消耗情况，图 11-10 所示为瓷砖生产过程对环境的影响。由图 11-9 和图 11-10 可见，该瓷砖生产过程的能耗和水的消耗较大。由于采用钢渣为主要原料，这是炼钢过程排放的固态废弃物，因此在资源消耗方面属于再循环利用，这对保护环境是有利的生产工艺。

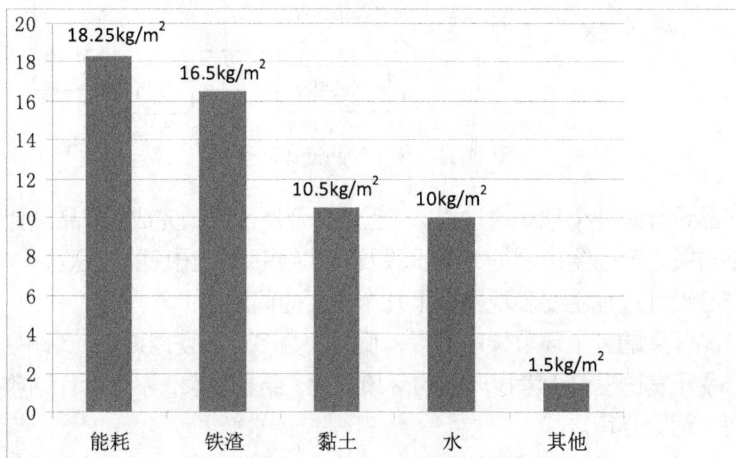

图 11-9 能源和资源的消耗情况

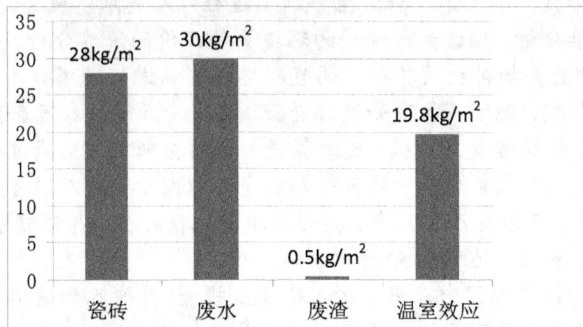

图 11-10　瓷砖生产过程对环境的影响 LCA 评价结果

第二节　商品生态设计

一、传统产品设计

要理解商品生态设计，首先需要分析理解传统产品设计。进行传统产品设计时，通常主要考虑的是产品的基本属性，如功能、质量、寿命、成本等，很少考虑环境属性。

按传统设计生产制造出来的产品，在其使用寿命结束后，回收利用率低，资源、能源浪费严重，特别是其中的有毒、有害物质会严重污染生态环境。传统产品设计过程如图 11-11 所示。

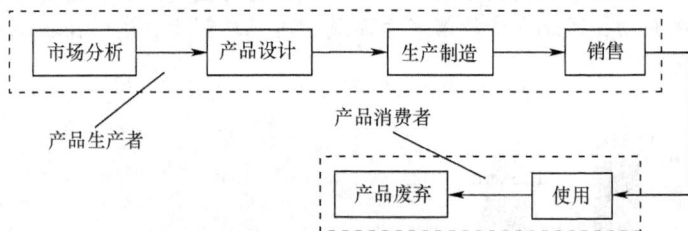

图 11-11　传统产品设计过程

传统产品设计是一个独立的过程。一旦设计及制造活动完成，产品设计人员和工艺人员就不再关心产品生命周期其他阶段及周期结束后所出现的问题。

传统产品设计过程主要表现出以下几个方面的问题。

（1）产品开发的各个环节顺序进行，反复次数多，开发周期长，费用多。

（2）产品开发过程很少考虑产品的环境属性，结构复杂，不易拆卸回收，造成大量资源浪费，污染环境。

（3）产品设计人员的环境意识不强，对绿色产品和绿色设计的认识不够明确。

（4）传统设计的产品难于适应市场竞争和可持续发展的需要。

二、生态设计的含义

生态设计是 20 世纪 90 年代初出现的关于商品（产品）设计的一个概念，也称为"环境设计"或"绿色设计"。

生态设计是以节约资源和保护环境为指导思想的一种新的工业设计理念和方法。它要求在设计新产品时，从材料的选择、商品的结构功能、生产加工过程、包装和运输方式、商品使用乃至废弃处理等环节，都必须考虑节约资源和保护环境这两方面的要求。

商品生态设计要求在商品整个生命周期内全程考虑自然资源、能源的节约利用，重视污染预防，高度关注无毒、可拆卸、可回收、可重复利用、可再生等诸多方面的要求。在满足环境要求的同时，确保商品的基本功能、使用寿命和经济价值等。

三、生态设计的主要内容

（一）材料选择的设计

生态设计要求设计人员改变传统的选材程序和步骤，不仅考虑商品使用条件和性能要求，并要考虑环境约束，了解材料对环境的影响。选材时应考虑以下几方面的具体要求。

（1）无毒、无害。

（2）废弃后可生物降解或光降解。

（3）易回收，易处理，可再利用。

（4）低能耗，低成本。

（5）易加工，无污染或轻污染。

（6）减少所用材料种类。设计时应尽量减少材料种类，以便于将来回收利用。例如，德国惠而浦的包装工程师把用于包装的材料从 20 种减少到 4 种，使得处理废物的成本降低了一半以上，材料成本也大幅度地减少。

（二）可回收性设计

可回收性设计要求在商品设计初期充分考虑其材料回收的可能性、回收价值的大小、回收处理方法等与回收性有关的一系列问题，实现资源的最大利用和对环境的最小污染，这是一种先进的设计思想和方法。

可回收性设计涉及以下几个方面的具体内容：可回收材料及其标志；可回收结构设计；可回收工艺与方法；可回收经济评价等。

（三）可拆卸性设计

在产品设计之初，将可拆卸性作为结构设计的一个评价标准，使所设计的结构易于拆卸，方便维护。产品报废后，可以重新利用的部分能够简单方便地回收和再使用，以达到节约资源的目的。

213

（四）成本分析

成本分析主要考虑原材料的替代成本、商品拆卸与重复利用成本、特殊商品的环境成本等因素，力求降低总成本。

第三节　商品美化设计

一、商品美与商品美化设计

消费审美是西方现代消费理论发展的产物。这种理论把消费者购买动机表述为"刺激——理解——反映"的过程。审美感受中包含着明显的理解因素，是伴随着感知在直觉过程中领悟的。消费者接触到某种商品，从商品的外形、色彩、用途等中得到某种满足时，就形成了理解，产生了美感。

商品美，是指商品中的审美属性或审美价值。商品美是现代社会工业生产中科学与美学、技术与艺术相结合的产物，它既依附于物质功能，也体现着审美功能，是使用价值与审美价值的统一。商品美以先进的科学技术为手段，以新的社会审美观念为时尚，用凝练、抽象的形式，反映积极向上的民族心理，体现着一定的文化内涵，因此具有美的感染力。另外，各种商品通过各种渠道影响着人们的审美态度、审美修养和审美水平，对人们起着潜移默化的审美教育的作用。

商品美有哪些构成要素呢？一是内部结构及功能良好，主要包括功能美、结构美、工艺美、材质美等；二是外部形态的审美处理，主要包括造型美、色彩美、品牌美、装潢美等。例如，商品的造型，怎样利用光洁度、对称感、节奏性等形式表现；商品的包装，怎样塑造品位，怎样让图案、雕饰、色彩、绘画等合理组合；商品的广告，如何表现商品的魅力，如何为顾客创造审美情趣；等等。

现代消费者追求的商品应是实用性与审美性的完美结合。商品既要坚固耐用，又要美观大方。因此，商品设计生产者不能不考虑消费者的审美兴趣，不能不研究商品审美的特殊规律。所以，实践要求我们探索商品美化设计。

所谓商品美化设计，是指在产品设计过程中，运用设计语言，将设计构思视觉化，保证产品的结构、功能、造型、色彩及包装装潢等方面符合审美要求。这样，产品才能够带给人们美的享受，更容易为人们所接受。

二、商品美的基本特征

1. 商品美是内在美与外在美的统一

商品内在美是指产品的内在质量，外在美是指产品外观形态。一种畅销商品，它必定是内在美与外在美的统一，如久负盛名的茅台酒，其质量有口皆碑，加之造型独特的酒瓶，形成了完美和谐的统一。若偏重于一方，则产品难以畅销。因此，要使一个产品畅销，首先应注重内在美，并使内在美与外在美相统一。

2. 商品美是适用美与欣赏美的统一

在现实生活中，人们对产品的需求包括两个最基本的层次，即使用与欣赏。这两个层次的需求出于理性和感性两种动机。理性动机要求所购买的产品必须满足其最基本的需求，如服装可以御寒、食品可以充饥等。产品的使用性是产品的实质部分，它是人们决定购买的出发点，人们决不会购买那些对自己无任何使用价值的产品。感性动机要求所购买的产品必须满足其欣赏、喜欢、爱好等情感要求。人们对产品的情感要求主要在于产品的外形，如产品的款式、色彩、包装、品牌等。

3. 商品美是个性美与流行美的统一

流行反映时代潮流，表现时代精神，是人的新鲜感形成的必然结果。商品通过新颖的造型设计、构图、色彩等体现新鲜感，体现美感，而这种美感一旦为大众所接受，即成为流行美。可以说，流行美是人们的共同认识。然而，流行是共性的反映，往往特色不足，体现不出个性，这样的商品难免流于一般化。如软包装是目前的流行包装，在采用这种包装时，若突出某些个性，如造型、色彩等，使其在流行中具有新鲜感。这种流行美和个性美的统一，将使包装更具有魅力。

三、商品美化设计的基本要求

商品的审美属性主要表现在商品的形态、色泽、质地、结构、气味和品种多样化等方面。商品的审美性已成为提高商品竞争能力的重要手段之一。消费者在市场中挑选、购买商品的过程，就是一次完整的审美活动。消费者个体的审美活动看起来纯属个体行为，但实质上反映了一个时代、一个社会共同的审美观念和审美趋势。商品生产经营者应把消费者对商品的评价作为反馈信息，使商品的艺术功能与经营的整体效果结合起来。

产品美是产品策略中的重要因素。处于不同时代、不同地域、不同民族的人有不同的审美观念，这将影响人们对商品的态度。营销人员必须根据营销活动所在地区人们的审美观念，设计产品，提供服务。

产品美主要是指产品的形式美，包括结构美、造型美、色彩美、品牌（商标）美和包装美等。产品形式美是设计出来的。

产品设计是人们在生产前对某一产品的结构、功能、造型、色彩以及包装装潢等方面的谋划和确定，它运用设计语言（图形和模型），将设计构思视觉化，使人们在产品生产出来之前，就已经感受到了它的审美价值。要保证设计符合审美要求，要注意以下几个方面：一要注意产品规格标准化；二要注意产品整体造型美；三要注意产品设计的创新美；四要注意产品设计的时代感。

（一）产品造型美

造型是通过点、线、面、体的组合，构成一定的形体。造型必须讲究艺术性，使人们能从产品的各种形态中最大程度地感受到美的存在。要保证产品的造型美，必须保证形体的协调性，突出一定的特色。

（二）产品色彩美

不同的色彩，使人产生不同的心理感受。因此，产品在色彩上的选择及不同色彩的搭配，既要适应人们的一般心理需要，又要注意不同地区不同民族的色彩心理特征和风俗习惯。

（三）品牌（商标）美

品牌（商标）一般由名称和标志两部分组成。品牌（商标）的独创性和鲜明的个性特征有助于展现产品的独特艺术形式和风格，构成产品独特的个性美；品牌（商标）与产品特点相吻合，不仅给人以和谐的感受，而且能令人产生美的遐想。

（四）包装美

包装既可以美化产品，其本身又有审美价值。人们通过独特新颖的包装色彩、图案、造型，可以得到美的享受和遐想。

对于商品而言，美固然没有使用价值，但它可以改善商品形象，提升商品价值，激发消费者对实用而美的商品的喜爱和追求，以刺激消费欲望，达到促销的目的。因此，关注商品使用价值与审美价值的有机统一，就能够促成商品价值的实现。

对于消费者而言，商品美影响着人们的审美态度和审美修养，对人们起着潜移默化的审美教育的作用。

第四节　商品的清洁生产

一、清洁生产的含义

清洁生产（Cleaner Production），在不同的发展阶段或者不同的国家或地区有不同的叫法，如"废物减量化"、"无废工艺"、"污染预防"等。但其基本内含是一致的，即对产品及生产过程采取预防污染的策略，以减少污染物的产生。

清洁生产，从本质上来说，就是对产品及生产过程采取整体预防的环境策略，减少或者消除对人类及环境的可能危害，同时充分满足人类需要，使社会经济效益最大化的一种生产模式。

清洁生产的具体措施包括：不断改进设计；使用清洁的能源和原料；采用先进的工艺技术与设备；改善管理；综合利用；从源头削减污染，提高资源利用效率；减少或者避免生产、服务和产品使用过程中污染物的产生和排放。清洁生产是实施可持续发展的重要手段。

清洁生产主要强调三个重点。

（1）清洁能源，包括开发节能技术，尽可能开发利用再生能源以及合理利用常规能源等。

（2）清洁生产过程，包括尽可能不用或少用有毒有害原材料和中间产品。对原材料和中间产品进行回收，改善管理，提高效率。

（3）清洁产品，包括以不危害人体健康和生态环境为主导因素考虑产品的制造过程，甚至使用之后的回收利用，减少原材料和能源的使用量等都应考虑在内。

二、清洁生产的目标

根据可持续发展对资源和环境的要求，清洁生产谋求达到以下三个目标。

1. 自然资源和能源利用的最合理化

通过资源的综合利用，短缺资源的替代使用，二次能源的再利用，以及节能、降耗、节水等措施，合理利用自然资源，减缓资源的耗竭，达到自然资源和能源利用的最合理化。

2. 对人类和环境的危害最小化

减少废物和污染物的排放，促进工业产品的生产、消耗过程与环境相融，降低工业活动对人类和环境的风险，达到对人类和环境的危害最小化。

3. 生产者、消费者、社会三方面利益最大化

清洁生产能够实现生产者、消费者和社会利益的最大化，这主要体现在以下几方面。

（1）清洁生产从资源节约和环境保护两个方面，对产品生产从设计开始到产品使用、直至最终处置，给予全过程的考虑和要求。

（2）清洁生产不仅对产品生产，而且对服务也要求考虑对环境的影响。

（3）清洁生产对工业废弃物实行费用有效的源头削减，一改传统的不顾费用有效或单一末端控制办法。

（4）清洁生产有利于提高企业的生产效率和经济效益，与末端处理相比，更受企业欢迎。

（5）清洁生产着眼于全球环境的全方位彻底保护，为人类社会共建一个洁净的地球带来了希望。

总之，清洁生产是以节能、降耗、减污为目标，以技术和管理为手段，通过对生产全程实施污染防治，以消除和减少工业生产对人类健康和生态环境的不利影响，从而达到防治工业污染和提高经济效益双重目标的综合性措施。

三、清洁生产的主要内容

清洁生产的主要内容可归纳为"三清一控"，即清洁原料与能源、清洁生产过程、清洁产品以及贯穿于清洁生产全过程的控制。

1. 清洁原料与能源

清洁原料与能源是指在产品生产过程中能被充分利用而极少产生废物和污染的原材料和能源。清洁原料与能源要符合如下要求。

（1）在生产过程中被充分利用。生产使用的原材料中，只有部分物质是生产所真正需要用到的，其余部分可能是无用的。在生产的物质转换过程中，可利用

率高的原材料被称为清洁原料。当然，对能源来说，还有能效转换比率和废物排放量的问题。在选择原材料时，应尽量选择清洁的原料，才能提高转换率、减少废物排放。

（2）不含有或不产生有毒、有害物质。有些原材料本身含有有毒、有害物质，或者能源在使用中会产生有毒、有害物质。清洁生产要求淘汰有毒、有害的原材料和能源，以无毒、无害或低毒、低害的原材料与能源替而代之。

2. 清洁生产过程

清洁生产过程是指在生产过程中选用特定的技术工艺，将废物减量化、资源化、无害化，直至最终消灭废物。

（1）废物减量化，是指通过采用先进设备，改善生产工艺，从而提高原料利用率，使废物排放量降到最低。

（2）废物资源化，是指将生产过程中的废物综合利用，变废为宝，转化为可以用进一步生产所利用的资源。

（3）废物无害化，是指消除或减少将要离开生产过程的各种废物的毒性，使之不具有危害人类和环境的能力。

清洁生产过程可采取的具体措施很多，例如，尽量少用有毒、有害的原材料；选用无毒、无害的中间产品；采用少废、无废的生产技术和工艺；选用先进的设备；使用可回收利用的包装；完善生产环境管理等。

3. 清洁产品

清洁产品，是指在产品生产、使用和处置的全过程中不产生有害影响，有助于资源的有效利用的产品。清洁产品又叫"生态产品"、"绿色产品"、"环境友好产品"等。清洁产品是清洁生产的基本内容之一。

清洁产品应力求简约，易拆装，可重复使用，以利于资源的有效循环利用。清洁产品还要避免危害人体健康和环境。

4. 贯穿于清洁生产全过程的控制

贯穿于清洁生产全过程的控制包括以下两个方面。

（1）原料转化为产品的全过程的控制。它是指从原材料的提炼、加工到产品产出、产品使用直到报废处置的各个环节，采取必要的污染预防控制措施，也称为"产品生命周期的全过程控制"。

（2）生产组织全过程的控制。它是指从产品的开发、设计、工厂建设到运营管理，采取防止污染发生的必要措施，也就是工业生产运行的全过程控制。

事实上，清洁生产是一个相对的、动态的概念，所谓清洁工艺和产品，是和现有的工艺和产品相比较而言的。清洁生产是一个不断完善的过程。

模拟实训

【实训主题】

理解商品与环境的关系，掌握清洁生产的意义。

【实训地点】

教室。

【实训目的】

（1）理论联系实际使学生认清商品与环境的关系，能够正确理解清洁生产的重要性，培养学生理解问题的能力。

（2）加深学生对环境保护的认识，学会从商品学角度思考环境问题。

【背景材料】

阜阳化工总厂清洁生产方案及实施

位于中国安徽阜阳的化工总厂，主要生产碳铵和尿素。在加拿大国际开发署（CIDA）的资助下，通过开展清洁生产审计，提出无费和低费清洁生产方案，主要包括减少水的消耗，有效利用原材料和能源，循环利用物料，提高管理水平，安全处理原材料、中间产品和最终产品等内容。在第一年实施后，产品的产量提高了 3%，同时，节省了 150 万元人民币。

该厂清洁生产方案及实施分为如下几个阶段。

1. 准备工艺流程图

进行清洁生产审计的第一阶段是准备工艺流程图。工艺流程图是确定清洁生产解决办法的基础。阜阳化工总厂共绘出 28 幅工艺流程图。每幅图描述一个特定的工艺流程，包括主要工艺设备（如压力容器、反应器、清洗塔、冷却器等）和工艺流程。利用来自于工艺流程图的技术信息，系统评估每个装置排放的环境污染物。在此基础上，编制出详细的污染物排放清单，指示出污染源（设备）、性质（污染物种类）、排放点及排放频率。

2. 采样和流量测量

通过采样和流量测量，确定生产工艺中排放的污染物种类、数量和规模，这是第二阶段。

3. 水和物料平衡

得到工艺流程图和采样分析的结果之后，进入清洁生产审计第三阶段，也就是水平衡和污染负荷分析。通过水和物料平衡分析，确定两个重点生产工序和 7 股流体，这 7 股流体包含了排放到大气或下水道的氨污染负荷总量的 60% 以上，这是导致环境污染的主要原因。而且，氨的流失也意味着工厂收入的损失。通过清洁生产审计，使企业认识到重点区域流失到下水道的氨，约折合数百万人民币的损失。因此，这两个重点生产工序和 7 股流体成为清洁生产方案的重点。

4. 清洁生产方案

确定了 60% 氨损失的 7 股流体（污染源）后，再返回到工艺流程图，研究循环/回收的可能性。为了评估清洁生产解决办法的技术可行性，中加双方工程师使用了计算机工艺模拟程序，提出并实施了 6 个无费低费方案。具体内容如表 11-1 所示。

表 11-1　　　阜阳化工总厂中加清洁生产合作项目实施的清洁生产措施清单

编号	流体描述	清洁生产措施	目标	费用
1	母液槽气体中氨的排放	收集废气,送进洗气塔	减少废气排放 提高职业健康 从气体中回收氨	低费
2	从包装工序中气体的排放	通风,收集废气,送进洗气塔	减少废气排放 提高职业健康 从气体中回收氨	低费
3	清洗液	在其他工艺中循环	禁止排入下水道	低费
4	综合塔排放液	在其他工艺中循环	禁止排入下水道	低费
5	精炼排放液	在其他工艺中循环	禁止排入下水道	低费
6	等压吸收塔排放液	在其他工艺中循环	禁止排入下水道	中费
7	脱硫工序中的硫泡沫	安装新设备回收硫,提取和循环利用稀氨水	变硫废物为可售产品减少氨排放	中费
8	包装工序中收集的被污染的气体氨冷凝液	在其进入下水道前,手工收集冷凝液回收	阻止排入下水道 回收重新利用氨	无费

5. 效益评估

表 11-1 中 1 至 6 项清洁生产方案实施后的效益为：减少氨排入到环境中（大气或水）4 500t/a；回收流失氨的收入可达 300 万元/a；减少氨排入到环境中（大气或水）250t/a；估计回收流失氨和销售硫磺的收入 40 万元。

【实训过程设计】

（1）指导教师布置学生课前预习阅读案例。

（2）将全班同学分成小组，每组 5～6 人，分组对案例资料进行讨论。

（3）指导教师对小组讨论过程和发言内容进行评价总结，并讲解本案例的分析结论。

（4）根据"背景材料"讨论清洁生产对于环境保护的意义。

本章要点

● 环境是指围绕着人群的空间以及其中，可以直接或间接影响人类生活和发展的各种因素的总体。商品对环境的影响是指商品的活动（行为）可能引起的生态环境系统的任何改变。有关商品的活动是指商品设计、生产、包装、运输、储存、销售、使用或消费以及废弃处置等活动。

● 生命周期评价（Life Cycle Assessment，LCA）是对商品生命循环阶段的环境因素及其潜在影响的研究，包括原材料的采购、生产、使用直至产品使用后的处置。生命周期评价包括四个阶段：目的与范围的确定、清单分析、影响评价和结果解释。

● 生态设计是以节省资源和保护环境为指导思想的一种新的工业设计方法。它要求在设计新产品时，从材料的选择、商品的结构功能、生产加工过程、包装和运输方式、商品的使用乃至废弃后的处理等,都必须考虑节省资源和保护环境这两个因素。

● 清洁生产的观念主要强调三个重点:清洁能源、清洁生产过程、清洁产品。清洁生产的内容可归纳为"三清、一控制",即清洁的原料与能源、清洁的生产过程、清洁的产品以及贯穿于清洁生产的全过程控制。

综合练习

一、名词解释

产品生命周期　　生态设计　　清洁生产　　生态包装　　逆向循环

二、填空题

1. 生命周期评价包括四个阶段:＿＿＿＿、＿＿＿＿、＿＿＿＿、＿＿＿＿。

2. 清洁生产的观念主要强调三个重点:＿＿＿＿、＿＿＿＿、＿＿＿＿。

3. 有关商品的活动是指:＿＿＿＿、＿＿＿＿、＿＿＿＿、＿＿＿＿、＿＿＿＿。

4. 清洁生产的内容可归纳为"三清、一控制",即:＿＿＿＿、＿＿＿＿、＿＿＿＿、＿＿＿＿。

三、简答题

1. 试分析商品与环境的关系。

2. 怎样理解清洁生产的本质?它与可持续发展战略有何关系?

3. 怎样解决一次性餐盒污染问题?目前已经采用了哪些办法?其效果如何?

4. 什么是商品美?商品美的价值何在?

四、案例分析

产品造型提升品牌形象

消费者会发现,各大超市商场里的可口可乐"变脸"了,可乐的塑料瓶体变得更加高挑纤细了,瓶体的"腰部"多了四排凹凸颗粒,手感更佳。各种易拉罐或其他可乐瓶都加上了可口可乐与北京2008年奥运会的组合标识——由祥云衬托的红风筝图案。可口可乐这次换装是公司13年来的首次"变脸"。

1993年,可口可乐公司首次推出革命性的600毫升弧形塑料包装瓶。这种将塑料用于饮料包装的创举立即引领了全行业的追风。时隔13年后,可口可乐再次创新,将瓶体拉高变细,并在瓶体"腰部"添加酷粒,使整个瓶形的时尚感和便携性倍增,尤其符合热爱运动的年轻一代的要求。同时,瓶体的下半部可以更换不同的图案设计,以适合不同时期的不同活动主题。例如,为北京2008年奥运会特别推出的带有五环图案的包装设计;为其他节日推出的特别包装图案设计,等等。

可口可乐在本次更换包装前,做了大量的前期准备和市场调研工作,对公司市场策略作出一次大调整。长期以来,可口可乐一直是全球范围内饮料市场的老大,但不久前,可口可乐的股票市值首次被其竞争对手百事可乐超越。面对失利,可口可乐谋求改变。据业内人士分析,可口可乐的劣势之一是其产品在主要消费族群——年轻人中的产品认同感稍逊于对手百事可乐。这一次，可口可乐从包装着手，把目标市场瞄准了年轻一代。据可口可乐（中国）公司负责市场战略及创新的副总裁苏柏梁介绍，公司对这一名为"随我酷"的新包装进行了历时两年多的研发，公司设计部、市场部、技术部、营运部的团队共投入了超过 1 万个工时，对新包装的每一个细节都进行了多轮的消费者测试和完善，如瓶身的每一条弧线和每一个颗粒，颗粒的疏密、厚薄等，最终形成了今天见到的这个方案。从对消费者的调查表明，新包装是受青睐的，而其中喜欢运动、追求个性的年轻一代尤其喜欢。

思考题：

（1）可口可乐通过哪个方面突显产品的美？

（2）可口可乐是如何把消费者的需求与商品审美需求结合起来的？

附　　录

联合国国际贸易标准分类（SITC）

0 类	食品及主要供食用的活动物
第 00 章	主要供食用的活动物
第 01 章	肉及肉制品
第 02 章	乳品及禽蛋
第 03 章	鱼、甲壳及软体类动物及其制品
第 04 章	谷物及其制品
第 05 章	蔬菜及水果
第 06 章	糖、糖制品及蜂蜜
第 07 章	咖啡、茶、可可、调味料及其制品
第 08 章	饲料（不包括未碾磨谷物）
第 09 章	杂项食品
1 类	
第 11 章	饮料
第 12 章	烟草及其制品
2 类	非食用原料（燃料除外）
第 21 章	生皮及未硝毛皮
第 22 章	油籽及含油果实
第 23 章	生橡胶（包括合成橡胶及再生橡胶）
第 24 章	软木及木材
第 25 章	纸浆及废纸
第 26 章	纺织纤维（毛涤除外）及其原料
第 27 章	天然肥料及矿物（煤、石油及宝石除外）
第 28 章	金属矿渣及金属废料
第 29 章	其他动、植物原料
3 类	矿物燃料、润滑油及有关原料
第 32 章	煤、焦炭及煤砖
第 33 章	石油、石油产品及有关原料
第 34 章	天然气及人造气
第 35 章	电流（石）
4 类	动植物油、脂及蜡
第 41 章	动植物油、脂
第 42 章	植物油
第 43 章	已加工的动植物油、脂及动植物蜡
5 类	化学品及有关产品

第 51 章	有机化学品
第 52 章	无机化学品
第 53 章	燃料、鞣料及颜料
第 54 章	医药品
第 55 章	精油、香料及盥洗、光洁制品
第 56 章	制成肥料
第 57 章	炸药及烟火品
第 58 章	人造树脂、塑料、纤维素脂及醚
第 59 章	其他化学原料及产品
6 类	按原料分类的制成品
第 61 章	皮革、皮革制品及已硝毛皮
第 62 章	橡胶制品
第 63 章	软木及木制品（家具除外）
第 64 章	纸及纸板、纸浆，纸及纸板制品
第 65 章	纺纱、织物、制成品及有关产品
第 66 章	非金属矿产制品
第 67 章	钢铁
第 68 章	有色金属
第 69 章	金属制品
7 类	机械及运输设备
第 71 章	动力机械及设备
第 72 章	特种工业专用机械
第 73 章	精工机械
第 74 章	通用工业机械设备及零件
第 75 章	办公用机械及自动数据处理设备
第 76 章	电信器材、收音、录音及重放装置设备
第 77 章	电力机械、电器及其配件
第 78 章	陆路车辆（包括气垫式）
第 79 章	其他运输设备
8 类	杂项制品
第 81 章	卫生、水道、供热及照明装置
第 82 章	家具及其配件
第 83 章	旅行用品、手提包及类似品
第 84 章	服装及衣着附件
第 85 章	鞋类
第 87 章	专业、科学及控制用仪器和装置
第 88 章	摄影器材、光学物品及钟表
第 89 章	杂项制品
9 类	没有分类的其他商品

224

《商品名称和编码协调制度》(HS) 的类、章及其名称

第 1 类	活动物，动物产品
第 1 章	活动物
第 2 章	肉及食用杂碎
第 3 章	鱼类、甲壳动物、软体动物及其他水生脊椎动物
第 4 章	乳品、蛋品、天然蜂蜜，其他食用动物产品
第 5 章	其他动物产品
第 2 类	植物产品
第 6 章	活树及其他活植物，鳞茎、根及类似品，插花及装饰用蔟叶
第 7 章	食用蔬菜、根及块茎
第 8 章	食用水果及坚果，甜瓜或柑橘水果的果皮
第 9 章	咖啡、茶、马黛茶和香辛料
第 10 章	谷物
第 11 章	制粉工业产品，麦芽、淀粉、面筋
第 12 章	含油子仁及果实，杂项子仁及果实，工业用或药用植物，稻草、秸秆及饲料
第 13 章	虫胶、树胶、树脂及其他植物液、汁
第 14 章	编制用植物材料，其他植物产品
第 3 类	动、植物油、脂及其分解产品，精制的使用油脂，动、植物蜡
第 15 章	动、植物油、脂及其分解产品，精制的使用油脂，动、植物蜡
第 4 类	食品、饮料、酒及醋，烟草及烟草代用品的制品
第 16 章	肉、鱼、甲壳动物、软体动物及其他水生无脊椎动物及其制品
第 17 章	糖及糖果制品
第 18 章	可可及可可制品
第 19 章	谷物、粮食粉、淀粉或乳制品，糕点制品
第 20 章	蔬菜、水果、坚果或植物其他部分的制品
第 21 章	杂项食品
第 22 章	饮料、酒及醋
第 23 章	食品工业的残渣及废料，配制的动物饲料
第 24 章	烟草、烟草及烟草代用品的制品
第 5 类	矿产品
第 25 章	盐、硫磺，泥土及石料，石膏料、石灰及水泥
第 26 章	矿砂、矿渣及矿灰
第 27 章	矿物燃料、矿物油及蒸馏产品，沥青物质，矿物蜡
第 6 类	化学工业及其相关工业的制品
第 28 章	无机化学品，贵金属、稀有金属、放射性元素及其同位素的有机及无机化合物
第 29 章	有机化学品
第 30 章	药品
第 31 章	肥料
第 32 章	鞣料浸膏及染料浸膏，鞣酸及其衍生物，染料、颜料及其他着色料，油漆及清漆，油灰及其他类似胶粘剂，墨水、油墨
第 33 章	精油及香膏，芳香料制品及化妆盥洗品

225

第 34 章	肥皂、有机表面活性剂，洗涤剂、润滑剂，人造蜡、调制蜡、光洁剂，蜡烛及类似品，塑形用膏，牙科用蜡及牙科用熟石膏制剂
第 35 章	蛋白类制品，改性淀粉，胶、酶
第 36 章	炸药，烟火制品，火柴，引火合金，易燃材料制品
第 37 章	照相机电影用品
第 38 章	杂项化学用品
第 7 类	塑料及其制品
第 39 章	塑料及其制品
第 40 章	橡胶及其制品
第 8 类	生皮、皮革、毛皮及其制品，鞍具及挽具，旅行用品、手提包及类似品，动物肠线（蚕胶丝除外）制品
第 41 章	生皮（毛皮除外）及皮革
第 42 章	皮革制品，鞍具及挽具，旅行用品、手提包及类似容器，动物肠线（蚕胶丝除外）制品
第 43 章	毛皮、人造毛皮及其制品
第 9 类	木及木制品，木炭，软木及软木制品，稻草、秸秆、针茅或其他编结材料制品，篮筐及柳条编结品
第 44 章	木及木制品，木炭
第 45 章	软木及软木制品
第 46 章	稻草、秸秆、针茅或其他编结材料制品，篮筐及柳条编结品
第 10 类	木浆及其他纤维状纤维素浆，回收（废碎）纸或纸板，纸、纸板及其制品
第 47 章	木浆及其他纤维状纤维素浆，回收（废碎）纸或纸板
第 48 章	纸或纸板，纸浆，纸或纸板制品
第 49 章	书籍、报纸、印刷图画及其他印刷品，手稿、打字稿及设计图纸
第 11 类	纺织原料及纺织制品
第 50 章	蚕丝
第 51 章	羊毛、动物细毛或粗毛，马毛纱线及其机织物
第 52 章	棉花
第 53 章	其他植物纺织纤维，纸纱线及其有机物
第 54 章	化学纤维长丝
第 55 章	化学纤维短纤
第 56 章	絮胎、毡泥及无纺织物，特种纱线，线、绳、索、缆及其制品
第 57 章	地毯及纺织材料的其他铺地制品
第 58 章	特种纺织物，簇绒织物，花边，装饰毯，装饰带，刺绣品
第 59 章	浸渍、涂布、包覆或层压的纺织物，工业用纺织制品
第 60 章	针织物及构编制物
第 61 章	针织物或钩编的服装及衣着附件
第 62 章	非针织或非钩编的服装及衣着附件
第 63 章	其他纺织制成品，成套物品，旧衣着及旧纺织品，碎织物
第 12 类	鞋、帽、伞、仗、鞭及其零件，已加工的羽毛及其制品，人造花
第 64 章	鞋靴、护腿和类似品及其零件

第 65 章	帽类及其零件
第 66 章	雨伞、阳伞，手杖，鞭子、马鞭及其零件
第 67 章	已加工羽毛，羽绒及其制品，人造花
第 13 类	石料、石膏、水泥、石棉、云母及类似材料的制品，陶瓷产品，玻璃及其制品
第 68 章	石料、石膏、水泥、石棉、云母及类似材料的制品
第 69 章	陶瓷制品
第 70 章	玻璃及其制品
第 14 类	天然或养殖珍珠、宝石或半宝石、贵金属、包贵金属及其制品，仿首饰，硬币
第 71 章	天然或养殖珍珠、宝石或半宝石、贵金属、包贵金属及其制品，仿首饰，硬币
第 15 类	贱金属及其制品
第 72 章	钢铁
第 73 章	钢铁制品
第 74 章	铜及其制品
第 75 章	镍及其制品
第 76 章	铝及其制品
第 77 章	（保留为协调制度将来所用）
第 78 章	铅及其制品
第 79 章	锌及其制品
第 80 章	锡及其制品
第 81 章	其他贱金属，金属陶瓷及其制品
第 82 章	贱金属工具、器具，利口器，餐匙、餐叉及其零件
第 83 章	贱金属杂项制品
第 16 类	机器、机械器具、电气设备及其零件；录音机和放音机、电视图像、声音的录制和重放设备及其零件、附件
第 84 章	非电气的机器、机械器具及其零件
第 85 章	电气电子产品及其零件、附件
第 17 类	车辆、航空器、船舶及有关运输设备
第 86 章	铁道车辆
第 87 章	其他陆上车辆
第 88 章	航空器、航天器及其零件
第 89 章	船舶及浮动结构体
第 18 类	光学、照相、电影、计量、检验、医疗或外科用仪器及设备，精密仪器及设备，钟表、乐器，上述物品的零件、附件
第 90 章	光学、照相、电影、计量、检验、医疗或外科用仪器及设备，精密仪器及设备，上述物品的零件、附件
第 91 章	钟表及其零件
第 92 章	乐器及其零件、附件
第 19 类	武器、弹药及其零件、附件
第 93 章	武器、弹药及其零件、附件

续表

第 20 类	杂项制品
第 94 章	家具、寝具、褥垫、弹簧床垫、软座垫及类似的填充制品，未列名灯具及照明装置，发光标志、发光名牌及类似品，活动房屋
第 95 章	玩具、游戏品、运动用品及其零件、附件
第 96 章	杂项制品
第 21 类	艺术品、收藏品及古物
第 97 章	艺术品、收藏品及古物
第 22 类	特殊交易品及未分类商品
第 98 章	特殊交易品及未分类商品
第 99 章	（保留为协调制度将来所用）

参 考 文 献

［1］万融，张万福. 商品学概论[M]. 北京：中国人民大学出版社，2000.

［2］万融. 商品学概论（修订本）[M]. 北京：中国人民大学出版社，2004.

［3］万融. 商品学[M]. 北京：电子工业出版社，2006.

［4］万融. 商品学概论（第四版）[M]. 北京：中国人民大学出版社，2010.

［5］白世贞，郭健，姜华. 商品包装学[M]. 北京：中国物资出版社，2006.

［6］窦志铭. 商品学基础[M]. 北京：高等教育出版社，2005.

［7］于安国. 商品学概论[M]. 长沙：湖南大学出版社，2005.

［8］陈明华. 商品学[M]. 北京：北京理工大学出版社，2006.

［9］戴克商，雷金溪. 质量管理理论与实务[M]. 北京：清华大学出版社，2004.

［10］郭洪仙. 商品学[M]. 上海：复旦大学出版社，2005.

［11］焦叔斌，陈运涛. 质量管理学[M]. 武汉：武汉大学出版社，2004.

［12］荣联清，陈微. 商品质量管理[M]. 北京：化学工业出版社，2010.

［13］潘绍来. 商品学[M]. 南京：东南大学出版社，2004.

［14］汪永太. 商品学概论[M]. 北京：中国商业出版社，1997.

［15］汪永太，李萍. 商品学概论[M]. 大连：东北财经大学出版社，2002.

［16］刘北林，孙婷，曲志华. 食品商品学[M]. 北京：中国物资出版社，2005.

［17］马三生. 商品学概论[M]. 武汉：武汉理工大学出版社，2008.

［18］汪永太，方光罗. 商品检验与养护[M]. 大连：东北财经大学出版社，2009.

［19］马德生. 商品学基础[M]. 北京：高等教育出版社，2003

［20］李凤燕. 商品学概论[M]. 北京：清华大学出版社，2009.

［21］张晓南，代丽君. 工业品商品学[M]. 北京：中国物资出版社，2006.

［22］谢瑞玲. 商品学基础[M]. 北京：高等教育出版社，1999.

［23］朱进忠. 实用纺织商品学[M]. 北京：中国纺织出版社，2000.

［24］盛显欣. 商品学概论[M]. 北京：中国劳动社会保障出版社，2000.

［25］傅凯. 商品学基础[M]. 北京：化学工业出版社，2010.

［26］申纲领. 商品学[M]. 北京：化学工业出版社，2011.

［27］刘北林，白世贞. 商品学[M]. 北京：中国人民大学出版社，2006.

［28］王永泰. 商品学概论[M]. 大连：东北财经大学出版社，2004.

［29］霍红. 货物学基础[M]. 北京：中国物资出版社，2006.

［30］郑言等. 商品养护学[M]. 北京：中国商业出版社，2007.

［31］袁长明. 现代商品学[M]. 北京：北京师范大学出版社，2008.

［32］刘安莉. 新编商品学概论[M]. 北京：对外经济贸易大学出版社，2002.

［33］邓耕生. 商品学理论与实务[M]. 天津：天津大学出版社，1996.

［34］张光辉. 商品开发学[M]. 广州：暨南大学出版社，2003.

［35］赵苏. 商品学[M]. 北京：清华大学出版社，2006.

［36］阚光辉. 商品基础知识[M]. 北京：中国劳动社会保障出版社，2005.

［37］杨春丽. 商品知识——家用电器[M]. 北京：中国劳动社会保障出版社，2005.

［38］杨春丽. 商品知识——针棉制品[M]. 北京：中国劳动社会保障出版社，2005.

［39］杨春丽. 商品知识——家庭日用百货[M]. 北京：中国劳动社会保障出版社，2005.

［40］薛伟业. 商品学基础[M]. 北京：中国商业出版社，1995.

［41］刘建廷，李小璐. 商品学[M]. 北京：国防工业出版社，2008.

［42］张智清. 商品知识[M]. 北京：高等教育出版社，2002.

［43］梁燕君等. 现代商品学[M]. 北京：科学出版社，1997.

［44］何竹筠. 商品学概论[M]. 广州：广东高等教育出版社，1993.

［45］张英. 商品学[M]. 北京：海洋出版社，1993.

［46］赵士成等. 商品养护学[M]. 哈尔滨：黑龙江商学院出版社，1983.

［47］宋玉. 仓储实务[M]. 北京：对外经济贸易大学出版社，2004.

［48］宗蕴璋. 质量管理[M]. 北京：高等教育出版社，2003.

［49］山东省职业技术培训研究室. 商品学基础知识[M]. 济南：黄河出版社，1997.

［50］山东省质量技术监督局. 商品验货[M]. 济南：山东科学技术出版社，2001.

［51］周中平等. 清洁生产工艺及应用实例[M]. 北京：化学工业出版社，2002.

［52］金适. 清洁生产与循环经济[M]. 北京：气象出版社，2007.

［53］郭斌等. 清洁生产工艺[M]. 北京：化学工业出版社，2003.

［54］主沉浮等. 清洁生产的理论与实践[M]. 济南：山东大学出版社，2003.

［55］李景龙等. 清洁生产审核与节能减排实践[M]. 中国建材工业出版社，2009.